ORLANDO PAVANI JÚNIOR

30 leis do OLHO DE TIGRE

BEST SELLER

2ª edição

Copyright© 2020 by Literare Books International Ltda.
Todos os direitos desta edição são reservados à Literare Books International Ltda.

Presidente:
Mauricio Sita

Vice-presidente:
Alessandra Ksenhuck

Capa:
Paulo Gallian

Projeto gráfico e diagramação:
Candido de Castro Ferreira Jr.

Revisão:
Samuri José Prezzi

Diretora de Projetos:
Gleide Santos

Diretora Executiva:
Julyana Rosa

Relacionamento com o cliente:
Claudia Pires

Impressão:
Noschang

Dados Internacionais de Catalogação na Publicação (CIP)
(eDOC BRASIL, Belo Horizonte/MG)

P337t   Pavani Júnior, Orlando.
    30 leis do olho de tigre / Orlando Pavani Júnior. – São Paulo, SP: Literare Books International, 2020.
    16 x 23 cm

    ISBN 978-85-9455-307-2

    1. Carreira. 2. Comportamento. 3. Sucesso nos negócios. I.Título.

                                                                    CDD 658.4

Elaborado por Maurício Amormino Júnior – CRB6/2422

Literare Books International Ltda.
Rua Antônio Augusto Covello, 472 – Vila Mariana – São Paulo, SP.
CEP 01550-060
Fone/fax: (0**11) 2659-0968
site: www.literarebooks.com.br
e-mail: contato@literarebooks.com.br

AGRADECIMENTOS

À minha querida esposa Márcia Pavani e à minha filhota/princesa Liége Pavani, meu sincero agradecimento pela compreensão das inúmeras horas de ausência, pelo humor às vezes desgastado, pelo cansaço demasiado e pela inspiração eterna de serem meus principais motivos de viver.

A todos os membros da equipe dos Treinamentos Olho de Tigre, meu sincero agradecimento por terem me incentivado a concluir esta obra.

A todos os membros da Família Olho de Tigre, meu sincero agradecimento por terem confiado em mim e em toda nossa equipe, entregando suas vidas a nossas mãos durante nossos treinamentos vivenciais.

Meu sincero agradecimento a todos aqueles que, seja por meio de instrutoria nos cursos que participei, seja por meio dos livros que tive a oportunidade de ler, seja por meio das conexões mentais que nutri, contribuíram para que este livro fosse viabilizado.

Enfim, meu sincero agradecimento a você leitor pelo voto de confiança em dedicar um pouco de seu tempo àquilo que produzi para você com todo carinho. Não fiz nada senão amarrar com uma fita aquilo que tantos outros já disponibilizaram, cabendo a mim apenas a captura, a condensação e o convite para apenas percorrer a jornada.

O AUTOR

- Adm. M. Sc. Prof. Orlando Pavani Júnior - CRA 57.398
- Diretor Presidente da Holding Pavani, marca que administra a Gauss Consultores Associados Ltda. e a Olho de Tigre Consultoria e Treinamentos Ltda.
- Consultor Certificado CMC® (Certified Management Consultant) pelo IBCO / ICMCI
- Profissional Certificado CBPP® (Certified Business Process Professional) pela ABPMP Brasil
- Profissional Certificado HCMBOK® (Human Change Management Body of Knowledge) pelo HUCMI
- Profissional Certificado HCMP® (Human Change Management Professional) pelo HUCMI
- Formado pela HUCMI – Curso HCMBOK® e Curso HCMP®
- Vice-Presidente de Administração da ABPMP Brasil
- Diretor Presidente do IBC (2017/2018) e Primeiro Vice-Presidente do IBCO (2019/2020
- Professor dos cursos Boot Camp da ABPMP – Chapter Brasil
- Provedor de Treinamento Credenciado (PTC) da ABPMP para o curso CFGP
- Professor Universitário
- Autor e Coautor de livros (Mapeamento e Gestão por Processos – BPM – Ed. M Books / Treinamentos Comportamentais – Ed. SER MAIS / Consultoria Organizacional – Ed. SER MAIS)
- Conferencista/ Palestrante
- Pós-Graduado (LATO-SENSU) em Economia Empresarial
- Pós-Graduado em Medicina Comportamental
- Mestre em Administração Integrada
- Mestre em Administração e Desenvolvimento Empresarial
- Lead Assessor com base nas normas ISO série 9000
- Certificate of Achievement em ISO série 9000:2000 e Auditor Líder TL 9000

- Auditor Líder Ambiental - registrado pelo EARA
- Membro do CB 25 (Gestão da Qualidade) / Membro CEE 63 (Gestão de Riscos)
- Examinador PNQ (1997 até 2006 e 2015)
- Examinador Sênior PNQ (2007 até 2009 e 2015 – reconhecido Examinador Sênior Destaque em 2009)
- Orientador / Tutor PNQ (2010 até 2014 - Reconhecido como Orientador Destaque em 2010)
- Instrutor Banca Examinadora PNQ (2005 até 2012), Gestão por Processos e Indicadores (2010 até 2013)
- Examinador PQGF (1998)
- Examinador Sênior PQGF (desde 1999 até 2008/2009)
- Membro do Comitê Conceitual e de Processo do PQGF (desde 2005)
- Membro do Comitê de Revisão dos RA's do PQGF (desde 2005)
- Instrutor PQGF (desde 2000 até 2010)
- Instrutor dos Instrutores PQGF (desde 2004 até 2010)
- Orientador PQGF (ciclo 2010)
- Formado no PENCAT – Nível 1 – 80 horas (Programa Especial de Neurociências Aplicado a Treinamentos)
- Facilitador Master dos Treinamentos do MOTDH (Método Olho de Tigre de Desenvolvimento Humano) e da TFIC (Trilha de Formação em Inteligência Comportamental)
- Interpretador Master do Teste de mapeamento das Competências Emocionais (EQ-MAP)
- Formado em ENEAGRAMA
- Formado em EMOTOLOGIA
- *Practitioner* em PNL – Programação Neurolinguística
- Analista Transacional Nível 101
- Certificado Internacional em Coaching, Mentoring & Holomentoring® pelo Sistema ISOR®
- Formado no PROCESSO HOFFMAN DA QUADRINIDADE
- Formado no MÉTODO SILVA DE CONTROLE MENTAL
- Coautor do Programa de Vendas Técnicas da Escola de Marketing Industrial
- Especialista em Gestão de Vendas Complexas / Consultivas

PREFÁCIO da segunda edição

Há mais de 20 anos, quando em minha vida universitária conheci o mestre Orlando Pavani Júnior, que não imaginava que seria meu eterno marido, me questionei qual o real significado de um mestre na vida das pessoas. Mestre é uma pessoa dotada de excepcional saber, competência, talento em qualquer ciência ou arte, com um carisma inabalável e didática espetacular e única.

Foi neste momento que entendi que de nada vale o conhecimento se ele não puder contribuir de forma prática e transformadora na vida das pessoas.

Com seu espírito empreendedor inquieto e conhecimento adquirido em milhares de horas de dedicação, milhares de livros meticulosamente estudados, em todos esses anos, não conheço pessoa mais determinada e com ânsia de ensinar o que sabe. Um verdadeiro mestre.

Unindo o seu conhecimento adquirido em anos de consultoria voltadas a executivos, gestores de negócios, educadores, profissionais das mais diversas áreas, percebeu que de nada adianta inovar, mudar processos, criar indicadores, sem cuidar do ser humano que há por trás deles, de cada uma dessas ações, principalmente no que tange ao comportamento destes profissionais que por muitas vezes são brilhantes, mas acabam paralisados por não saber lidar com suas emoções.

O pioneirismo sempre foi uma das marcas registradas do Pavani, fugindo completamente de modismos, da psicologia "pop" e motivação a qualquer custo, como não poderia ser diferente, ele criou um método único, com um conhecimento profundo, científico e transformador, onde o protagonista da mudança e da reflexão fosse o leitor e ele (Pavani) apenas o facilitador de transformações contundentes e verdadeiras. Algo que não fosse apenas a busca pela felicidade efêmera e passageira, e sim a busca pela plenitude e excelência em tudo que se faz.

No primeiro capítulo deste livro, você já dará início a sua jornada, a cada linha escrita, em cada um dos capítulos, é uma nova descoberta, não se tratando apenas uma simples leitura, mas de uma obra que te faz sentir, refletir e transformar.

Nesta obra, as páginas vão além de conceitos poderosos para alcançar a plenitude profissional e pessoal. Requer de você, leitor, a disposição, a vontade e a coragem para vencer o maior obstáculo, a abertura para ler, entender, estudar e reescrever o seu livro interior.

A modernização dos tempos, tem feito as pessoas buscarem receitas prontas em busca da perfeição, achando que fórmulas prontas vão resolver todos os problemas. Ledo engano! No transcorrer das páginas você entenderá a sutil mas crucial diferença entre limite e limitação, um conceito que parece superficial, mas que o surpreenderá de forma contundente em sua vida profissional.

Descobrirá neste livro que, para transformar o que está a nossa volta, teremos que desenvolver força para enfrentar seja qual for a inovação, se fará necessária uma mudança interna, um olhar para dentro, criando estruturas sólidas e discernimento do que realmente é relevante para que nossa vida seja plena.

As 30 Leis do Olho de Tigre é uma oportunidade singular para melhorar sua *performance* na vida, entender que você faz parte de um mundo globalizado e que a mudança e seu sucesso dependem de você e do que cria ao seu redor.

Por fim, não poderia deixar de mencionar a importância de desenvolver um ser Consiliente em um mundo globalizado que nos desafia dia a dia. Plenitude é algo que não pode ser terceirizado, não há inovação, aplicativo, ou tecnologia que o faça, seja em sua vida pessoal ou profissional.

Boa reflexão e leitura!

Márcia Colombani Pavani
Sócia/Diretora da Olho de Tigre Consultoria/Treinamento Ltda.

SUMÁRIO

0. INTRODUÇÃO p.11
1. Lei do MERECIMENTO p.27
2. Lei do verbo TENTAR p.31
3. Lei do SER p.37
4. Lei da JUSTIÇA p.47
5. Lei do GANCHO p.53
6. Lei do PARECER p.57
7. Leis do DINHEIRO p.61
8. Lei do MASTER MIND p.73
9. Lei do PROPÓSITO BEM DEFINIDO p.81
10. Lei da VAGA LIMITADA p.89
11. Lei da ELASTICIDADE p.99
12. Lei da HERANÇA COMPORTAMENTAL p.121
13. Lei da VONTADE p.125
14. Lei da CORAGEM p.135
15. Lei da INICIATIVA p.141
16. Lei da DISCIPLINA p.149
17. Lei da DISPOSIÇÃO p.159
18. Lei da CORDIALIDADE p.165
19. Lei da DIPLOMACIA p.171
20. Lei da CRIATIVIDADE p.179
21. Lei da ATUALIZAÇÃO p.189
22. Lei da IMAGINAÇÃO EXATA p.193
23. Lei da BUSCA PELA PERFEIÇÃO p.201
24. Lei do FRACASSO p.205
25. Lei da PERSONALIDADE ATRAENTE p.209
26. Lei da TOLERÂNCIA p.213
27. Lei do CABRESTO p.217
28. Lei da COMPETÊNCIA APLICADA p.221
29. Lei da REGRA DE OURO/ÉTICA p.227
30. Lei da CONSILIÊNCIA p.229

0. INTRODUÇÃO

Antes de navegarmos pelas 30 LEIS DO OLHO DE TIGRE, é importante explicarmos os motivos que justificaram a escrita desta obra, a importância de oportunizá-la a todas as pessoas, especialmente às interessadas em melhorar seu comportamento em relação aos diversos dilemas que a vida impõe. Vamos então aos motivos que nos deram "motivação" para produzir tudo isto para você.

O PORQUE DO NOME

Primeiramente, deixe-me explicar porque adotamos o termo OLHO DE TIGRE depois das 30 LEIS. Na verdade, o termo mais adequado seria a palavra CÓSMICA (As 30 Leis Cósmicas), pois, se consultar um dicionário, constatará que o significado remete ao conceito de "raios cósmicos", de irradiação complexa, de grande energia, que procede dos espaços intersiderais, e a qual, atravessando a atmosfera, produz a ionização do ar em consequência do arrancamento dos elétrons aos átomos. Alinhado a esta perspectiva e ainda corroborando com o conceito de umas das próprias LEIS, a oitava especificamente (LEI DO MASTER MIND), não há nada mais CÓSMICO do que o conteúdo que este livro se propõe a introduzir (sim, é apenas uma introdução, porque as possibilidades de aprofundamento são realmente infinitas). Sendo assim, não havia encontrado nenhuma outra palavra que definisse melhor estas 30 abordagens que reservei para você, uma abordagem de grande energia e que tem o PODER de mudar muitas coisas em sua existência.

A resposta é simplesmente porque, depois de uma breve sondagem, descobrimos que muitas pessoas acabam associando este termo (Cósmico) a circunstâncias diferentes da exposição técnica destacada anteriormente e acabam confundindo com conceitos errôneos e conexos a ideias relacionadas a planetas, energia telúrica, enfim, ideias que não seriam adequadas. Desta forma, apenas incluímos a palavra CÓSMICA aqui nesta abordagem introdutória, mas a retiramos do título formal da obra.

Então, deve estar me perguntando novamente: por que a adoção do termo OLHO DE TIGRE em substituição à palavra CÓSMICA?

Vamos então a mais esta explicação. Desde muito tempo, por volta de 1993, quando comecei a lecionar em cursos de graduação, sempre considerei minhas disciplinas um conteúdo com começo, meio e fim, como se fossem um curso aberto dirigido ao mercado de profissionais. Dessa forma, eu sempre conduzia as minhas aulas com a expectativa de que meus alunos realmente desejassem frequentá-las e não simplesmente tivessem a obrigação de ir apenas para não receber faltas, o que exigia de minha parte um esforço bastante expressivo para tornar cada aula um evento único, inesquecível e dotado de grande potencial para realmente mudar a forma com que o aluno percebesse os conceitos tratados em sala de aula. Isso deu tão certo que eu normalmente tinha de 10% a 20% a mais dos alunos matriculados em sala de aula, uma vez que os próprios traziam seus convidados (amigos, irmãos, pais, etc.) para assistir minhas aulas. Era simplesmente incrível e motivo de grande satisfação para mim este tipo de atividade que executei por mais de 15 anos. Ao final de cada turma, eu fazia a "formatura da disciplina" (num local externo da sala de aula e com pompa de formatura mesmo, com convidados e tudo) e para cada aluno eu entregava um presente de grande valia para mim, que era a GEMA OLHO DE TIGRE. Nos mais de 15 anos que atuei como docente, dei milhares de pedras OLHO DE TIGRE para meus queridos alunos.

Escolhi a GEMA OLHO DE TIGRE para presentear meus alunos porque esta gema tem diversos significados que sempre tiveram grande conexão com minha forma de pensar e de agir, além de ajudar cada um deles a reconhecer seus infinitos recursos internos e utilizá-los para a realização de todos os seus sonhos. Em resumo, trata-se de uma gema com as seguintes características básicas (fonte: Prevenção e Cura com Pedras; Karl Stark e Werner E. Meier; 2ª edição; Ed. Robafim):

- **Grupo** – Quartzo;

30 Leis do Olho de Tigre

- **Dureza** – 7;
- **Materiais de Origem** – Silicato, dióxido com ferro, enxofre, manganês, traços de cromo;
- **Coloração** – Amarelo-dourado até marrom-dourado, marrom até marrom-enegrecido, opaco;
- **Locais onde é encontrada** – África do Sul, Austrália, Burma, EUA e Índia;
- **Crenças e Mitos** – As origens da gema OLHO DE TIGRE remontam há muitos anos. Os árabes e os gregos acreditavam que o OLHO DE TIGRE fazia com que o seu portador tivesse um temperamento leve e lhe aguçava os sentidos. Ele protegia contra influências negativas e fortalecia as amizades. É utilizada como pedra de proteção e cura;
- **Efeitos terapêuticos para o corpo** – O OLHO DE TIGRE tem propriedades muito curativas sobre a cabeça, fortalece o cérebro. Também é responsável pela coordenação dos movimentos do nosso corpo e fortalece o sistema nervoso vegetativo. O OLHO DE TIGRE tem propriedades especialmente curativas sobre os ossos, as juntas e o metabolismo;
- **Indicado para** – Doenças nervosas, inflamações de nervos, mania de perseguição, efeitos terapêuticos sobre os ossos, reumatismo das juntas, lumbago, estabiliza a troca de tecidos, fortalece o fígado, minora problemas de asma, falta de ar, alergias, olhos, brônquios e plexo solar;
- **Efeitos terapêuticos para a psique** – O OLHO DE TIGRE dá mais segurança no trato de assuntos financeiros e protege contra fraudes. É difícil passar para trás as pessoas que trazem em seu corpo a gema do OLHO DE TIGRE, trazendo à pessoa que o porta mais calor familiar e equilíbrio. Em relação a aspectos de meditação e *mindfulness*, desenvolve poderosas ondas (vide LEI DO MASTER MIND) que, mediante a sua colocação sobre o plexo solar, penetra muito fundo sobre nós, harmonizando as nossas necessidades. Contribui para a ordenação de nossos pensamentos e desejos, fortalecendo nossa autoconfiança e sensação de valor próprio;
- **Indicado para** – Senso de equilíbrio, capacidade de iniciativa, eleva a capacidade de raciocínio, por exemplo, no caso de exames universitários. Relaxamento, harmonia, capacidade de

assumir compromissos, confiança;
- **Formas existentes** – Pedra bruta, lapidada, pingente e cordão;
- **Signo** – O OLHO DE TIGRE é a pedra de sorte do signo de Gêmeos.

Além da própria gema OLHO DE TIGRE, a motivação principal da adoção do termo OLHO DE TIGRE, como título do livro e nome de nossa empresa, foi a própria aura que do animal TIGRE DE BENGALA (também conhecido como Tigre Indiano devido à sua presença em Bengala ocidental, próxima ao Golfo de Bengala) também foi uma forte inspiração para fazermos associações.

O Tigre de Bengala, e a alusão frequente com que fazem referência a seus OLHOS e OLHAR (inspiração para dar nome à própria gema, dada a semelhança de sua coloração), justifica-se pela característica de caçarem absolutamente sozinhos e a forma com que emboscam suas presas, dominando-as a partir de qualquer ângulo, usando seu tamanho corporal e força para derrubar a presa, desequilibrando-a. Nenhum outro predador terrestre vivo enfrenta presas de tamanho superior a uma tonelada totalmente sozinho, caracterizando assim sua reputação de força e instinto corajoso.

Devido a tantas alusões do OLHO de TIGRE, não apenas utilizaria esta gema (para presentear 100% de nossos alunos) como também a própria imagem do Tigre de Bengala (dada sua força e coragem), não poderia adotar nome diferente para a minha própria empresa especializada em comportamento humano: A OLHO DE TIGRE Consultoria e Treinamento Ltda.

Acho que esgotamos assim as explicações que justificam o nome de nosso livro (e até de nossa empresa) e da sigla OT (Olho de Tigre) que utilizamos frequentemente em nossas comunicações. Vamos então às questões introdutórias seguintes.

PORQUE LER ESTE LIVRO OU APLICAR ESTAS 30 LEIS E QUAIS OS RESULTADOS DEVO ESPERAR

Uma das perguntas que mais aparecem em minhas aparições públicas, palestras e até em reuniões mais privadas e sociais é a seguinte: Por que, quais os motivos e quais os resultados esperados que levam as pessoas a procurar o MOTDH - Método Olho de Tigre de Desenvolvimento Humano?

A resposta é relativamente complexa e exige uma abordagem relevante. Essa resposta nos fez, inclusive, rever completamente nossa estratégia de operação, não somente da Olho de Tigre (www.olhodetigre.com.br – fundada em 2000) como também da Gauss Consulting Group (www.gaussconsulting.com.br – fundada em 1990, 10 anos antes).

Como sabem alguns que me acompanham, minha trajetória profissional sempre foi (desde antes de 1990, quando ainda atuava no mercado de trabalho em organizações privadas em funções relacionadas à aplicação da estatística interpretacional), relacionada à Excelência de Gestão como meio preponderante para a Transformação das Organizações nos mais diversos níveis de profundidade. Em 1990 especificamente, decidi não mais me dedicar ao mercado de trabalho via CLT, como funcionário, e empreender meus próprios negócios.

Comecei então vendendo às empresas (públicas, privadas e do terceiro setor) meus conhecimentos eminentemente relacionados à gestão, uma vez que minha formação acadêmica sempre foi preponderantemente alinhada a esta premissa. Nesta perspectiva, ministrava cursos e prestava serviços de consultoria em técnicas como:

- CEP (Controle Estatístico do Processo) e suas aplicações no processo decisório;
- Metodologia Taguchi / Shainin de Análise de Experimentos para pesquisa e Desenvolvimento;
- Seis Sigmas / Lean Manufacturing;
- Normas de Sistemas de Gestão da Qualidade (ISO 9000 / TL 9000 específica para o setor de telecomunicações / TS 16949 específico para o setor automotivo / ISO 22000 específica para o setor de alimentos / CQH específico para o setor hospitalar / NBR 14919 específico para o setor farmacêutico / NBR 25000 específica para a administração municipal e prefeituras / QUALINSTAL específico para o setor de instalações industriais / SASSMAQ específica para o setor de transportes, entre outros);
- Normas de Sistemas de Gestão Ambiental (ISO 14000);
- Normas de Sistemas de Segurança e Saúde Ocupacional (OHSAS 18000/ ISO 45000);
- Normas de Sistemas de Responsabilidade Social (SA 8000 / ISO 26000/ ISO 16000);
- Normas de Sistemas de Gestão de Riscos Organizacionais

(ISO 31000);
- Critérios de Excelência do MEG – Modelo de Excelência em Gestão (FNQ / GESPÚBLICA);
- Arquitetura Estratégica Organizacional;
- Definição do Modelo de Operação – CANVAS;
- Gerenciamento por Indicadores – BSC;
- Mapeamento e Gestão por Processos – BPM (inclusive tendo escrito um livro com nome idêntico pela M. Books, adotado como livro referência para a disciplina de Gestão por Processos em diversas universidades);
- Gestão de Vendas Complexas / Consultivas;
- Entre outros.

Em relação às temáticas citadas acima, sempre fui reconhecido como um profissional de ponta ou com algum reconhecimento e nossa empresa (www.gaussconsulting.com.br) sempre foi uma das referências no Brasil. Mas foi exatamente nesta perspectiva que se justifica um incômodo pessoal, que desde 1995 (portanto quando a Gauss Consulting Group tinha apenas 5 anos de vida) me gerou uma reflexão divisora de águas.

Minha indignação não se fincava no questionamento da excelência de meus treinamentos técnicos e/ou projetos de consultoria, uma vez que meus cursos sempre foram muito bem avaliados, com mais de 97% de satisfação e quase nenhum fator de insatisfação, e meus projetos de consultoria serem também muito bem avaliados. Minha indignação era exatamente na eficácia parcial em meus projetos de consultoria (embora meu cliente não percebesse isso da forma como eu percebia) e na efetividade na implementação de longo prazo das técnicas que ensinava em meus cursos técnicos relativos à gestão.

Em realidade, eram poucos os projetos que, depois de 1 ou 2 anos, as técnicas estavam realmente fazendo parte da rotina organizacional. E o que me mais me intrigava era que o cliente não tabulava o retorno sobre os investimentos na consultoria com o pragmatismo que eu mesmo esperava, ou seja, ele não se incomodava de ter aprendido algo e não o ter implementado com resultados a serem compartilhados com todas as partes interessadas.

Em síntese, problemas que me escapavam da compreensão: simplesmente as pessoas não priorizavam as implementações daquilo que haviam aprendido. O problema era eminentemente comportamental, pois todas as pessoas estavam, com sobras, absolutamente capacitadas sob o ponto de vista técnico e até acadêmico.

De lá para cá, cada vez com mais intensidade, tenho constatado que as capacitações acadêmicas e técnicas, quando lacunares (cada vez com menor incidência), são resolvidas com brevidade, pois contam com cronogramas estabelecidos pelas áreas de RH, mas as capacitações comportamentais, infelizmente, não são focos de preocupação das pessoas (nem tampouco das áreas de RH) e são tratados de forma intempestiva e até irresponsável.

A partir de todo este contexto é que abri minha segunda empresa, a Olho de Tigre Consultoria e Treinamento Ltda., cuja origem do nome já detalhei anteriormente, que estabeleceu como missão desenvolvimento do Comportamento Empreendedor e Protagonista, promovendo experiências que oportunizem melhoria de resultados das equipes e das pessoas em ambiências que estejam migrando para um pressuposto holacrático. O MOTDH – Método Olho de Tigre de Desenvolvimento Humano foi desenvolvido a partir de meus estudos (e dos estudos de outras pessoas de nossa equipe) desde 1995, em técnicas preponderantemente de cunho neurológico (e não somente psicológico), a saber:

- Método SILVA de Controle Mental;
- Constelações Organizacionais e Familiares;
- Programação Neurolinguística – PNL;
- Emotologia e Emotopedia;
- Análise Transacional – AT;
- Aprendizagem Acelerativa e Alternativa (Photo Reading);
- Dianética;
- Neurociências e Física Quântica;
- Eneagrama;
- Processo Hoffman da Quadrinidade e SAT;
- Tipos de Inteligência
- Numerologia Pitagórica;
- Medicina Comportamental / Terapia Cognitivo Comportamental
- *Coaching / Mentoring*;
- Entre outros.

Sabido tudo isso, ou seja, dado o contexto histórico sobre meus estudos e minhas pesquisas nesses dois ramos de conhecimento (excelência da gestão e ciências do comportamento), surge um tema que constituiu um dilema relevante para nossas operações na Olho de Tigre: <u>Que tipo de resultados nossas intervenções contidas no MOTDH e na TFIC – Trilha de Formação em Inteligência Comportamental sugerem?</u>

Claro que nossa origem é conquistar mudanças de comportamentos que possam desembocar na efetiva implementação dos grandes paradigmas que a excelência de gestão impõe e que o comportamento empreendedor e protagonista sugere para resolver questões vitais de nosso país. Se formos responder de forma pragmática e histórica, eu diria que nosso principal objetivo era a simples garantia de que as melhores práticas de gestão (todas muito paradigmáticas por conta da necessidade de modelos mentais totalmente diferentes dos atuais) seriam efetivamente implementadas principalmente nas organizações que as próprias pessoas que participariam de nossas intervenções abririam a partir de emergir seu comportamento empreendedor ou assumindo o protagonismo da execução da mudança onde quer que estivessem.

Entretanto, a partir do tempo passando, descobrimos que os resultados extrapolavam, e muito, esta simples abordagem empresarial e capitalista.

Descobrimos que pessoas melhores, tios/tias melhores, maridos/esposas melhores, filhos/filhas melhores, pais/mães melhores, donos/donas de cães melhores (comportamentalmente falando) são a única forma de fazer líderes empreendedores e protagonistas melhores como condutores da transformação do mundo e das empresas. E descobrimos também, infelizmente, que o investimento dessas pessoas em desenvolvimento COMPORTAMENTAL é zero, ou quase zero, ao longo da vida economicamente ativa de um ser humano. Um profissional bem-sucedido investe em média, ao longo de sua vida, cerca de R$ 300.000,00 para se capacitar academicamente (nível fundamental, médio e superior) e cursos técnicos específicos à profissão escolhida. Nada disso se refere ao desenvolvimento comportamental. O resultado é: LÍDERES E/OU EMPREENDEDORES, E/OU PROTAGONISTAS TECNICAMENTE BRILHANTES, MAS COMPORTAMENTALMENTE MEDÍOCRES (ou até canalhas em alguns casos).

A Universidade de Harvard constatou que seus alunos do curso de Administração de Empresas eram muito bem preparados sob o ponto de vista conceitual e técnico, mas tinham sérias lacunas emocionais causadas preponderantemente pelas relações com os pais na infância. A partir disso, foi escolhida uma das formações que eu mesmo me submeti, o Processo Hoffman da Quadrinidade (desenvolvido por Bob Hoffmann que era discípulo de Cláudio Naranjo), para que os seus melhores alunos se submetessem ao referido curso. Esse é um dos principais indícios que o desenvolvimento humano precisa ser encarado com ênfase e urgência.

NOSSA PRINCIPAL DIFERENCIAÇÃO; PROMETEMOS "PLENITUDE" PARA EMPREENDEDORES E PROTAGONISTAS (DE FORMA ECUMÊNICA E SEM SENSACIONALISMO) NUMA AMBIÊNCIA MIGRANDO PARA UM REGIME HOLACRÁTICO

Para complementar essas fundamentações, nossa equipe discutiu muito qual seria a "promessa" de nossas intervenções comportamentais sem que nos misturassem com as propostas superficiais, efêmeras e até fúteis (para não rotular como charlatanismo, irresponsabilidade ou mero oportunismo) tão frequentes no mercado.

Os termos utilizados pelo mercado como PROMESSA sempre são relacionados a SUCESSO, FELICIDADE, AUTOAJUDA, SUPERAÇÃO DE LIMITES, LIBERTAÇÃO, ENRIQUECIMENTO FINANCEIRO, etc. O grande argumento e promessa de empresas que concorrem com a Olho de Tigre, algumas até mais antigas do que a nossa, utilizam essas palavras-chave como "arma" de marketing, mas carecem de "alma" sincera e fundamentada sob o ponto de vista acadêmico e científico, o que sempre foi nossa principal premissa.

Entendo que o conceito de "concorrente" não é aquele que faz algo melhor ou igual a nós, mas aquele que "rouba" o nosso pedido, fazendo ou não a mesma coisa que nós. Nessa premissa, apenas como um exemplo ilustrativo, um BUFFET DE FESTA INFANTIL concorre diretamente com o COMPLEXO DISNEY, mesmo que com propostas completamente diferentes entre si, pois a escolha dos pais com certeza levará em conta as duas alternativas para se gastar o mesmo dinheiro.

Sei também que devemos fazer o que o cliente deseja, mas que muitas vezes o desejo do cliente é efêmero, questionável e até indecente. Em linhas gerais, o cliente quer ser emagrecido e não fazer por merecer o emagrecimento, por isso é que vendem tanto as inúmeras promessas de emagrecimento fácil, embora totalmente questionáveis.

É por essas e outras que sempre foi um dilema para eu me render ao mercado como ele é ou manter-me desconectado deste mundo e fazer algo realmente diferenciado. Optei definitivamente por não fazer o que todos fazem com promessas vazias e depoimentos forçados. Sempre desejei SER UMA ALTERNATIVA a tudo isso e, portanto, justifico abaixo os motivos que me fizeram NÃO adotar quaisquer palavras que o mercado adota com fartura:

- SUCESSO é uma palavra de apelo capitalista e não atinge todas as pessoas da mesma forma, uma vez que o conceito de sucesso depende da perspectiva e da referência que cada pessoa teve ao longo de sua vida. Esta palavra é tão comum e tão utilizada de maneira fútil, que utilizá-la também, mesmo que da forma correta, nos iria remeter a abordagens menos técnicas e sustentadas;
- FELICIDADE é outra palavra tão contingencial que simplesmente não pode ser definida com pragmatismo, sendo um conceito potencialmente muito diferente de pessoa para pessoa e ainda existe um tipo de FELICIDADE que simplesmente devemos evitar que é a FELICIDADE FUGITIVA, conceito que explicamos detalhadamente numa das videoaulas do CAC – Curso de Autoanálise Comportamental e que consiste num tipo de felicidade que simplesmente valoriza fugir de tudo que nos é desconfortável, estimulando assim um perfil de pessoas "mimadas" e que não lidam bem com nada que seja frustrante, uma realidade que a vida com certeza vai nos impor em algum momento;
- AUTOAJUDA é um termo que, em síntese, é absolutamente tudo se considerarmos que qualquer tipo de literatura tem como objetivo ajudar alguém em alguma área do conhecimento. O termo AUTOAJUDA em inglês passa a ideia de que representa qualquer literatura que possa substituir a intervenção terapêutica mais particular e personalizada. Como nossa abordagem é completamente contra isso, ou seja, este livro é introdutório e jamais substituirá as intervenções treinamentosas, teóricas e vivenciais que constituem nosso MOTDH - Método Olho de Tigre de Desenvolvimento Humano com a TFIC – Trilha de Formação em Inteligência Comportamental (CAC + CDC + PIC + OLP), além de outras abordagens, às vezes até tratamentosas (envolvendo atendimento médico propriamente dito). Dessa forma, embora o termo seja muito utilizado, e provavelmente este livro esteja armazenado na prateleira de autoajuda das livrarias, é altamente inadequado;

- O termo SUPERAÇÃO DE LIMITES remete àqueles treinamentos onde as pessoas passam por brasas quentes (que qualquer pessoa passaria sem qualquer preparo prévio, dada a velocidade utilizada), quebram madeiras (que qualquer pessoa quebraria dado o preparo especial das tábuas padrão utilizadas), pulam de altas alturas, utilizam abordagens *outdoor*, comem alimentos exóticos, sobrevivem a circunstâncias de selva, etc. Como simplesmente não utilizamos nada disso, embora façamos as pessoas superarem limites muito maiores que estes, mas sem utilizar destas prerrogativas enganosas, essa terminologia não nos representa em absolutamente nenhum aspecto, portanto também altamente inadequada.

Nossa perspectiva tinha que ser diferente e, principalmente, que não se misturasse com esta superficialidade toda existente no mercado. Um filme que representa bem esta superficialidade é O AMOR ACONTECE (Burke Ryan - Aaron Eckhart - é um escritor viúvo, autor de um livro sobre como lidar com as perdas. Seu trabalho logo se torna um *best-seller*, o que o torna uma espécie de guru da autoajuda e, em uma viagem a negócios para Seattle, ele conhece Eloise Chandler - Jennifer Aniston - e por ela se apaixona, só que, ao assistir o seminário de Burke, ela percebe que na verdade ele ainda não conseguiu superar a morte da esposa e vende ilusões) que tem até um final mais sincero, mas que não representa em nenhum aspecto nossa abordagem e nossa missão.

Inicialmente a palavra que nos restou para utilizar como promessa era LIBERTAÇÃO, mas confundia-se agora com as iniciativas eminentemente religiosas e conflitava com uma de nossas premissas que sempre foi o ecumenismo de nossas intervenções. Tomamos tanto cuidado com isso que evitamos o uso da palavra DEUS em qualquer texto oficial de nossas intervenções, assegurando assim que quaisquer pessoas com denominações religiosas diferentes pudessem perfeitamente participar de nossos cursos numa mesma turma sem nenhum tipo de problema ou constrangimento. Nossa abordagem musical, por exemplo, é dotada de alta tecnicidade e embasamento acadêmico (quem conduz toda nossa trilha sonora é um profissional com doutorado em música e regência) e não utiliza qualquer referência sonora que tenha sido formalmente utilizada em algum ritual religioso, pois caracterizaria uma tendência da qual não queremos participar. Nossa abordagem musical obedece a fundamentos muito sofisticados e se configura como um de nossos grandes diferenciais. Sendo assim, a palavra LIBERTAÇÃO estava descartada também, embora fosse bastante adequada se todos a interpretassem com a base científica que nos suporta.

A partir de então, a palavra que emergiu, depois de muita pesquisa e rigor, foi PLENITUDE. Ela carrega perfeitamente nossa missão e abordagem eminentemente científica com foco em neurociências e neurologia (medicina comportamental é o termo mais abrangente). A palavra PLENITUDE representa que tão importante que chegar a algum lugar, talvez até mais importante seja simplesmente percorrer o percurso para chegar lá vivendo cada segundo a trajetória. A PLENITUDE assegura todas as demais palavras e caracteriza que o percurso PRECISA ser percorrido integralmente, com paciência e disciplina, sem pular absolutamente nada. O conceito de PLENITUDE CONSILIENTE é:

O importante é ser/estar PLENO (não simplesmente feliz). A felicidade está longe, muito longe mesmo, de ser a melhor palavra para representar o estado máximo do bem-estar ou estar bem. Até se consegue a efêmera felicidade ganhando dinheiro ou poder (mesmo que por meios ilícitos) ou ainda priorizando a família ou a religião em detrimento ao trabalho (ou vice-versa), mas somente a PLENITUDE assegura uma espécie de paz interior independentemente do nível de poder alcançado, independentemente do nível de riqueza econômico armazenado, independentemente da escolha da "muleta" a quem deposita-se a responsabilidade pelas coisas boas (ou más) que possa acontecer, independentemente do nível de regozijo pelas férias ou passeio tão sonhados, independentemente do casamento perfeito, enfim, independentemente da efetivação de todos os seus objetivos. Vive a PLENITUDE aquele que atingiu um nível de sabedoria (não o mero conhecimento sem aplicação) que faz com que o modelo de felicidade imposto (pelos outros e por você próprio) não seja sequer mais necessário. A PLENITUDE assegura que tudo está bem, sempre, independentemente de os resultados serem ou não alcançados, porque valoriza a contínua busca e não o cômodo encontramento. Enfim, a felicidade impõe condições, a PLENITUDE jamais.

As 30 LEIS DO OLHO DE TIGRE que integram esta literatura contribuem à conquista da PLENITUDE nas mais diversas ambiências (pessoal, profissional, social, familiar, financeira, etc.) e guardam a possibilidade de encorajar as pessoas a empreenderem onde quer que estejam, seja na sua própria empresa ou como gestor de processos (ou de departamentos) de empresas que não sejam de sua propriedade, mas assegurando "visão de dono" onde quer que atue, assumindo o protagonismo em tudo, absolutamente tudo, que faz (ou empreende).

30 Leis do Olho de Tigre

Chamamo-las de LEIS e não de regras, tópicos, fatores, quesitos ou outros termos que poderiam ser considerados assemelhados, porque o significado de LEI é mais adequado para o conteúdo que está sendo compartilhado aqui.

Gramaticalmente, LEI é um substantivo feminino que defende um princípio, um preceito, uma norma, criada para estabelecer regras que devem ser seguidas, uma espécie de ordem (do Latim "lex." que significa "lei" - uma obrigação imposta). No sentido científico, lei é uma regra que estabelece uma relação constante entre fenômenos ou entre fases de um só fenômeno. Através de observação sistemática, a lei descreve um fenômeno que ocorre com certa regularidade, associando as relações de causa e efeito, como, por exemplo, a Lei de Gravitação Universal ou a Lei de Ação e Reação, determinadas por Isaac Newton.

O MOTDH – Método Olho de Tigre de Desenvolvimento Humano e a TFIC – Trilha de Formação em Inteligência Comportamental (com certificação DHBI)

Durante todo o processo de criação do treinamento vivencial de imersão de 3 dias que chamamos hoje de PIC – Programa de Inteligência Comportamental, balizamo-nos como fonte inspiradora no livro A LEI DO TRIUNFO. Esta literatura foi escrita, por Napoleon Hill, há muitas décadas e, apesar do tempo, traz em suas páginas conceitos atualíssimos e de forte aplicação para o "sucesso" de quem os seguem. Napoleon Hill nasceu em um momento turbulento e em mutação, no dia 26 de outubro de 1883, primogênito de Sara e James Hill, de Wise County, Virgínia. Ocasião em que a América consolidava sua expansão e as atenções da nação voltavam-se para a Costa Leste, onde o poder passava da riqueza antiga e da aristocracia proprietária de terras para uma nova geração de magnatas capitalistas, resolvidos a construir impérios na indústria e no comércio. As décadas de 1880 e 1890, no entanto, constituíram também um período em que o "Sonho Americano" floresceria mais brilhante e mais visível do que nunca, inspirado por uma torrente incessante de homens comuns que subiam para posições de poder e riqueza. Entre os mais famosos, destacava-se Thomas Edison, cuja estatura e riqueza como inventor já se encontravam firmemente consolidadas. Outro famoso exemplo foi Andrew Carnegie, um imigrante pobre que se tornara milionário, arriscando, em 1873, uma riqueza arduamente ganha em uma pequena empresa, numa indústria que estava apenas começando. Tal como outros milhões de americanos nascidos no seio de uma família de meios modestos ou pobres,

Hill estava destinado a admirar com paixão figuras como: Edison, Carnegie, Henry Ford e dezenas de outros homens que venceram por mérito próprio. Ele seria consumido pela atração por indivíduos que haviam vencido e sonharia em conhecer esses gigantes, impressioná-los e receber deles a sabedoria que os levara a inacreditáveis feitos. Mas ao contrário da maioria desses outros milhões de admiradores e curiosos, Napoleon Hill estava destinado a transformar o sonho em realidade. Ele não só conheceria e impressionaria os grandes realizadores – dezenas deles – mas passaria toda sua vida adulta extraindo deles seus segredos e divulgando-os pelo mundo. Cerca de 16 mil pessoas de todas as classes sociais foram ouvidas por Napoleon Hill. Dentre eles, comerciantes, donas de casa, advogados, bancários, engenheiros, médicos, corretores, operários, professores, fazendeiros, ferroviários, gente de todas as profissões foi por ele ouvida e analisada no intuito de reunir todos os elementos que levaram estas pessoas tanto ao sucesso como ao fracasso. Dessas 16 mil pessoas, 1.000 eram milionárias. Dessas 1.000 milionárias, ele selecionou 500 pessoas que, além de terem dinheiro, gozavam de boa saúde, alegria, prestígio, entre outras características. Todos os fatos importantes reunidos nessas análises foram cuidadosamente organizados para posteriormente serem divulgados em "A Lei do Triunfo". Antes de serem dados à publicidade, os manuscritos foram submetidos a banqueiros, comerciantes e professores universitários, por conseguinte, homens capazes de, pelo seu espírito eminentemente prático e grau de cultura adequada para analisá-los e criticá-los. Duas importantes universidades examinaram-no atentamente com a finalidade de corrigir ou eliminar as declarações que parecessem sem base. Nem uma única modificação foi proposta.

A importância desta obra foi amplamente considerada na construção destas 30 LEIS DO OLHO DE TIGRE que aqui veremos profundamente. Portanto, acreditamos ser de fundamental importância que nosso leitor considere também esta obra como uma das principais bibliografias para tornar-se uma dentre suas literaturas de cabeceira.

Quando ampliamos o PIC e desenvolvemos o MOTDH – Método Olho de Tigre de Desenvolvimento Humano e a TFIC – Trilha de Formação em Inteligência Comportamental era momento de complementar as LEIS DO TRIUNFO de Napoleon Hill com nossa experiência, lidando com o tema Desenvolvimento Humano desde 1995. Neste período, tivemos contato com diversos outros mecanismos complementares que podem ser hoje considerados LEIS UNIVERSAIS e que PRECISAM ser "compreendidas" tanto no nível cognitivo / intelectual, mas também e principalmente "sentidas" no nível da memória muscular e sensorial mais subliminar e vivencial. Foi por conta deste aprendizado todo, que em essência foi fruto de estudo dedicado, é que desenvolvemos todos os conteúdos da Olho de Tigre Consultoria e Treinamento Ltda. (www.olhodetigre.com.br)

Desenvolvemos então nossa primeira iniciativa de conteúdo teórico por meio do CAC – Curso de Autoanálise Comportamental (https:// olhodetigre.com.br/curso_de_analise_comportamental/), que consiste num curso totalmente online (pela internet) dotado de diversas videoaulas contendo abordagens introdutórias sobre diversas técnicas que estudamos para suportar nossas dinâmicas de alto impacto e de inundação emocional nos treinamentos vivenciais de imersão (PIC e OT CORPORATE) e também em nossas atividades de Coaching, Mentoring e de Consultoria em Diagnóstico de Cultura Organizacional. Inicialmente disponibilizamos 11 videoaulas (desde 2015), mas, à medida que continuarmos nossos estudos, acrescentaremos mais videoaulas que estarão sempre disponíveis aos alunos que foram matriculados.

Foi depois do CAC que decidimos ampliar as 16 Leis do Triunfo para as 30 LEIS DO OLHO DE TIGRE, que seriam trabalhadas em nosso novo PIC – Programa de Imersão em Inteligência Comportamental, um treinamento de 3 dias (das 00:01 horas de um sábado até 15:00 horas de uma segunda-feira) + 6 horas de conceitos técnicos (via aulas online). Trata-se da origem do MOTDH e configura a parte mais importante de nossa Trilha e que significa uma vivência de inundação emocional transformadora e indescritível.

Por tratar-se de conteúdo inovador e que também merecia algum aprofundamento teórico, surgiu então o curso que complementa este livro que está em suas mãos agora, em adição ao CAC e ao PIC.

Referimo-nos ao CDC – Curso de Desenvolvimento Comportamental (https://olhodetigre.com.br/curso-de-desenvolvimento-comportamental/), que consiste num curso totalmente online (pela internet) dotado de 30 videoaulas com explicações detalhadas de cada LEI contida neste livro com sua respectiva ARA (Atividade para Reflexão Ativa), um exercício prático para aplicação e reflexão aprofundada de cada lei.

Ainda como uma última etapa da TFIC – Trilha de Formação em Inteligência Comportamental existe o que chamamos hoje de OLP – Oficina de Life Plan (Plano de Vida). A OLP consiste numa série de 8 encontros online comigo para construir seu PLANO DE VIDA completo, a partir de uma série de estruturas de pensamentos, templates e reflexões assistidas que permitirá a confecção de um DOCUMENTO que será utilizado como estrutura de priorização para todo o resta de sua vida. Em síntese um trabalho que poucas pessoas se dedicam, mas que poderá fazer toda a diferença na vida de qualquer "empreendedor" (seja de sua própria empresa ou no exercício do protagonismo na empresa de alguém).

É altamente recomendado você consolidar sua TFIC – Trilha de Formação em Inteligência Comportamental conferindo a si mesmo a chancela DHBI – Declaration of Human Behavior Improvement, que nada mais é do que a evidência de que a pessoa enfrentou com êxito e completude as 4 intervenções da TFIC (PIC + CAC + CDC + OLP, na ordem que julgar mais adequada). Veja no link mais detalhes sobre a certificação DHBI: https://olhodetigre.com.br/dhbi-declaration-of-human-behavior-improvement/.

Enfim, as abordagens que apresentaremos a seguir são exatamente as abordagens conceituais das 30 LEIS DO OLHO DE TIGRE, íntegra em videoaulas de nosso CDC – Curso de Desenvolvimento Comportamental, e não são meras sugestões. Portanto, segui-las adequadamente pode ter impactos significativos em sua existência. Pode ser que, com o tempo, estas 30 LEIS sejam complementadas por outras que eu venha a aprender futuramente. Entretanto, neste momento entendo que estas sejam as LEIS que efetivamente farão uma espetacular diferença em sua vida como empreendedor e/ou protagonista em sua ambiência que integra as exigências do século XXI (Holacracia). Devemos, no mínimo, refletir e aprender mais sobre estas 30 LEIS DO OLHO DE TIGRE, pois, como foi mostrado, não foram meramente inventadas. São frutos de um profundo processo de investigação e experimentação. Considerá--las mero acaso seria um equívoco.

Seja bem-vindo a esta viagem, boa leitura e boas reflexões.

1. LEI DO MERECIMENTO

Escolhi esta LEI para abrir as abordagens das LEIS DO OLHO DE TIGRE de nosso livro porque é demasiado importante e suprarrelevante a compreensão de que a máxima "QUERER É PODER" não reflete a verdade. Talvez agora você se sinta mais confortável, não é? Pois inúmeras pessoas devem ter lhe dito isto (que QUERER É PODER), mas você nunca conseguiu realmente fazê-la funcionar sob suas perspectivas.

É isto mesmo: QUERER **NÃO É** PODER, mas PODER **É SABER** QUERER (vide também a LEI DA IMAGINAÇÃO EXATA)! Em realidade, sob este aspecto primário e anterior, mais contundente e correto seria dizer, antes de tudo, o quão importante seria nutrir a consciência de que PODER é **MERECER** O QUE SE QUER.

E aí eu lhe pergunto: Será que você realmente MERECE o que deseja?

Pense um pouco. Sim, é verdade que todos, inclusive você, tenham DIREITO ao que desejam (especialmente o que se deseja com força e ardor), mas não necessariamente significa dizer que você MEREÇA o que deseja.

E é sobre isso que precisamos tratar nesta primeira LEI. Eu a escolhi colocar em primeiro lugar de todas as demais, porque, se você não terminar de estudá-las (todas as 30 leis) completamente ou eventualmente não se aprofundar nos conceitos abordados em nosso outro curso (CAC – Curso de Autoanálise Comportamental) ou ainda não se desafiar a viver nosso treinamento vivencial de alto impacto (OT IMMERSION), talvez NÃO MEREÇA colher o que poderia.

Isso é verdade para uma série de DESEJOS que muitas pessoas QUEREM realizar, mas infelizmente ainda não CONQUISTARAM. Talvez tenham feito MENOS (muito ou pouco menos, mas, ainda assim, menos) do que seria imprescindível para MERECER este QUERER.

Responda esta questão: Há alguma coisa que você DESEJE muito e que ainda não se CONCRETIZOU, seja no aspecto material, pessoal, social, profissional, espiritual ou em qualquer outro aspecto que eu não tenha citado aqui?

Gostaria que a sua resposta tenha sido SIM, ou seja, que existe pelo menos UM DESEJO não concretizado. Somente isso justificaria a sua VIDA. Se você já concretizou 100% das coisas que deseja, então já não precisaria mais estar vivo. É exatamente por isso que a vida vale a pena, ou seja, para realizar todos os seus desejos ainda não concretizados. É a isso que chamamos de MOTIVAÇÃO, ou seja, ter MOTIVOS para permanecer VIVO na busca pela realização de seus DESEJOS mais profundos, aqueles que consistem nos seus SONHOS mais antigos e contundentes.

Então me deixe dizer o que é mais duro ainda: se você deseja alguma coisa que ainda não tenha concretizado é porque você NÃO MERECE. Caso contrário, já teria concretizado o desejo. Claro que tem direito ao desejo, mas, se merecesse mesmo, já seria algo do passado e efetivamente realizado. Devem existir coisas que ainda não foram feitas que expliquem porque você não mereça, de verdade, o desejo.

Em síntese, tudo aquilo que se deseja, absolutamente tudo, e que ainda não tenha sido concretizado é um problema de merecimento e nada mais. Faltou disciplina em fazer algo, humildade para se curvar diante de algum aspecto, insistência para continuar, paciência para esperar sem parar de executar alguma atividade, enfim, alguma coisa faltou. Com certeza existe alguma LACUNA que explica a falta de merecimento. Alinhada a essa perspectiva, a CULPA é sempre SUA.

Para MERECER um DESEJO (ou mesmo um grande SONHO) é preciso REALIZAR algo que nunca se realizou, mais do que simplesmente PEDIR. Sempre gostei de uma frase que diz assim: **Deus (o Deus a quem você nutre confiança) já deu o que tinha que dar, o que vos cabe somente é AGRADECER e utilizar os recursos que já lhe foram dados para CONSTRUIR o merecimento de seus desejos.** *É o poder da GRATIDÃO.*

Se há alguma coisa a ser pedida (a seu Deus, por exemplo, ou a quem quer que seja) é somente PERDÃO por não ter feito absolutamente tudo aquilo que teria que ser feito para merecer seus desejos. Na minha vida, toda oportunidade que eu tinha de RECLAMAR de algo que não estava acontecendo, sabendo desta LEI, eu sempre pesquisava coisas que eu nunca tinha feito e, naturalmente, sempre encontrei (com relativa facilidade), justificando totalmente a falta de merecimento. Novamente eu constatava que a CULPA é, sempre foi e sempre será, somente minha e de mais ninguém.

Gosto muito de frases – vão constatar isso ao longo de toda esta obra – e existe uma que resume esse conceito: *Se quiser duplicar a sua dose de sucesso, terá que aceitar que precisará triplicar ou ainda quadruplicar a sua dose de fracasso.*

A partir deste aprendizado, que considero transformador e vital para o aproveitamento de todas as demais LEIS DO OLHO DE TIGRE que vamos estudar, é fundamental que você adote uma postura menos COITADINHA na vida e assuma a CULPA por 100% de seus fracassos. Muitas pessoas dedicam a vida toda a justificar seus fracassos, CULPANDO outras pessoas por impedi-las de realizar seus anseios.

Essa postura infelizmente é maioria e isso justifica, mais uma vez, porque somente alguns estão dispostos a fazer mais do que têm feito para merecer seus desejos.

Sair da postura de COITADINHO e somente reclamar exigirá de sua parte uma disciplina, sugerindo que, a cada constatação de um sonho/desejo não realizado, se busque coisas que ainda não tenham sido feitas. Claro que é mais cômodo e confortável fazer a listinha de tudo que você JÁ FEZ, mas isso não vale, pois, se valesse, tudo já estaria no mundo do CONCRETIZADO. Se não está assim, o que é relevante será fazer a listinha do que AINDA não foi feito (enfatizo o AINDA, pois a partir de agora creio que o fará). Durante este exercício constatará que, muitas vezes, o que precisa ser feito não tem conexão direta com o sonho/desejo, mas é suportador e imprescindível para viabilizá-lo depois.

Será que consegui fazê-lo compreender a relevância desta LEI? Que se não a compreender e não a praticar provavelmente todas as demais LEIS ficarão incompletas? Preciso desta certeza, mas como não estou vendo sua expressão fisiológica, tampouco posso debater consigo para retirar-lhe suas dúvidas, quero que não parta paras as demais LEIS antes de concordar com o que foi explanado aqui. Preciso que reflita e somente continue caso tenha superado e compreendido esta LEI.

Gostaria de lhe sugerir outras literaturas para corroborar estas considerações, mas realmente não vamos dispor de tanta bibliografia quanto gostaríamos, principalmente sobre esta LEI tão particular e "dolorida".

Seria importante, como forma de complementar esta abordagem, que você assistisse todas as videoaulas de cada uma destas LEIS DO OLHO DE TIGRE que estamos tratando neste livro. As videoaulas fazem parte de nosso CDC – Curso de Desenvolvimento Comportamental e contêm uma abordagem comigo, falando abertamente sobre cada uma das LEIS, e também uma ARA (Atividade de Reflexão Ativa) com foco na aplicação do conceito como forma de fixá-lo. Assistir a essas videoaulas não é obrigatório, claro, mas pode ser um complemento importantíssimo.

Há outra iniciativa de sua parte que poderá ajudá-lo a colocar em prática cada uma destas LEIS DO OLHO DE TIGRE. Trata-se de nosso OT IMMERSION, um treinamento presencial e vivencial de alto impacto com 55 horas ininterruptas de experiências práticas de alto impacto, onde aplicaremos todas as 30 LEIS num ambiente de aprendizado recontextualizador e ressignificador.

Existe ainda mais uma iniciativa que abordará técnica e teoricamente, com ampla bibliografia sugerida, todas as metodologias que estudamos para oportunizar as vivências do OT IMMERSION. Tivemos que disponibilizar mais esta capacitação também por meio de videoaulas, pois as pessoas nos pediam o embasamento científico de tudo que tratamos. Assim sugiro também o CAC – Curso de Autoanálise Comportamental, que contém todas as videoaulas com uma abordagem introdutória de 100% de nossas capacitações atuais e futuras, ou seja, à medida que nossa equipe vai evoluindo no aprendizado (o que fazemos constantemente – veja a LEI 30), novas videoaulas são disponibilizadas para os alunos matriculados.

Para quem faz todo nosso PROCESSO, que chamamos de "Método Olho de Tigre de Desenvolvimento Humano", MERECE (para não fugir ao conceito preponderante desta LEI) um reconhecimento público que denominamos de DHBI – *Declaration of Human Behavior Improvement*. Uma pessoa DHBI recebe um Certificado Especial, um *pin* da Olho de Tigre e uma medalha/comenda DHBI durante um de nossos eventos públicos (BEHAVIOR DAY, por exemplo), além de estar citado em nosso site como DHBI (https://olhodetigre.com.br/dhbi-declaration-of-human-behavior-improvement/).

Espero realmente que você, a partir desta primeira LEI, possa estar de mente aberta e totalmente de "xícara vazia" para poder refletir e estudar cada uma das demais e maravilhosas 29 LEIS DO OLHO DE TIGRE faltantes.

2. LEI DO VERBO TENTAR

Esta segunda LEI DO OLHO DE TIGRE trata de um dos verbos mais pitorescos e estranhos que se tem notícia, talvez o verbo mais inócuo da língua portuguesa. Um verbo que é utilizado tão frequentemente por tantas e tantas pessoas, mas que poucos param para pensar o quão estranho e não contributivo ele é. No mínimo um grande ERRO utilizá-lo com tanta naturalidade.

Vamos às explicações, mas, antes de mais nada, gostaria de citar e homenagear um profissional que me ensinou esta LEI tão relevante para meu desenvolvimento comportamental. Trata-se de meu estimado amigo Prof. Edson Pereira da Silva, da TDS Treinamento e Desenvolvimento Ltda. Foi ele quem, pela primeira vez, já nos idos de 1995, me ensinou esta pérola e que compartilho com vocês agora. Muito grato, querido amigo Edson, por fazer parte de minha vida e de ter ensinado tantas coisas.

Todo verbo se caracteriza por ser de dois tipos:

- **Verbos INTRANSITIVOS** = não possuem necessariamente complemento, no entanto, costumam acompanhá-los os adjuntos adverbiais de lugar que, na língua culta, são algumas preposições usadas para indicar destino ou direção. Exemplo:
    - Vou ao teatro (Quem VAI, VAI a algum lugar).
    - Ricardo foi para a Inglaterra.

- **Verbos TRANSITIVOS** = vêm acompanhados por algum tipo de complemento: quem sente, sente algo; quem revela, revela algo a alguém. O sentido desses verbos **transita**, isto é, segue adiante, integrando-se aos complementos, para adquirir sentido completo. A este complemento verbal chamamos de OBJETO, que pode ser também dividido de duas formas:

- <u>**DIRETO**</u> = quando o complemento vem ligado ao verbo diretamente, sem preposição obrigatória. Exemplo:
  - Nós **escutamos** nossa música favorita.

- <u>**INDIRETO**</u> = quando o complemento vem ligado ao verbo indiretamente, com preposição obrigatória. Exemplo:
  - Eu gosto de sorvete.

Se fôssemos primar pela completude conceitual da gramática de nossa língua portuguesa, existem ainda os chamados verbos de ligação como uma terceira tipificação dos verbos, que são aqueles que, expressando estado, ligam características ao sujeito, estabelecendo entre eles (sujeito e características) certos tipos de relações, a saber: estado permanente (ser, viver), estado transitório (estar, andar, achar-se, encontrar-se), estado mutatório (ficar, virar, tornar-se, fazer-se), continuidade do estado (continuar, permanecer) e estado aparente (parecer).

Sabido isso, vamos retornar à abordagem de nosso verbo protagonista desta LEI, o verbo TENTAR.

Trata-se de um verbo regular, classificado nos dicionários mais confiáveis como transitivo direto, portanto PRECISA de COMPLEMENTO para dar sentido à frase quando este for empregado, como qualquer outro verbo transitivo. Entretanto, a palavra verbo por si só deseja expressar uma ação e quase todos os verbos transitivos (sejam diretos ou indiretos) conseguem expressar esta ação, mesmo que independentemente de seu OBJETO. Senão, vejamos os verbos transitivos abaixo:

- <u>**Comprar**</u> – quem compra, compra alguma coisa, é verdade, mas o verbo comprar é representável, ou seja, permite a explicação do que significa;
- <u>**Gritar**</u> – quem grita, grita alguma coisa, é verdade, mas o verbo gritar é representável, ou seja, permite que, elevando a voz, pos-

samos exprimir seu significado mais puro;
- **Entregar** – quem entrega, entrega alguma coisa, é verdade, mas o verbo entregar é representável, ou seja, permite que expressemos o seu significado independentemente do que se pretenda entregar.

Como se pode observar, qualquer verbo precisa de algum tipo de complemento, mesmo os intransitivos ainda precisam de adjuntos adverbiais. Isso é normal e absolutamente comum, entretanto, mesmo sem saber seus complementos (objetos ou adjuntos adverbiais), é possível explicar ou expressar seu significado de alguma forma sem precisar de mais nada.

O verbo TENTAR é particularmente diferente de todos os demais. Observe:

- **Tentar** – quem tenta, tenta alguma coisa, é verdade, mas antes dos objetos e dos adjuntos adverbiais ele PRECISA DE OUTRO VERBO para todas as demais regras funcionarem. Exemplo:

- Tentar **levantar** uma cadeira.
- Tentar **cumprir** uma ordem.
- Tentar **acordar** cedo.
- Tentar **engravidar** sua esposa.
- Tentar **velejar** naquele rio.

Embora o verbo TENTAR seja considerado um verbo transitivo direto como qualquer outro, sua aplicação é pitoresca e por si só já mereceria uma abordagem mais específica da gramática. Perceba que ele PRECISA não só de um complemento, mas também e principalmente de outro verbo para dar sentido a toda a teoria gramatical. É exatamente essa característica que fez dele um verbo que mereceu esta LEI.

Utilizar este verbo (TENTAR) significa que, para completar a frase, será necessário utilizar outro verbo e, para expressá-lo, na prática, será necessário o absurdo de representar o segundo verbo sem que ele se consubstancie, ou seja, sem que ele seja expressado.

Pare e faça um exercício. Procure representar para as pessoas que estão perto de você a frase: **Tentar levantar uma cadeira**.

Perceba que levantar simplesmente a cadeira será a expressão cabal do verbo LEVANTAR, para representar os verbos TENTAR LEVANTAR terá que colocar as mãos na cadeira e representar um esforço MAL-SU-CEDIDO de LEVANTAR a referida cadeira. TENTAR, portanto, é não conseguir realizar o verbo seguinte, mas mesmo assim fazer algum esforço.

Incrível, não é? Nunca havia pensado sob esta perspectiva? Eu também não, até conhecer e ser mentorado pelo Prof. Edson Pereira da Silva, um grande mestre que tive em minha vida.

A partir dessa perspectiva, aprendi que utilizar o verbo TENTAR é fortalecer cosmicamente o insucesso do verbo seguinte e percebi também que a frase LEVANTAR UMA CADEIRA é muito mais proativa e determinante para meu êxito do que colocar o verbo TENTAR antes de tudo. Utilizar o verbo TENTAR é, portanto, uma muleta útil apenas para quem considera a perspectiva de não conseguir realizar o verbo seguinte. Um verdadeiro desperdício, irrelevante e que não agrega nenhum valor às suas ações mais pragmáticas.

Você deve então ERRADICAR DEFINITIVAMENTE o verbo TENTAR de seu vocabulário. Essa é a proposta dessa LEI e temos a certeza que essa nova atitude vai mudar a forma de você encarar a sua vida. Isso é transformacional, pode acreditar no que estou lhe dizendo.

Há uma frase que gosto muito que diz o seguinte: **_Há uma diferença muito pequena, ou nenhuma, de uma pessoa que sabe ler e não lê de uma pessoa que sequer aprendeu a ler._** Constate que saber ler e apenas TENTAR LER é muito pouco diferente de quem nunca aprendeu a ler, porque TENTAR LER não é LER efetivamente. Por que então utilizar o verbo TENTAR? Não há uma justificativa plausível.

A partir desse aprendizado, fiquei absolutamente comprometido, visceralmente comprometido, a dar ênfase ao verbo seguinte e não ao verbo TENTAR o verbo seguinte.

Em meu trabalho cotidiano me incomoda bastante quando uma pessoa utiliza este verbo, pois logo vejo que a pessoa está se desculpando antes mesmo de não conseguir, mesmo que de forma inconsciente. O seu uso representa uma espécie de decepção antecipada do não êxito do verbo seguinte e uma clara autopiedade quando de um eventual fracasso do verbo seguinte. Esta LEI está tão presente na minha vida que arrisco a dizer que nunca mais escrevo ou profiro este verbo em minhas argumentações.

Procure a partir de agora substituir este verbo pelo verbo seguinte de forma que você doutrine seu cérebro a não mais ter este tipo de ato falho de esforço malsucedido ou ainda procure adotar outra frase completamente diferente de forma que o verbo TENTAR não seja a muleta utilizada. Exemplo:

- Substitua a frase **Vou TENTAR chegar na hora** por **Vou programar meu relógio com 45 minutos de antecedência ao que normalmente me programo para chegar na hora.** Perceba que a segunda frase é muito mais proativa e contributiva em relação à primeira, inclusive para MERECER (vide LEI DO MERECIMENTO) mais as coisas que você deseja.

Posso lhe assegurar que isto lhe será de grande valia para sua mudança de comportamento, ativando inclusive outra área de seu cérebro. Simples, não é? Espero que consiga colocar em prática esta fundamental LEI.

Pare de TENTAR LER este livro, simplesmente o LEIA completamente.

Para de TENTAR CONHECER-SE melhor, simplesmente CONHEÇA-SE, melhor vivendo tudo que precisa ser vivido, sem fugas e sem autossabotagem.

Pare de TENTAR COMPREENDER seus familiares, simplesmente os COMPREENDA, abrindo mais perspectivas de observação da realidade.

Pare de TENTAR FAZER GINÁSTICA, simplesmente FAÇA ginástica de forma disciplinada.

Pare de TENTAR ENTENDER seus filhos, simplesmente os ENTENDA a partir da aceitação de novos paradigmas.

Pare enfim de TENTAR qualquer coisa, simplesmente execute SOMENTE o VERBO seguinte e constatará o poder desta LEI DO OLHO DE TIGRE.

3. LEI DO SER

A explicação desta LEI é um desafio por si só, não obstante o prazer em tratar os conceitos que circunscrevem uma aura tão especial e prazerosa. Vamos começar com um desafio? Responda-me agora, rapidamente, qual **É** o seu nome?
Talvez você tenha respondido mentalmente fazendo a silabação (aquele sussurro baixinho) de seu nome completo. Se fosse eu, responderia simplesmente: Meu nome **É** Orlando Pavani Júnior. Será que temos um erro aqui? Não vê nada de estranho?

Você realmente **É** seu nome? Foi você que decidiu, sozinho, dar este nome a si mesmo? Não? Foram seus pais ou responsáveis que decidiram o seu nome? Então como pode afirmar que **É** algo que sequer decidiu?

O mais correto seria alterar desde a pergunta. A pergunta deveria vir assim: Que nome você **TEM**?

E aí a resposta adequada, por mais estranha que pareça, seria: **TENHO** o nome de Orlando Pavani Júnior.

O nome de uma pessoa é muito mais alinhado ao conceito de TER do que de SER. Você não **É** seu nome e sim você **TEM** seu nome. Nos dias atuais cada vez mais as pessoas estão percebendo que a forma com que se apresentam aos outros é muito mais relativa aos TERES e ESTARES do efetivamente aos SERES.

Você não **É** Gerente, você **ESTÁ** Gerente, muito provavelmente porque tenha sido reconhecido e então promovido na organização onde trabalha. Você não **É** Advogado, mas você **TEM** este título, merecidamente porque se formou em Direito. Até a paternidade é um **TER** e não um **SER**. O estado de pai e/ou mãe é muito mais do que TER um filho/filha, mas sim em SER apaixonado/apaixonada por eles.

Perceba que no ato formal de se apresentar é provável que você utilize características próprias que muito mais traduzem algo que você TEM e/ou ESTÁ do que "SERES" de fato.

Há até um exercício que fazemos em treinamentos de lideranças, chamado FEEDBACK DESCRITIVO, onde pedimos que as pessoas presentes escrevam num papel uma série de características que as defina e é muito comum as pessoas se referirem a detalhes relacionados a TER e/ou ESTAR, mas utilizando o verbo SER. Exemplo: SOU pai de 2 filhos, SOU Gerente Industrial, SOU Engenheiro Eletricista, SOU Líder de mais de 100 pessoas, SOU careca, etc. Todas essas características muito mais fazem referência a um TER ou a um ESTAR, sendo mais correto dizer que TEM 2 filhos, que TEM o cargo de Gerente Industrial, que TEM a formação de Engenheiro Eletricista, que TEM 100 pessoas sob seu comando e que NÃO TEM cabelos.

Este exercício tem, portanto, uma única regra, ou seja, vale tudo menos escrever o TER e o ESTAR da pessoa. Esta simples regra "trava" muitas pessoas, pois elas sentem uma dificuldade enorme de listar características que não possam fazer qualquer referência e confusão aos TERES e ESTARES. Há gente que até derrama lágrimas por ficar mais de 30 minutos sem conseguir escrever absolutamente nada, pois se apercebe que tudo que lhe resume é um TER ou um ESTAR e pouco (ou nada) sabe relatar sobre seus SERES. Uma constatação, no mínimo, dolorosa e que ensina que desenvolver o SER é uma necessidade iminente.

Mas o que seria então um SER se não posso fazer as menções clássicas citadas anteriormente?

A resposta, num contexto de autoapresentação, seria mais ou menos assim: SOU invejoso, SOU fedido, SOU ciumento, SOU apaixonado pelos meus filhos (isso sim seria SER pai), SOU arrogante, SOU invejoso, etc. Em síntese seriam adjetivos pessoais, com foco no comportamento, que não podem ser roubados de você, e que somente você próprio pode mudar, se assim quiser. Os TERES e ESTARES poderão ser roubados em sua vida, mas o que você realmente É (o SER) jamais será roubado e configura seu principal ativo intangível. O grande problema é que as pessoas dedicam mais de 99% de seu tempo a acumular TE-

RES e ESTARES e dedicam apenas 1% de seu tempo (ou ainda menos) a desenvolver seu SER.

Ninguém está aqui querendo fazer a apologia do DESAPEGO desvalorizando totalmente o TER e o ESTAR. Estas coisas também são importantes. É obvio que vale muito ter automóvel, uma moradia ou coisas materiais, mas dedicar tanto tempo e recursos somente com isso é que configura o exagero que desequilibra mais do que equilibra.

Se o seu SER é um ou mais adjetivos pessoais que lhe definem, sendo isso algo positivo ou até negativo, quais seriam os pressupostos que estabelecem suas características comportamentais mais profundas? O que o faz SER o que É? Esta LEI vai ajudá-lo a descobrir quem você É e como desenvolver este SER de forma bastante transformacional. Para isso, precisamos de mais informações e de sua disposição a fim de que continue se aprofundando.

É importante agora trazer-lhe alguns contextos e conceitos que vão ajudá-lo para compreender quem, de fato, você É. Isso é tratado de forma mais profunda e com bibliografia extensa no CAC – Curso de Autoanálise Comportamental, mas neste nível raso de profundidade é relevante saber apenas alguns aspectos mais fundamentais.

Quando nós fomos concebidos, fruto da simples relação sexual entre papai e mamãe (ou de uma junção forçada de um espermatozoide com um óvulo em laboratório) que foi capaz de gerar o embrião, a ciência define que somente depois de 3 meses (cerca de 12 semanas) é que a VIDA pode estar consumada, ou seja, antes disso o embrião não tem ainda o seu órgão mais preponderante, o CÉREBRO. Antes do cérebro forma-se a espinha dorsal e somente depois o cérebro tem sua forma. A partir daí é que a VIDA se consuma e que o restante do corpo será preenchido com perninhas, bracinhos, coração, fígado, etc.

A partir do terceiro mês, o cérebro está completamente formado, dotado então de todos os seus mais de 100 bilhões de neurônios. Os neurônios sozinhos não teriam função nem significado se não fossem as famosas SINAPSES. Sinapse nada mais é do que dois neurônios que se unem por meio de suas terminações opostas que de um lado chamam-se DENDRITOS e de outro lado chamam-se AXÔNIOS. Uma terminação DENDRÍTICA de um neurônio ligada a uma terminação AXÔNICA de outro neurônio formam a SINAPSE e isso, em cadeia, cria então o que se denomina de CIRCUITO SINÁPTICO, por onde percorrem as cargas elétricas cerebrais.

No terceiro mês intrauterino, assim que o cérebro é formado definitivamente no embrião, este mesmo cérebro pode ter cerca de 50% (número aproximado, pois ninguém sabe este número com precisão) das SINAPSES já prontinhas, fruto de circunstâncias hereditárias e genéticas, portanto totalmente neurobiológicas.

Os 50% de SINAPSES restantes serão fruto do período posterior a estes 3 meses. Quando você nasce (6 meses depois do cérebro ter sido formado e 9 meses depois da fecundação) talvez se tenha cerca de 70% das SINAPSES consolidadas. Aos 12 meses de vida extrauterina (portanto com um ano e seis meses de cérebro) é provável que já existam cerca de 85% de SINAPSES consolidadas. Aos 6/7 anos de vida, dizem alguns cientistas, estamos com cerca de 98% (ou mais) das SINAPSES consolidadas. Há apenas uma parte do cérebro, chamada de hipotálamo, que pode gerar novos neurônios durante a vida (fenômeno recentemente descoberto chamado neurogênese ou neuroplasticidade) em até 1%. Isso significa então que apenas 2 a 3% de suas SINAPSES serão formadas DEPOIS dos 7 anos de idade até a sua morte.

Veja que coisa interessante: a forma de as pessoas perceberem o mundo, de sentirem o mundo, de se comportarem no mundo, de reunir informações para tomarem suas decisões, estão praticamente prontas aos 7 anos de vida. Isso já seria argumento suficiente, e que os neurocientistas mais estudiosos defendem muito, para dizer que o LIVRE ARBÍTRIO simplesmente não existe, ou nunca existiu. Correto seria dizer que temos ARBÍTRIO (de acordo com o dicionário: resolução, determinação dependente apenas da vontade), mas dizer que este é LIVRE seria um excesso, portanto nossa vontade não é tão livre quanto pensávamos. A forma de interpretação do mundo é submissa às SINAPSES que se consolidam (em 98% aproximadamente) aos 7 anos de idade. Incrível, não é? O aprendizado cognitivo (consciente) representa apenas 2 ou 3% do que nos resta consolidar e é pouco se comparado ao aprendizado emocional (98%) que aconteceu quase que de forma aleatória.

Questionar a existência do LIVRE ARBÍTRIO pode parecer arrogância, ou ainda parecer desrespeito aos dogmas religiosos mais profundos. Mas o fato é que muitos cientistas têm assumido isso como uma circunstância que não cabe sequer discutir, uma vez que, por meio de inúmeros testes, ficou constatado que milésimos de segundos ANTES de uma decisão ser tomada (ou um mero movimento muscular ser acionado) o cérebro já ativou os circuitos sinápticos que o fariam a tomar aquela decisão invariavelmente. Em tese parece mesmo que estamos escravizados a pensar, agir e comportar-nos de forma submissa aos circuitos sinápticos que foram consolidados preponderantemente até nossos 7 anos de idade.

Essa informação assume que você **É** aquilo que seus circuitos sinápticos forem capazes de **SER** e não lhe cabe decidir diferentemente, uma vez que sua forma de pensar é dependente (submissa) a esses mesmos circuitos. De forma conclusiva, você realmente não consegue SER diferente do que já É desde os 7 anos de idade cronológica. Este MODELO MENTAL (*mindset*), que lhe moldou a SER como É, só pode ser alterado por iniciativa própria e ainda se estivermos dispostos a alterar estes circuitos sinápticos tão antigos em nossa vida. A compreensão cognitiva da eventual necessidade de mudança de comportamento infelizmente não é suficiente.

É por isso que não basta sabermos (cognitivamente) que o cigarro faz mal e que não deve ser consumido, pois o *mindset* existente não deixa que paremos de fumar de forma tão simplista. É por isso que não basta sabermos (cognitivamente) que as drogas fazem mal e que não devem ser consumidas, pois o *mindset* existente não deixa que no mundo das ações aconteça de forma tão fácil como parece. É por isso que não basta sabermos (cognitivamente) que comer erradamente faz mal, pois o *mindset* existente não permite que a comida seja interpretada apenas como uma reposição de energia. É por isso que não basta sabermos (cognitivamente) que determinada pessoa não lhe fez absolutamente nada, pois o *mindset* existente não deixa que a consideremos simpática de forma tão simplista.

Em resumo, **não somos o que pensamos, mas estamos fadados a pensar exatamente da forma que já somos** desde os 7 anos de idade. É por isso que sua capacidade de concluir cognitivamente qualquer coisa é, antes de mais nada, um modelo mental construído desde sua infância mais remota.

Dessa forma, todos nós fomos constituídos e atualmente somos o que somos a partir de um modelo mental que é fruto de 50% pela genética e de 48% pelos circuitos sinápticos consolidados a partir das experiências aleatórias que vivemos até os 7 anos de idade. Apenas 2% ou 3% constituiriam a parcela de arbítrio LIVRE propriamente dito.

Sendo assim, todos nós somos capazes de expressar este SER atual por meio de apenas 7 sensações básicas, a saber:

1. **MEDO**
2. **RAIVA**
3. **ALEGRIA**
4. **TRISTEZA**
5. **SURPRESA**
6. **NOJO**
7. **DESPREZO**

Nossas expressões fisionômicas (preponderantemente faciais) foram rotuladas em uma destas 7 formas de expressão que, inclusive foram decodificadas em nossos micromovimentos musculares por meio do trabalho de diversos cientistas. Claro que existem outras emoções, mas todas são derivadas destas 7. Já deve ter ouvido falar do livro "O CORPO FALA" (Pierre Weil e Roland Tompakow – Ed. Vozes) ou ainda do seriado "LIE TO ME" (MINTA PARA MIM – Paul Ekman – A Linguagem das Emoções – Ed. Leya Brasil). Estas duas importantes obras corroboram com tudo que falamos anteriormente e tratam que, mesmo que um mero discurso articulado percorra uma determinada trajetória, os sinais dos micromovimentos corporais poderão dizer exatamente o contrário e delatar o que estamos realmente SENTINDO ou PENSANDO. Estes sinais emocionais são autônomos (movidos pelo sistema nervoso autônomo – equilibrados pelos sistemas simpático e parassimpático) e refletem a mais ingênua condição dos circuitos sinápticos presentes em nosso modelo mental.

São essas diferenças de *mindset* que justificam que, numa mesma palestra, onde o palestrante fale rigorosamente a mesma coisa para 100% da plateia, tenhamos provavelmente inúmeras interpretações tão diferentes. Estamos fadados a compreender as coisas, não como foram ditas ou como foram desejadas que fossem compreendidas, mas como estamos PREPARADOS EMOCIONALMENTE a compreender. Por isso que existe a frase neurocientífica que prescreve: NÃO EXISTE REA-

LIDADE, SOMENTE PERCEPÇÃO (exatamente a percepção que rotula a realidade como melhor lhe convém).

Se somos então este ACIDENTE da vida, como fazer para alterar esta aleatoriedade toda e aprender novas formas ou novas alternativas de interpretação de mundo? A pergunta da vez é: COMO FAZER PARA ALTERAR, PARA MUDAR, ESTE SER QUE SOU HOJE? COMO ME DESENVOLVER EMOCIONALMENTE PARA PERCEBER DIFERENTEMENTE AS SENSAÇÕES?

A resposta não é o que gostaria de lhe responder, pois a alteração de seu modelo mental não se dá por meio da mera leitura deste livro, tampouco com qualquer interpretação cognitiva de uma aula dada ou de um *insight* mirabolante absorvido mediante algum raciocínio inteligente. A mudança de modelos mentais se dá por um processo de RESSINAPSE, ou seja, a reordenação dos circuitos sinápticos existentes para abertura de uma nova forma de perceber a realidade. Isso seria a representação mais correta do significado do DESENVOLVIMENTO EMOCIONAL.

O grande aprendizado que gerou esta LEI é que a única forma de evoluir o SER é submeter-se a VIVER, a SENTIR as emoções mais básicas novamente e, principalmente, numa condição de alto impacto. Será que estamos dispostos ou preparados para esta evolução?

Muitas pessoas entendem que desenvolver o SER passa pela escolha de alguma religião, mas esta circunstância, para tristeza de muitos, não constitui, nem de perto, uma evolução do SER. Por vezes até o contrário acaba acontecendo, ou seja, retroagir.

A simples ESCOLHA, o simples ato de ESCOLHER esta ou aquela religião já lhe faz mais submisso ao modelo mental vigente (desde a infância) do que protagonista, mais "utiliza" as cognições decorrentes do que "altera" o modelo mental propriamente dito. Ter RELIGIOSIDADE ou ter uma RELIGIÃO ou ainda ter ESPIRITUALIDADE não caracteriza o desenvolvimento do SER, exceção feita apenas se alguma experiência vivencial protagonizou algum tipo de percepção diferenciada, fruto de algum tipo de reorganização dos circuitos sinápticos (ressinapse).

O que significa então uma reorganização sináptica? Chamarei isso de RESSINAPSE (termo meu) e constitui uma mudança em nível neurológico das conexões sinápticas que permitirão a você SENTIR o mundo de forma diferenciada. Para que isso aconteça não basta apenas utilizar o cognitivo (que é mais efeito do que causa daquilo que somos), mas precisamos VIVENCIAR aquelas 7 emoções de forma à exposição visceral das mesmas com dinâmicas de alto impacto, ou seja, precisaremos **"enfrentar"** os medos, **"aceitar e expulsar"** a raiva (como forma de evitar o ódio, que é estimulador de patologias), **"expressar"** a tristeza, **"celebrar"** a alegria, **"assustar-se"** com as surpresas, **"vomitar"** por nojo ou até **"resignar-se"** pelo desprezo. Normalmente essas experiências acontecem por meio de treinamentos comportamentais de alto impacto (vide nosso OT IMMERSION) e normalmente caracterizam-se como um divisor de águas na vida de qualquer pessoa. Em resumo, SOFRER essas emoções da forma como os treinamentos de alto impacto fazem, possibilita as RESSINAPSES.

Muitas vezes até muitas religiões fazem isso. Perceba que a grande maioria das pessoas que se converte a esta ou àquela religião normalmente advêm de uma constatação de estar "no fundo do poço" emocional. Conscientizar-se de estar "num determinado fundo do poço" nada mais é do que VIVENCIAR no limite uma das 7 emoções básicas de forma sofrida, dolorida, sob o ponto de vista emocional. Ou a pessoa teria VERGONHA (sensação mista derivada da tristeza e do desprezo) de estar neste "fundo do poço" ou teria RAIVA de ter prejudicado tantas pessoas ou teria NOJO de ter se transformado naquilo que se transformou.

Igualmente acontece com uma pessoa viciada em drogas. Somente ela aceita tratamentos médicos apropriados (e estes obtêm êxito) quando a mesma sente VERGONHA ou RAIVA ou ainda NOJO de si. Antes dessas sensações serem capitalizadas, nem mesmo admitir o problema a pessoa admite.

Hoje se sabe que somente exposições a experiências vivenciais de alto impacto são capazes de estimular o desenvolvimento do SER. E isso acontecendo, qualquer iniciativa seguinte será exitosa, seja um culto religioso, um simples bate-papo ou ainda um exercício dirigido de capitalização do sofrimento. Essas experiências são capazes de alterar as seguintes estruturas cerebrais:

- Aumentam os tamanhos dos dendritos;
- Aumentam as quantidades de terminações dendríticas;
- Reorganização física de conexões sinápticas (ressinapses);

- Alteração na atividade glial do cérebro;
- Entre outras.

A LEI DO SER é o exercício do VIVENCIAR (e não apenas compreender cognitivamente) esses limites emocionais em prol de novas percepções da realidade. Esta LEI implora para você maximizar sua disposição em VIVER mais do que tem vivenciado. Apenas ler, estudar e compreender estas 30 LEIS DO OLHO DE TIGRE (e qualquer outro livro ou curso cognitivo) é muito pouco perto do que esta LEI o convida a percorrer: uma inundação emocional.

Esta LEI prescreve que ler este livro não será o bastante. E outras iniciativas, mais VIVENCIAIS e FORTES, serão imprescindíveis. Somos muito mais do que nos é visível. Somente ler este livro ou estudar dedicadamente estes assuntos, por meio de outras bibliografias, é simplesmente sabotar a LEI DO SER.

Vou utilizar uma última metáfora para resumir tudo o que trabalhamos nesta maravilhosa LEI DO SER. Nosso cérebro seria como o *hardware* de nosso corpo e nossa mente seria como o nosso *software*, em alusão aos sistemas cibernéticos do mundo moderno. O *software* existe independentemente do *hardware*, embora precise do *hardware* para "rodar" (funcionar), ou seja, a mente existe independentemente do cérebro, mas para ser "expressado" o conteúdo da mente será necessário o cérebro (veja também a LEI DO MASTER MIND). Desenvolver o SER requer uma consciência mais universal acerca de si mesmo, é trabalhar no *hardware* (cérebro por meio de ressinapse) para aperfeiçoar a forma de funcionar o *software* (mente – conteúdo informacional).

4. LEI DA JUSTIÇA

Se formos pesquisar o significado da palavra JUSTIÇA no dicionário vamos encontrar as definições abaixo:

- Justiça é a particularidade do que é justo e correto, como o respeito à igualdade de todos os cidadãos, por exemplo. Etimologicamente, este é um termo que vem do latim *justitia* e é o princípio básico que mantém a ordem social através da preservação dos direitos em sua forma legal. A Justiça pode ser reconhecida por mecanismos automáticos ou intuitivos nas relações sociais ou por mediação através dos tribunais. Em Roma, a justiça é representada por uma estátua, com olhos vendados, que significa que **"todos são iguais perante a lei" e "todos têm iguais garantias legais"** ou, ainda, **"todos têm iguais direitos"**. A justiça deve buscar a **igualdade** entre todos. Segundo Aristóteles, o termo justiça denota, ao mesmo tempo, legalidade e igualdade. Assim, justo é tanto aquele que cumpre a lei (justiça em sentido estrito) quanto aquele que realiza a igualdade (justiça em sentido universal). Justiça também é uma das quatro virtudes cardinais e, segundo a doutrina da Igreja Católica, consiste "na constante e firme vontade de dar aos outros o que lhes é devido".

Definir, à luz do que vamos abordar aqui, requer uma explicação menos simplista e mais paradigmática, até porque confundir JUSTIÇA com IGUALDADE configura o engano comum.

A Constituição Federal de 1988 dispõe em seu artigo 5°, caput, sobre o princípio constitucional da IGUALDADE, perante a lei, nos seguintes termos: <u>Artigo 5°. Todos são iguais perante a lei, sem distinção de qualquer natureza, garantindo-se aos brasileiros e aos estrangeiros residentes no País a inviolabilidade do direito à vida, à liberdade, à igualdade, à segurança e à propriedade, nos termos seguintes.</u> O princípio da igualdade prevê a igualdade de aptidões e de possibilidades virtuais dos cidadãos de gozar de tratamento isonômico pela lei. Por meio desse princípio são vedadas as diferenciações arbitrárias e absurdas, não justificáveis pelos valores da Constituição Federal, e tem por finalidade limitar a atuação do legislador, do intérprete ou autoridade pública e do particular. O princípio da igualdade na Constituição Federal de 1988 encontra-se representado, exemplificativamente, no artigo 4°, inciso VIII, que dispõe sobre a igualdade racial; do artigo 5°, I, que trata da igualdade entre os sexos; do artigo 5°, inciso VIII, que versa sobre a igualdade de credo religioso; do artigo 5°, inciso XXXVIII, que trata da igualdade jurisdicional; do artigo 7°, inciso XXXII, que versa sobre a igualdade trabalhista; do artigo 14, que dispõe sobre a igualdade política ou ainda do artigo 150, inciso III, que disciplina a igualdade tributária. O princípio da igualdade atua, portanto, em duas vertentes: perante a lei e na lei. Por igualdade perante a lei compreende-se o dever de aplicar o direito no caso concreto; por sua vez, a igualdade na lei pressupõe que as normas jurídicas não devem conhecer distinções, exceto as constitucionalmente autorizadas.

O princípio da igualdade consagrado pela constituição opera então em dois planos distintos. De uma parte, frente ao legislador ou ao próprio Poder Executivo, na edição, respectivamente, de leis, atos normativos e medidas provisórias, impedindo que possam criar tratamentos abusivamente diferenciados a pessoas que se encontram em situação idêntica. Em outro plano, na obrigatoriedade ao intérprete, basicamente, a autoridade pública, de aplicar a lei e atos normativos de maneira igualitária, sem estabelecimento de diferenciações em razão de sexo, religião, convicções filosóficas ou políticas, raça e classe social. (MORAES, 2002, p. 65). O legislador não poderá editar normas que se afastem do princípio da igualdade, sob pena de flagrante inconstitucionalidade. O intérprete e a autoridade política não podem aplicar as leis e atos normativos aos casos concretos de forma a criar ou aumentar desigualdades. O particular não pode pautar suas condutas em atos discriminatórios, preconceituosos, racistas ou sexistas.

José Afonso da Silva (1999, página 221) examina o preceito constitucional da igualdade como direito fundamental sob o prisma da função jurisdicional: A igualdade perante o Juiz decorre, pois, da igualdade perante a lei, como garantia constitucional indissoluvelmente ligada à democracia. O princípio da igualdade jurisdicional ou perante o juiz apresenta-se, portanto, sob dois prismas: (1) como interdição ao juiz de fazer distinção entre situações iguais, ao aplicar a lei; (2) como interdição ao legislador de editar leis que possibilitem tratamento desigual a situações iguais ou tratamento igual a situações desiguais por parte da Justiça.

O princípio da igualdade pressupõe então que as pessoas colocadas em situações diferentes sejam tratadas de forma desigual: **"Dar tratamento isonômico às partes significa tratar igualmente os iguais e desigualmente os desiguais, na exata medida de suas desigualdades".** (NERY JUNIOR, 1999, p. 42). O Artigo 5°, caput, e o inciso n. I da CF de 1988 estabelecem que todos são iguais perante a lei. Relativamente ao processo civil, verificamos que os litigantes devem receber do juiz tratamento idêntico. Assim, a norma do artigo 125, n. I, do CPC (Código de Processo Civil), teve recepção integral em face do novo texto constitucional: **Dar tratamento isonômico às partes significa tratar igualmente os iguais e desigualmente os desiguais, na exata medida de suas desigualdades.**

O que se busca é uma igualdade proporcional porque não se pode tratar igualmente situações provenientes de fatos desiguais. "O raciocínio que orienta a compreensão do princípio da isonomia tem sentido objetivo: aquinhoar igualmente os iguais e desigualmente as situações desiguais". (BULOS, 2002, p. 79).

Como sabemos que não existe um único SER absolutamente igual (idêntico) ao outro, poderíamos simplificar assim: **JUSTO É TRATAR DESIGUALMENTE OS DESIGUAIS.** Veja a figura a seguir e compreenda melhor a diferença entre IGUALDADE e JUSTIÇA.

Seria INJUSTO tratar a criança de forma IGUALITÁRIA aos demais espectadores (com maior estatura) da partida de futebol. Justo é realmente o contexto que exprime a máxima de que todos somos iguais perante a lei?! Claro que não. O principal desafio será, portanto, encontrar fundamentos que nos diferenciem entre nós mesmos para justificar tratamentos diferenciados, ou seja, encontrar os CRITÉRIOS DESIGUALADORES. O conceito de INJUSTIÇA seria então: **INJUSTIÇA É TRATAR IGUALMENTE OS DESIGUAIS** (dado que todos nós somos, sempre, diferentes uns dos outros).

Ninguém acha correto ser tratado igualitariamente a um latrocida, exatamente porque o latrocida é DIFERENTE daquele que não cometeu latrocínio e, por isso, deve ser tratado diferenciadamente. Um nativo de um país entra nas barreiras alfandegárias de seu país de forma diferente do que o estrangeiro àquele país entra, exatamente porque a nação entende que seu nativo MERECE tratamento diferenciado. Isso é absolutamente JUSTO, mesmo que você não goste disso.

Esta explicação tecnicista é extremamente importante, pois desmistifica a abordagem superficial e meramente simplista de que SOMOS INJUSTIÇADOS. É quase impossível sermos INJUSTIÇADOS. O que acontece com frequência é desconhecermos, ou não aceitarmos, os critérios desigualadores das pessoas.

São os coitadinhos e vitimados que sempre culpam os outros pelos seus fracassos em quaisquer âmbitos, justificando suas mazelas pelas INJUSTIÇAS a que foram submetidos. Não existe isso. E é VOCÊ sempre que precisa assumir e carregar a CULPA por 100% de seus fracassos e também as VIRTUDES por 100% de suas vitórias.

Muitas vezes assisto pessoas reclamando que uma determinada pessoa fora promovida na empresa e que elas próprias foram preteridas da referida promoção, alegando ser isso uma grande INJUSTIÇA, pois estão na empresa há 20 anos e a outra está lá há apenas 2 anos. Na verdade, essa pessoa está "chorando" porque desejava que o CRITÉRIO DESIGUALADOR fosse o tempo de casa, mas simplesmente ignora (porque lhe convém) que o CRITÉRIO possa ser outro, por exemplo, a capacidade de resolver problemas ou a simpatia no trato com os colegas ou ainda a simples capacidade de conversar sobre temas diferentes de sua especialidade. A adoção de um CRITÉRIO DESIGUALADOR diferente daquele que lhe convém não lhe dá legitimidade para dizer que isso é INJUSTO, pois o que está acontecendo é exatamente o contrário.

Você poderia dizer que a adoção de CRITÉRIOS DESIGUALADORES diferentes daqueles que lhe convém são qualquer outro adjetivo, menos INJUSTO. Pode dizer que o CRITÉRIO DESIGUALADOR adotado é canalha, sacana, preconceituoso, ilegal (dependendo dos países as leis são diferentes entre si), tendencioso, etc., mas INJUSTO, não.

Uma vez eu estava proferindo uma palestra para mais de 500 pessoas e defendia então esta maravilhosa LEI, com a veemência clássica de minhas intervenções. Uma das pessoas da plateia levantou enfurecida, com as veias do pescoço saltadas, indignada com o que eu estava defendendo e manifestando que eu alegava que a INJUSTIÇA simplesmente não existira. Sendo assim, me perguntou: <u>Se defende que a INJUSTIÇA realmente não existe, o que seria então uma pessoa condenada à morte por um determinado delito e que, de fato, não houvesse cometido o delito que a condenou? Isso não seria INJUSTO?</u>

Responder a esta pergunta exige mais conceitos derivados desta LEI. Em realidade, a JUSTIÇA, ou seja, o CRITÉRIO DESIGUALADOR adotado que a suporta, não tem compromisso com a VERDADE e sim com os mecanismos disponíveis para suas interpretações. Senão vejamos um exemplo parecido: um homem ser condenado a assumir a paternidade de certa criança sem que, de fato, tenha cometido algum tipo de coito com a mãe. Isso também não seria INJUSTO? Claro que não. Esta circunstância representaria apenas um ERRO passível de acontecer pela fragilidade do sistema de tomada de decisão que poderia ser (na época da idade média) a mera convivência marital, por exemplo. Atualmente não seria este o meio pelo qual a paternidade seria definida, uma vez que os exames de DNA caracterizariam pressuposto bem menos frágil, ou seja, a inexistência do exame de DNA não fazia da adoção da convivência marital um ato INJUSTO, apenas frágil para privilegiar a verdade.

O exercício da JUSTIÇA não é infalível e tem suas possibilidades de ERRO, como qualquer outra circunstância conceitual. O melhor dos mundos seria que todos os CRITÉRIOS DESIGUALADORES fossem à prova de erros e ainda conhecidos por todos, mas nem sempre isso é possível. Muitos CRITÉRIOS DESIGUALADORES simplesmente não são explícitos, porque talvez até sejam ilegais, mas existem e sua aplicação submissa ao CRITÉRIO (mesmo que secretamente) será justa. Você mesmo, caso esteja casado ou casada, escolheu esta esposa ou marido em detrimento à namorada ou namorado anterior, por motivos nem sempre tão explícitos assim, pois, se forem expostos, podem magoar mais do que seria necessário.

Esta LEI nos remete a assumirmos a CULPA por tudo que nos acontece, sem reclamar. É uma escolha SUA, somente sua, adaptar-se a CRITÉRIOS DESIGUALADORES diferentes dos que você gostaria. Se o CRITÉRIO DESIGUALADOR adotado no meio em que convive não é aquele que adere aos seus valores e princípios (tome apenas cuidado com seu *mindset*), então cabe a você sair deste meio e procurar outro que seja aderente aos seus valores e princípios, mas, se não houver outro local que lhe seja aderente, o que lhe cabe é simplesmente ADAPTAR-SE. Um exemplo: se no seu ambiente de trabalho o CRITÉRIO DESIGUALADOR vigente não é a competência e sim os relacionamentos, então você aprende com isso e se desenvolve nas relações interpessoais ou simplesmente procura um ambiente em que o relacionamento seja secundário e a competência mais prioritária. Pela minha experiência, a competência é importantíssima, sempre foi e sempre será, mas uma pessoa competente que simplesmente não se relaciona bem com as pessoas é um desperdício total da competência.

5. LEI DO GANCHO

A LEI DO GANCHO é uma das LEIS de mais fácil explicação, mas de difícil absorção, uma vez que gera um aprendizado bastante importante em nossa vida. Compreendê-la promoverá uma perspectiva diferenciada de seus comportamentos. Este título talvez até não seja o mais adequado, mas com certeza é o mais didático, pois a palavra GANCHO representará bem sua significância.

Será que você já encontrou alguém cujo o "santo não bateu" contigo ou alguém que "você não foi com a cara" logo de primeira ou alguém que "você não conseguiu ter uma boa impressão" ou, ainda, alguém cujas falhas lhe ficaram muito mais destacadas e aparentes do que as virtudes?

Pois é, acho que todos nós já nos deparamos com estas circunstâncias, ou seja, pessoas com as quais simplesmente não simpatizamos. É disso que trata a LEI DO GANCHO. Em síntese, esta LEI diz que essas pessoas com as quais não fomos muito com a cara são, aos olhos dos outros, muito parecidas conosco. Um julgamento que faz com que nos ENGANCHEMOS com as pessoas que têm características muito parecidas com as nossas próprias, principalmente as características RUINS.

Uma das escalas do Teste EQ-MAP (desenvolvido por Roberto Cooper / Ayman Sawaf / Esther M. Orioli / Karen Trocki), para mapeamento e especificação das competências emocionais (disponível gratuitamente em nosso site https://olhodetigre.com.br/eq-map/), descreve o traço comportamental que chamamos de CONSCIÊNCIA EMOCIONAL (escala 3), que nada mais é do que a capacidade de notar nossos próprios sentimentos, dando nomes diferenciados às sensações e emoções, e conectá-los com alguma causa provável. Esta é uma das escalas que as pessoas têm em grau mais baixo, ou seja, a maioria das pessoas não sabe dar nomes corretos às suas sensações.

Isso é explicável porque durante toda a nossa vida aprendemos de alguma forma que SENTIR inveja, por exemplo, não é tão legal, mas infelizmente ao invés de aprendermos a lidar com essa sensação, simplesmente fomos educados a não admitir o que estamos sentindo a ponto de ignorá-la quase que completamente. Este tipo de IMATURIDADE emocional fez com que não desenvolvêssemos a consciência do que exatamente estamos sentindo, fazendo com que suas causas sequer fossem buscadas para que fossem compreendidas e eficazmente tratadas. Normalmente o IMATURO EMOCIONAL simplesmente não gosta da pessoa (com a qual tem inveja) e a critica de forma bastante intempestiva. Já o MADURO EMOCIONAL (aquele que desenvolveu sua consciência emocional) é aquele que sabe que o sentimento é INVEJA e não rotula mais a pessoa de isso ou aquilo, mas conduz ações internas que buscam as causas dessas sensações.

Perceba que o MADURO busca correções INTERNAS e o IMATURO busca culpar alguém por ser como é. Esse tipo de disfunção é bastante comum e encontra morada em frases do tipo:

- **Você me irrita!** – Na verdade não é alguém que irrita alguém, mas é a pessoa irritada que PERMITE que a atitude do outro a desequilibre (irrite) de alguma forma. Você é que deveria observar-se mais e TRATAR os porquês de sua irritação, ou seja, é um problema SEU e não do OUTRO. Saber identificar o que realmente está sentindo requer coragem, pois nem sempre é fácil ASSUMIR que o sentimento vigente é a INVEJA (por exemplo);
- **Só aceito críticas construtivas** – Em realidade, a crítica é a crítica, uma vez que é quem a escuta, e não quem a emite, que dá o caráter CONSTRUTIVO ou DESTRUTIVO da mesma. Portanto, é uma responsabilidade de quem RECEBE uma crítica de rotulá-la como sendo útil (construtiva) ou inútil (irrelevante ou desconsiderável) e não de quem a proferiu. Esta maturidade emocional requer uma observação sobre si mesmo, muito pouco desenvolvida na grande maioria das pessoas.

A LEI DO GANCHO serve, portanto, para compensar esta debilidade tão comum nas pessoas (falta de consciência emocional), pois ela acaba nos dando SINAIS importantíssimos quando não vamos com a cara de alguém, demonstrando que, talvez, seja exatamente esta característica do OUTRO (que nem saibamos precisamente o que é) exista também em nós mesmos e que simplesmente a sabotamos de nossa consciência (por absoluta falta de coragem de assumir que somos como somos).

Você se lembra daquele exercício que relatei quando falávamos da LEI DO SER? O FEEDBACK DESCRITIVO onde as pessoas tinham dificuldade de escrever num papel o que realmente ERAM, sem poder confundir-se com os ESTARES e TERES? Muito bem! Na verdade, depois de algum tempo as pessoas acabam conseguindo gerar sua lista de ADJETIVOS (positivos e negativos).

De posse dessa lista, digitamos numa folha única (para que nem a letra da pessoa seja identificada) todos os adjetivos de cada pessoa e colocamos numa parede para que os demais presentes pudessem observar aquelas características e sugerir de quem achavam que se referiam aqueles adjetivos. Isso leva algum tempo para que todos possam sugerir os nomes dos REAIS donos de cada grupo de adjetivos contidos nessas folhas. Não é incomum que o resultado dessa tabulação apresente pessoas preponderantemente confundidas com quem realmente abominam, ou seja, aos olhos do que os outros leram sobre suas características autolistadas, a pessoa sugerida (como sendo aquela pessoa realmente) seja alguém que a pessoa realmente não goste muito. Isso é uma prova relevante para demonstrar a LEI DO GANCHO, que realmente parecemos com quem nós mesmos não gostamos muito.

Incrível, não é? Eu mesmo, quando aprendi esta LEI, tive que admitir, depois de muitas experiências vivenciais de alto impacto, que muitas pessoas que eu não "engolia" eram invariavelmente muito parecidas comigo mesmo e o aprendizado duro foi que eu escolhia aquela pessoa para não gostar porque não tinha a CORAGEM de admitir que não gostava de mim mesmo naquele traço comportamental específico. A LEI DO GANCHO estava o tempo todo me dando sinais para ME OBSERVAR, para ver traços de comportamento que eu ignorava quase que completamente.

Impossível não se misturar, não se deixar fisgar, não se enganchar, com pessoas com características que se não gosta. Parece que essas pessoas são atraídas por você, não é? Quando você é muito capaz de ver a arrogância do outro, talvez seja porque este comportamento lhe é comum (você sabe de que se trata) e esteja se comportando exatamente com a arrogância que enxerga no outro, talvez em outra circunstância, mas ainda assim arrogantemente. Se você várias vezes tende a chamar alguém de medroso, talvez seja um indício muito forte para que você também seja um exemplar de medroso em algum aspecto.

Para dar ouvidos à LEI DO GANCHO, precisará de muita CORAGEM e BRAVURA para assumir que o sentimento interno nocivo precisará ser desenvolvido (vide LEI DA CORAGEM). O trabalho a fazer é utilizar a LEI DO GANCHO para retirá-lo da ZONA DE CONFORTO e buscar mais desenvolvimento emocional e fazer menos críticas aos outros, isto é, procurar corrigir menos os outros e simplesmente corrigir mais a si mesmo.

Existe uma frase que utilizamos como mote em nosso curso vivencial que diz assim: *"QUEM TEM UM PORQUÊ, SUPORTA QUASE QUALQUER COMO"*. Pense nisso! Eu diria que esta é a LEI que mais inicia o processo de autodesenvolvimento emocional e que, com certeza, será percorrido por você.

6. LEI DO PARECER

Todos conhecemos percepções daquela pessoa que PARECE, MAS NÃO É. Trata-se daquele tipo de gente que aplica o famigerado 171 (alusão feita ao artigo nº 171 do Código Penal Brasileiro, referente ao ato de estelionato, ou seja, enganar outras pessoas para conseguir benefícios próprios. Popularmente convencionou-se utilizar este código como uma gíria).

Claro que nossa LEI DO PARECER não pode valorizar este tipo de subterfúgio enganador utilizado por tantas e tantas pessoas. Aliás, este lado peculiar do PARECER não nos leva a nada, mas é bastante comum no mundo moderno. Existem profissionais que emanam uma imagem muito maior do que, de fato, são capazes de manter depois de um diálogo simples. Essas pessoas conseguem enganar seus clientes por algum tempo, às vezes até um tempo relativamente longo, mas é efêmera sua capacidade de se manterem assim e brevemente deverão sucumbir.

Nosso objetivo com esta LEI é bastante diferente e retrata um problema que é exatamente o inverso, ou seja, a pessoa que É, MAS NÃO PARECE ou ainda NÃO PARECE, MAS É. Uma circunstância totalmente diferente e que, infelizmente, muitas e muitas pessoas também sofrem.

Ambas as conotações acima constituem ERROS comportamentais. O primeiro chamaremos de ERRO TIPO A (parecer o que não é), algo que devemos desvalorizar, pois prejudica os outros (por estarem sendo enganados). E o segundo chamaremos de ERRO TIPO B (ser o que não parece), algo que prejudica a própria pessoa (por perder inúmeras oportunidades).

Uma pessoa pode SER muita coisa boa (inteligente, talentosa, corajosa, destemida, etc. – vide LEI DO SER), mas, por não PARECER que é tudo isso, simplesmente amarga uma vida toda sem ter ou até aproveitar as eventuais oportunidades.

Uma conexão importante que precisa ser feita aqui é a relação da LEI DO PARECER com a LEI DA JUSTIÇA, uma vez que é bastante provável que você não PAREÇA algo que sabe que É simplesmente por não reconhecer os critérios desigualadores daquele a quem você precisa APARECER (ser visto). Não obstante, é comum estarmos atentos aos nossos próprios critérios desigualadores, mas se ignorarmos os critérios desigualadores de nossos interlocutores, àqueles a quem precisamos APARECER, corremos o risco de cometer o ERRO B de forma sistemática.

Um exemplo didático é o que aconteceu comigo quando observava um roqueiro tocar sua guitarra "batendo a cabeça" (aquele movimento de vai e vem que estes metaleiros normalmente fazem com a cabeça quando tocam este instrumento). Eu sempre observei esta cena com certa repulsividade, pois não compreendia o sentido deste "bater a cabeça". Entretanto, quando conversei com alguém do meio (da tribo), este me disse que o que o roqueiro estava fazendo era extremamente difícil, uma vez que o dedilhamento da guitarra era altamente complexo para se fazer com tamanho grau de automaticidade e ainda "bater a cabeça". Esta simples informação mudou completamente minha perspectiva, pois agora algum grau de respeito eu tinha por aquele roqueiro. Estranho, não é?

Perceba que eu nunca teria esta perspectiva se não fosse alguém mudar minha forma de análise. Jamais eu teria valorizado aquele roqueiro porque ele não PARECIA a mim nada de bom, ou de complexo. PARECIA apenas alguém fazendo barulho e "batendo a cabeça". Uma perspectiva, com certeza, tacanha de minha parte, pois meus critérios desigualadores não levavam em conta uma perspectiva totalmente diferente. Embora eu tenha aprendido com esta pessoa que me fez enxergar sob outra ótica, o tal roqueiro teria passado "em branco", ou seja, teria passado sem PARECER o grande guitarrista que era.

O que isso demonstra? Demonstra que se não estivermos atentos à perspectiva do outro (e não somente a sua), principalmente um "outro" que lhe interessa sob algum ponto de vista, é possível que não estejamos considerando a LEI DO PARECER, uma vez que o que realmente importa é o que o outro poderia interpretar sobre você. Não existe reconhecimento do SER se não existir, antes, o reconhecimento do PA-

RECER, ou seja, é preciso PARECER para se ter o direito de demonstrar o que de fato SOMOS. Se não levarmos esta LEI ao pé da letra, corremos o sério risco de passar por esta vida sem sequer sermos percebidos em relação ao que de fato SOMOS. Um absoluto desperdício, não acha?

A LEI DO PARECER requer abordagens bastante paradigmáticas, pois as caracterizações desta LEI podem alterar completamente os comportamentos das pessoas. Senão, vejamos os dois exemplos abaixo:

- Pesquisas demonstram que é pouco provável que alguém dê esmola, ou até gorjetas, para pessoas que estejam bem vestidas, ou seja, as pessoas bem vestidas acabam merecendo menos esmolas (ou gorjetas) do que aquelas que não estão bem vestidas. Este resultado tem conexão direta com nossa LEI DO PARECER, pois, de alguma forma, as pessoas dão esmola (ou gorjeta) para quem se tem alguma "pena" ou ainda para alguém que PAREÇA ter menos do que se precisa. Uma pessoa bem vestida PARECERIA muito mais um "safardano" mal-intencionado quando pedindo esmola e, por esta simples percepção, com certeza lhe seria dada uma quantidade bastante inferior de esmolas ou gorjetas;
- Pesquisas nos EUA demonstram também que a maioria (próximo de 100%) das pessoas devolveria o troco (numa determinada transação de pagamento), caso este troco fosse maior do que o que seria o correto. Nada mal, não é? Pois demonstra que o povo daquele local onde a pesquisa fora realizada é honesto (será que aqui no Brasil o resultado seria o mesmo?). O intrigante é que, alterando um componente importante do experimento, a "honestidade" das pessoas se alterou completamente. Realizaram a mesma experiência, mas agora tendo o atendente tratado extremamente mal e desatentamente o cliente. Esta simples mudança fez com que a maioria (quase que 100% também) não devolvesse mais o troco a maior. Veja que pitoresco. Até a "honestidade" é decorrente de uma capacidade de perceber o que se PARECE e não apenas o que se É;
- Pesquisas demonstram que médicos carecas (cuja especialidade seja cabelo) têm menos pacientes, que dentistas desdenta-

dos têm menos pacientes, que médicos endocrinologistas gordos têm menos pacientes. Enfim, todos eles PARECEM não ser um bom exemplo.

As aparências realmente enganam. Há uma frase que gosto muito que diz assim: Não existe uma segunda chance para se causar uma primeira boa impressão. A LEI DO PARECER sustenta completamente essa frase e apresenta uma relevância que é comum deixarmos passar batido.

Alguns até se defendem desta LEI dizendo que não se preocupam mais com que os outros dizem sobre si próprios e que não têm que provar mais nada a absolutamente ninguém. Acho importante, até imprescindível, termos a liberdade de SERMOS exatamente quem desejamos SER, doa a quem doer, mas o problema é SERMOS algo e PARECERMOS outro totalmente diferente disso. É somente aí que reside um problemão que precisa ser resolvido por meio do desenvolvimento comportamental.

A pergunta final é a seguinte: O que você acha que é, e é mesmo (porque se não for, deve reler a LEI DO SER), mas simplesmente não consegue fazer os outros perceberem isso pragmaticamente? O quanto você está cometendo o ERRO A (prejudicando os outros) e o ERRO B (prejudicando a si próprio)? O que você está fazendo AGORA para aumentar a significância da LEI DO PARECER?

Não subestime a importância desta LEI, pois você poderá nadar a vida toda e simplesmente morrer na praia.

7. LEIS DO DINHEIRO

As LEIS DO DINHEIRO serão a primeira e única, dentre todas as 30 LEIS DO OLHO DE TIGRE, que serão tratadas no plural, uma vez que compreende 4 conceitos fundamentais que se subdividem em alguns outros. Em síntese, creio que não seja demagogia nenhuma valorizar a posse de dinheiro, ou seja, não é errado nem tampouco impuro ter dinheiro e utilizá-lo com sabedoria.

Estas LEIS relativas à gestão do dinheiro foram incluídas aqui a partir do trabalho da Dra. Deborah Epelman, primeira divulgadora brasileira dos protagonistas do conceito original: Tim Hallbom (especialista e pesquisador de PNL Sistêmica) e Kris Hallbom (especialista em Física Quântica, Pensamento Sistêmico e Teoria do Caos), ambos do NLP California Institute. Eles estudaram e desenvolveram um seminário com o intuito de ajudar as pessoas a tomarem consciência de quais afirmações e sentimentos estão as impedindo de viver a prosperidade financeira em suas vidas, através da percepção de crenças como:

- Sucesso financeiro requer muita luta;
- Ter dinheiro não é espiritual;
- Dinheiro é difícil de administrar;
- Quem é rico não vai para o céu;
- Ser rico é ser pedante e não pensar nos outros;
- Só fica rico quem rouba.

A partir destas constatações que tomamos contato, por conta das formações em PNL que eu e minha equipe fizemos, somadas ainda às experiências e filosofias em relação a dinheiro que sempre permearam a minha educação familiar, resolvi considerar estes conceitos como um conjunto de LEIS que podem mudar sua forma de se relacionar com o dinheiro de uma maneira simples e bastante interessante.

Vamos a eles então.

O primeiro conceito a saber é que a gestão financeira de qualquer ente, seja ele uma pessoa física ou uma pessoa jurídica (qualquer tipo de empresa), passará por 2 grandes vertentes de esforço que vamos chamar de:

- Vertente de esforço para GANHAR dinheiro;
- Vertente de esforço para USAR dinheiro.

Ambas as vertentes terão subdivisões importantes que serão tratadas uma a uma. Vamos começar falando do GANHAR dinheiro, um fato submisso a LEI DO MERECIMENTO que tratamos no início de nossa obra e que já justifica tanta reclamação acerca de quanto as pessoas percebem de dinheiro. Muitas pessoas simplesmente não ganham o que gostariam, ou que precisariam, mas com certeza ganham exatamente o que merecem! Vamos saber o motivo a partir desta primeira vertente.

A maioria das pessoas entende que GANHAR dinheiro demanda esforço árduo, trabalho hercúleo, pessoas da família deixadas ao vento, transformar-se em mercenário, entre outras coisas. Eu creio que tudo isso seja uma parte da verdade, pois realmente GANHAR dinheiro não é simples, exige dedicação acima do normal, vai submetê-lo a algum tipo de perda como contrapartida, às vezes vão confundi-lo com mercenário sim (fazer o quê?), mas há um fator que precisa ser colocado em destaque. E este destaque é o PRAZER com que você faz (ou fará) tudo aquilo que precisa (ou precisará) ser feito. Se tudo isso for feito sem PRAZER, então não valerá a pena e será um rico de merda que só exercita a fúria, mas se tudo o que precisar ser feito, fizer com PRAZER (que eu, por exemplo, faço), então acho que nada daquelas características serão a verdade única, pois existe um mundo de ALEGRIA em torno das circunstâncias que nos levam ao dinheiro.

Da mesma forma que GANHAR dinheiro é importante, USAR este mesmo dinheiro representa a segunda vertente de esforço e cuja importância será ainda maior. O dinheiro tem que ficar a serviço do seu merecedor, ele é coadjuvante, e jamais pode ser confundido com o protagonista. Ele precisa ser USADO na igual proporção de tudo que foi GANHO. É exatamente isso que você leu: o dinheiro PRECISA ser USADO na idêntica proporção ao que foi GANHO, ou seja, se GANHO 100, precisarei aprender a USAR estes mesmos 100, nem um tostão a mais e tampouco nem um tostão a menos.

Quer entender como isso deve ser operacionalizado? Então me acompanhe.

A premissa de que GANHAR = USAR pode parecer ilusória, ou, ainda, utópica, mas à luz do que eu explicarei abaixo, vai compreender e ainda me dar razão.

Primeiramente é importante saber que GANHAR dinheiro exigirá parte de um esforço sob dois prismas. A renda bruta que se aufere por conta de algum tipo de atividade honesta caracteriza o GANHO VÁLIDO, ou seja, existe também o GANHO INVÁLIDO que sequer vamos considerar aqui nesta abordagem. O GANHO INVÁLIDO é toda renda bruta auferida pela atividade questionável sob o ponto de vista da legalidade, da moralidade e da ética, caracterizando-se por ser dinheiro RUIM e que não vale a pena ser auferido, uma vez que os riscos são altos demais para o apetite de gente honesta. Portanto, GANHO INVÁLIDO não entrará em nossa contabilidade e, se auferido, lhe trará grande constrangimento no médio e longo prazo. Saia desta furada!

Considerando então apenas o prisma do GANHO VÁLIDO, ainda teremos duas perspectivas que pouquíssimas pessoas percorrem.

Uma delas é a que chamamos de RENDA PRINCIPAL e se define pela renda bruta auferida pela atividade que utiliza o tempo preponderante do merecedor, ou seja, aquele dinheiro percebido por uma pessoa por ter exercido sua atividade na maior parte do tempo possível. Quando a pessoa trabalha numa empresa, ou para seu próprio negócio, e dedica a maior parte de seu tempo a isso (por exemplo, das 8h às 18h).

A outra, tão ou mais importante, é o que chamamos de RENDA EXTRA e se define por toda renda bruta auferida pela atividade que utiliza tempo extra ao tempo preponderante do merecedor, ou seja, aquela atividade que é executada durante os períodos anteriores ou posteriores da RENDA PRINCIPAL, aos sábados, domingos e feriados, durante as férias, etc. Toda pessoa PRECISA ter a RENDA EXTRA por maior que seja a renda auferida pelo exercício da RENDA PRINCIPAL. Não se trata de precisar ou não da RENDA EXTRA, a pessoa PRECISA desenvolver, para sempre, as duas formas de GANHO VÁLIDO: RENDA PRINCIPAL (RP) + RENDA EXTRA (RE).

Muitas pessoas só se preocupam com a RENDA EXTRA nos momentos em que a RENDA PRINCIPAL fica escassa (demissão, falência da empresa, roubo, etc.) e é exatamente aí que entra o poder da LEI. Trata-se de uma LEI para ter sempre, para o resto de sua existência, precisando ou não, de uma RENDA PRINCIPAL acompanhada de outra RENDA EXTRA. Nutrir sua existência também com a RENDA EXTRA (uma vez que a RENDA PRINCIPAL é mais comum e óbvia) pode parecer uma bobeira, mas é um hábito que pode fazer uma diferença incrível em diversos momentos de sua vida.

Não entramos ainda na seara do USO do dinheiro, mas cabe aqui uma alusão que normalmente me perguntam. Então vamos à situação em que você precise de mais dinheiro do que sua renda aufere. Normalmente uma pessoa que vive esta realidade não tem como hábito a RENDA EXTRA e é exatamente por isso que existe a circunstância de precisar mais do que aufere. A RENDA EXTRA tem exatamente esta função, cobrir eventuais lacunas de USO que a renda principal não consegue honrar. Entretanto, vamos imaginar que somando RP + RE (= GANHO VÁLIDO), ainda assim você não consiga honrar seus compromissos. A pergunta que fica é: O que fazer?

Vou responder com apenas três alternativas bem pragmáticas, ainda sem considerar as alternativas de gerenciamento do USO do dinheiro, que seria uma opção muito importante, mas que vamos tratar somente daqui a pouco. As opções que você teria são:

- Aumente a RENDA EXTRA, trabalhando mais tempo extra ainda. Esta é a alternativa mais honesta e trazedora de benefícios;
- Venda alguma coisa dentre seus bens para poder honrar seus compromissos pendentes;
- Renegocie seus compromissos pendentes de forma que possa comprometer-se a pagar de forma parcelada e de forma compatível a seu planejamento de RENDA EXTRA ou de venda de bens (até incorrendo em algum juro caso seja imperioso). Esta renegociação PRECISA acontecer ANTES, somente ANTES, de tornar-se inadimplente, sob pena de não merecer a benesse da renegociação.

Perceba que eu não considerei a hipótese de EMPRÉSTIMO, seja por meio de um banco, seja por meio do socorro de algum amigo ou parente com condições de fazê-lo. ANTES de um eventual emprestimo deve-se oferecer TRABALHO remunerado em seu tempo extra e não pedir dinheiro a alguém. Ofereça seu tempo extra para atividades quaisquer que possam fazê-lo merecer o dinheiro que necessita e não contraia mais uma dívida.

Muitas vezes atividades simples podem resolver circunstâncias pontuais e não demeritam ninguém, pois trabalhar e ser recompensado com dinheiro nunca é, nem nunca será humilhante. Ofereça seu tempo extra para corrigir provas de alguém ou lave o carro da pessoa indo na casa dela fazê-lo. Enfim, invente alguma prestação de serviço que valha o dinheiro extra que precisa (e que isso não seja uma rotina, apenas exceção).

Já aconteceu comigo de parentes ou amigos próximos virem me pedir dinheiro quando uma circunstância dessas acontece (afinal acontece com todo mundo). Eu adotei como regra de vida simplesmente NEGAR todo e qualquer empréstimo a pessoas com circunstâncias parecidas (a não ser que seja uma maneira formal de auferir RENDA EXTRA cobrando juros) e, se eu achar que vale a pena ajudá-la (pois algumas pessoas sequer MERECEM este esforço), ofereço apenas algum trabalho exatamente que valha o valor que a pessoa me pedira. Dessa forma a pessoa não terá que me devolver absolutamente nada, mas, em contrapartida, terá que exercitar a RENDA EXTRA. Muitos já se ofenderam com minha alternativa, alegando que eu desejava mesmo era humilhá-las, mas infelizmente perderam a oportunidade de exercitar esse conceito transformador, o conceito da RENDA EXTRA. Eu mesmo, independentemente de PRECISAR, faço RENDA EXTRA desde muito pequenininho, tendo sempre, absolutamente sempre, a necessidade de ganhar (por mês) a equação mestra:

**GANHO VÁLIDO MENSAL (GVM) =
RENDA PRINCIPAL (RP) + RENDA EXTRA (RE)**

A alternativa do EMPRÉSTIMO existe, não podemos desconsiderá-la, até porque caracteriza RENDA PRINCIPAL de muitas pessoas a cobrança de JUROS, mas deve ser a última alternativa, ainda submissa a outras circunstâncias mais técnicas que a justificariam. Um EMPRÉSTIMO valerá como alternativa legítima caso seja para financiar uma ação que possa aumentar a percepção de RENDA (EXTRA ou PRINCIPAL) por meio de algum tipo de atividade alavancadora (compra de uma máquina, contratação de uma ação de marketing, honrar honorários de seus funcionários que o ajudarão a ganhar mais dinheiro, etc.). Enfim, empréstimos são legítimos, mas envolvem outras características que normalmente exigem mais tecnicidade para serem contraídas. Na vida comum são quase totalmente evitáveis.

Agora que esgotamos a abordagem da primeira vertente de esforço (GANHO), vamos começar a falar sobre a segunda vertente (USO). Nesta vertente é importante primeiramente absorver a equação abaixo:

$$RP + RE = GVM = USO$$

A equação acima estabelece que 100% do GVM PRECISA ser utilizado de alguma forma, não cabendo qualquer tipo de sobra. Vou explicar melhor. O USO do dinheiro será dividido em três perspectivas diferentes:

- **USAR com GASTOS (G);**
- **USAR com INVESTIMENTO (I);**
- **USAR com ECONOMIA (E).**

Sob esta perspectiva teríamos:

$$GANHO = USO$$
$$GANHO\ VÁLIDO\ MENSAL\ (GVM) = USO\ MENSAL\ (UM)$$
$$RE + RP = G + I + E$$

Vamos estudar cada uma destas três perspectivas do USO.

O USO com GASTOS será, por sua vez, dividido em outras três categorias, a saber:

- **GASTOS com CONSUMO (GC)** – É fundamental que você utilize parte de seu dinheiro para consumir coisas que se desgastam ou que acabam depois de certo tempo, ou seja, só vale considerar GC todo o qualquer USO do dinheiro para coisas que se desgastam, que acabam ou que se depreciam ao longo do tempo. Exemplo: comidas, roupas, materiais de limpeza, carros, óculos, casas, apartamentos, enfim, tudo que as pessoas utilizam no dia a dia. Estas coisas podem até se configurar como um patrimônio pessoal e que até poderão ser vendidas depois (por valores iguais, menores - mais comum - ou até maiores, quando há algum tipo de valorização);

- **GASTOS com EXTRAVAGÂNCIAS (GE)** – É imprescindível que você utilize parte de seu dinheiro para extravasar com caprichos que façam você sentir-se pleno e cheio de prazer e alegria, um tipo de extravasamento que deixe claro quem serve a quem e que lhe motive realmente a fazer todo o esforço de ter GANHADO aquele dinheiro. Muitas pessoas simplesmente passam a vida inteira sem fazer qualquer tipo de extravagância e se tornam sovinas (pão-duras). Claro que a extravagância de alguém que GANHA milhares de reais mensalmente será bem diferente da extravagância de alguém que GANHA alguns trocados por mês, mas o fato (a lei maior) é que, independentemente do valor, esta extravagância precisa ser capitalizada como tal. Exemplo: meu pai me contava que, quando ele era pequenino, admirava na padaria aquele confeito famoso chamado "sonho" (uma espécie de broa recheada de creme ou de leite condensado), mas não podia adquiri-lo, pois não tinha recursos para tanto. Desta forma papai elegia formalmente sua extravagância mensal dedicando parte de seus escassos recursos auferidos no mês apenas para comprar logo 2 "sonhos" de uma única vez, capitalizando claramente que aquilo caracterizava uma extravagância real (dada sua circunstância econômica da época). Veja que é possível capitalizar uma extravagância por menor que seja sua valia financeira, mas o importante é considerá-la uma extravagância real. Qualquer pessoa pode fazer isso, cada qual com suas possibilidades, ou seja, para alguns comprar um avião será a extravagância do mês, para outros apenas almoçar fora com a esposa será a extravagância do mês e ainda para outros apenas ir trabalhar de ônibus poderá ser sua extravagância (pois o normal, para aquele sujeito, seria ir a pé);

- **GASTOS com DOAÇÕES (GD)** – Agora você deve achar que eu estou de brincadeira, mas definitivamente não estou não. É realmente importantíssimo dedicar parte de seu dinheiro para simplesmente doar a alguém ou a alguma causa. Não estou aqui fazendo a apologia do dízimo religioso, pois não estou especificando nenhum tipo de percentual mínimo ou qualquer coisa do tipo, mas estou afirmando sim que será vital dedicar uma parte para simplesmente doar. Cabe então eu lhe dar o conceito de "doação", ou seja, doar é um ato despojado de dar algo a alguém sem querer absolutamente nada em troca. Em nosso caso, estamos falando apenas de dinheiro, ou seja, não vale qualquer outro tipo de doação (tipo atividades voluntárias, presentes físicos, lembrancinhas, etc.) que também são muito importantes, mas não tem conexão com esta LEI que estamos trabalhando agora, que envolve DINHEIRO. Isto é, a doação válida tem que ser financeira, que envolve desembolso de dinheiro real diretamente à pessoa ou causa-alvo. Exemplos: doar dinheiro para sua igreja (seja 10% ou mais ou ainda menos) pode ser caracterizada como doação válida desde que você não vincule isso a algum tipo de contrapartida (mesmo que seja um milagre); pagar a escola de sua filha pode ser caracterizada como doação válida também uma vez que não é para você e também não vincula qualquer tipo de contrapartida de sua filha (pelo menos é assim que se espera, pois não imagino que alguém queira receber este dinheiro de volta); dar uma gorjeta seria uma doação válida caso fosse para recompensar alguém por um trabalho bem feito, mas não seria caso fosse um pagamento obrigatório (tipo aqueles 10% obrigatórios do garçom); dar dinheiro para uma entidade carente pode ser uma doação válida também. Enfim, existe uma infinidade de exemplos que ilustraria bem a prática da doação.

Desta forma, concluímos a seguinte equação:

$$G = (GC + GE + GD)$$

Dito isso, vamos à segunda perspectiva de USO do dinheiro que é o INVESTIMENTO (I). INVESTIR dinheiro, para esta LEI que estamos discutindo, é bem diferente da abordagem clássica que consiste em colocar seu dinheiro num banco para auferir juros ou correção monetária ou ainda rendimentos de qualquer natureza. Este tipo de coisa nem USO seria, mas sim caracterizaria uma RENDA EXTRA (RE), portanto não considere os ganhos bancários como sendo INVESTIR, mas sim como RE.

Então pode estar pensando: O que seria então INVESTIMENTO?

INVESTIR, no escopo dessa abordagem, é quando parte do seu dinheiro é utilizado em alguma iniciativa cuja intenção maior é que lhe seja devolvido, no mínimo, 100% do valor utilizado (considerando as pertinentes correções monetárias e juros merecidos caso o dinheiro fosse simplesmente deixado no banco), podendo até auferir lucro. O fundamento de INVESTIR é que a intenção, desde o momento da decisão de utilização do dinheiro, é receber de volta tudo que utilizou (no mínimo). Exemplos: pagar sua faculdade (e todos os livros e demais despesas decorrentes desta iniciativa) pode ser considerado investimento, uma vez que a pessoa esteja absolutamente comprometida a reaver em algum momento 100% do valor utilizado (no mínimo); comprar um livro ou fazer um curso pode ser considerado investimento, se, e somente se, aquele conhecimento absorvido lhe puder ser devolvido (em 100% do mínimo) com algum tipo de aplicabilidade; comprar uma casa (desde que não seja para seu uso, porque daí seria GC) seria investimento caso fosse para auferir renda extra com locações ou até revender quando valorizações fossem capitalizadas.

Perceba que INVESTIR remete a algum tipo de controle que seja capaz de amortizar o dinheiro investido, ou seja, quando se aufere RP ou RE, devemos nos perguntar se estas rendas foram decorrentes de algum investimento passado e, caso isso se confirme, deve-se abater aquele dinheiro INVESTIDO como se fora devidamente PAGO. Eu tenho uma planilha (e recentemente até um *software* que eu batizei de *"MONEY CLINIC"*, em homenagem ao trabalho de Tim e Kris Halbom) que toda vez que dou entrada de algum dinheiro, além de rotular como RP ou RE, tenho sempre que manifestar se devo amortizar as utilizações de dinheiro que rotulei de INVESTIMENTO no passado. Dessa forma, sempre existe uma lista de INVESTIMENTOS que ainda estão pendentes de serem amortizados. Este controle é fundamental, pois nos mantém cada vez mais comprometidos em honrar aquele USO de dinheiro na perspectiva de INVESTIMENTO.

Resta-nos agora apenas falar da terceira perspectiva de USO do dinheiro que é a ECONOMIA (E). Como não poderia deixar de ser, também precisamos desvincular qualquer significado clássico desta palavra quando fazem referência ao mero armazenamento de dinheiro para utilizar em alguma coisa predeterminada (GC ou GE ou GD ou ainda I). Nossa abordagem de ECONOMIA é completamente diferente disto.

ECONOMIZAR aqui configura a quantidade de dinheiro armazenado mensalmente (seja num banco, seja no colchão de sua cama, seja num porão de sua casa ou em qualquer lugar que você considere seguro) a ponto de somar uma determinada quantia (num certo momento) que seja capaz de suprir seu padrão de vida (média histórica mensal dos últimos 2 anos de RP + RE) por, pelo menos, 12 meses futuros. Em síntese, é a soma de dinheiro que você vai DEIXAR DISPONÍVEL para manter seu padrão de vida, considerando a hipótese de não haver nada de RP nem tampouco de RE pelos próximos 12 meses. Exemplo: Imagine que minha média de GVM (RP + RE) nos últimos 24 meses foi de R$ 10.000,00, exigindo um esforço mensal para simplesmente ECONOMIZAR (guardar mesmo) certa quantia em dinheiro até completar o valor global de R$ 120.000,00 (12 x R$ 10.000,00), momento exato que eu pararia de ter a necessidade de ECONOMIZAR mensalmente.

No exemplo acima, ter mais de R$ 120.000,00 ECONOMIZADO seria desperdício, ou ainda, perda de oportunidade de fazer GC ou GD ou GE ou ainda I. O fundamento principal aqui é guardar o que for possível por mês (mesmo que sejam apenas as moedas que você recebeu de troco nos pagamentos que fez, portanto não interessa o valor, apenas tem que haver esta capitalização) até totalizar aquela quantia de R$ 120.000,00. Alguns podem considerar que não sejam apenas 12 meses, mas a mesma quantidade de meses que utilizou para estabelecer a média histórica, neste caso seriam R$ 240.000,00 (24 x R$ 10.000,00).

Este valor, quando existente, o que acontecerá em algum momento de sua vida se tiver disciplina e determinação, permitirá uma tranquilidade que pouquíssimas pessoas nutrem. Poderá administrar as emergências da vida sem perder nada de seu padrão. Exemplo: fundiu o motor de seu carro (uma eventualidade emergencial) e nada de pânico, compra-se outro motor ou conserte o atual utilizando suas ECONO-

MIAS; houve uma despesa emergencial de hospital com uma enfermidade de seu filho que vai poder ser paga com suas ECONOMIAS; seu carro foi roubado e poderá pagar a franquia de seu seguro com suas ECONOMIAS. Quando utilizar suas economias, claro que seu valor vai ficar menor que aquele valor preestabelecido, então retornará ao hábito de guardar dinheiro até que aquele valor seja recomposto.

Com o tempo, este valor pode aumentar dada a possibilidade de aumentar também seu padrão de vida financeiro. Por este motivo, sugere-se que todo mês você calcule a média móvel de seu GVM dos últimos 24 meses e programe o que precisa ser guardado mensalmente a partir dessa constatação. Se não precisar guardar nada, pois já detém do valor ideal (conforme parâmetro estabelecido por você, 12 ou 24 meses), então simplesmente GASTE ou INVISTA.

Resumindo tudo o que falamos, teremos agora as equações abaixo:

GANHAR = USAR

GVM = UM

GVM (Ganho Válido Mensal) = RP (Renda Principal) + RE (Renda Extra)

UM (Uso Mensal) = G (Gasto) + I (Investimento) + E (Economia)

G = GC (Gasto com consumo) + GE (Gasto com extravagância) + GD (Gasto com doações)

Então:

RP + RE = (GC + GE + GD) + I + E

Ter uma forma de rotular 100% das coisas que GANHA (como RP ou RE) e 100% das coisas que USA (G ou I ou E) é determinante para fazer desta LEI uma característica transformadora. Pode ser um simples caderninho ou uma planilha de *excel* ou ainda um *software* sofisticado (como meu *MONEY CLINIC*), mas precisa haver um lugar específico para se registrar tudo que abordamos aqui.

Bom proveito.

8. LEI DO "MASTER MIND"

Também conhecida como Lei do PODER MENTAL, Napoleon Hill parece ter sido o primeiro a considerá-la relevante, tanto que considerou esta como sendo a primeira de suas outras 16 Leis do Triunfo (seu célebre livro). O cérebro humano, defendia ele, é uma antena grandiosa capaz de emitir e receber coisas inimagináveis.

Para compreender tanto o detalhe como a perspectiva do processo por meio do qual o conceito de Napoleon Hill foi transformado em conhecimento aqui reunido, organizado e classificado, parecia essencial que ele começasse pelas menores e mais simples partículas da matéria física, pois estas eram, a seu ver, o á-bê-cê com que a Natureza formou toda a estrutura da parte física do universo. A molécula consiste em átomos, que são pequenas partículas invisíveis de matéria, movendo-se continuamente com uma velocidade relâmpago exatamente de acordo com o mesmo princípio segundo o qual a Terra gira em torno do sol. No mundo da matéria física, quer contemplemos a maior estrela que cintila no céu, quer o menor grão de areia, o objeto que observamos nada mais é do que uma coleção organizada de moléculas, átomos e elétrons, girando um em torno do outro, numa velocidade inconcebível.

Em cada partícula da matéria havia, na visão dele, um "fluído" invisível ou força que obrigava os átomos a girar. Este fluído era uma forma de energia que nunca fora analisada. Tinha assim deixado perplexo o mundo científico da época. Para muitos cientistas, o fluído era a mesma energia que chamamos hoje de eletricidade. Outros o chamariam de vibração (como adotaremos aqui, com base nos novos contributos da Física Quântica). Alguns pesquisadores acreditavam que a velocidade com que esta força – como quer que a chamassem – determinava, em grande parte, a natureza do aspecto dos objetos do universo.

Como comentamos na LEI DO SER, o cérebro está para o *hardware* assim como a mente está para o *software*. E ainda dissemos que o *software* tem existência própria, independentemente da existência do *hardware*, mas o primeiro PRECISA do segundo para funcionar. Da mesma forma, analogamente podemos dizer que a mente tem vida própria independentemente do cérebro, mas o primeiro precisa do segundo para que possa ter funcionalidade prática o referido CONTEÚDO da mente. É este conteúdo (mente) que é fruto de algum tipo de vibração cerebral (*hardware*), que gera uma ONDA que é emanada de forma perene e para sempre, ou seja, ela não se dissipa com o decorrer do tempo, bastando apenas que exista uma ANTENA (cérebro) sintonizada na mesma frequência para esta ONDA ser decodificada em algo mais prático e inteligível.

As ONDAS são (hoje se sabe muito mais) forças eletromagnéticas formadas pela combinação de campos elétricos e magnéticos. Elas foram descritas por um conjunto de equações formulado por James C. Maxwell. Foi graças à descoberta das propriedades dessas ondas que hoje em dia podemos ouvir músicas ou notícias nos rádios, assistir a programas de TV, aquecer alimentos no micro-ondas, acessar a Internet e mais uma infinidade de coisas. Foi o físico escocês James C. Maxwell, no séc. XIX, o primeiro a demonstrar que a oscilação de uma carga elétrica dá origem a campos magnéticos. Estes, por sua vez, dão origem a campos elétricos, assim como a variação de fluxo de campos elétricos dá origem a campos magnéticos. Essa interação é responsável pelo surgimento das ondas eletromagnéticas. Maxwell partiu das Leis de Ampere, Faraday e Coulomb para relacionar diversas equações que atualmente são conhecidas como equações de Maxwell. Essas equações permitiram que ele fizesse a previsão da existência das ondas eletromagnéticas. A confirmação da existência dessas ondas foi feita apenas depois de nove anos pelo físico alemão Heinrich Hertz, que conseguiu obter ondas eletromagnéticas com todas as características já descritas por Maxwell, que morreu antes de ver a confirmação das suas teorias. Uma das principais contribuições de Maxwell foi a de que a velocidade das ondas eletromagnéticas no vácuo era igual a 3 x10^8 m/s, que era a mesma velocidade já obtida para a propagação da luz. Essa descoberta fez com que Maxwell suspeitasse que a luz era um tipo de onda eletromagnética, o que foi confirmado por Hertz alguns anos mais tarde. Uma evidência de que a luz é uma onda eletromagnética é o fato de a luz do sol chegar até a Terra apesar da longa distância e da inexistência de um meio material no espaço de propagação. Em face de todas as suas contribuições, Maxwell é considerado tão importante para o eletromagnetismo como Isaac Newton é para a mecânica. As características das ondas eletromagnéticas são as seguintes:

- São formadas pela combinação de campos elétricos e magnéticas variáveis;
- O campo elétrico e o campo magnético são perpendiculares;
- O campo elétrico e o magnético são perpendiculares à direção de propagação, o que significa que são ondas transversais;
- A velocidade de propagação dessas ondas no vácuo é c = 3 x10^8 m/s;
- Ao propagar em meios materiais, a velocidade obtida é menor do que quando a propagação ocorre no vácuo.

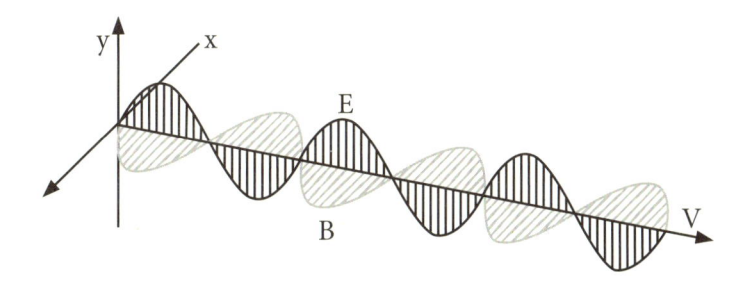

Dessa forma, o espectro eletromagnético é onde estão representadas as faixas de frequências ou comprimentos de ondas que caracterizam os diversos tipos de ondas eletromagnéticas, como a luz visível, as micro-ondas, as ondas de rádio, radiação infravermelha, radiação ultravioleta, raios x e raios gama (vide figura a seguir). Todas essas ondas se propagam à mesma velocidade quando estão no vácuo (éter). O comprimento de uma onda eletromagnética é que determina seu comportamento. Ondas de alta frequência são curtas e as de baixa frequência são longas. Se a onda interage com uma única partícula ou molécula, seu comportamento depende da quantidade de fótons que ela carrega.

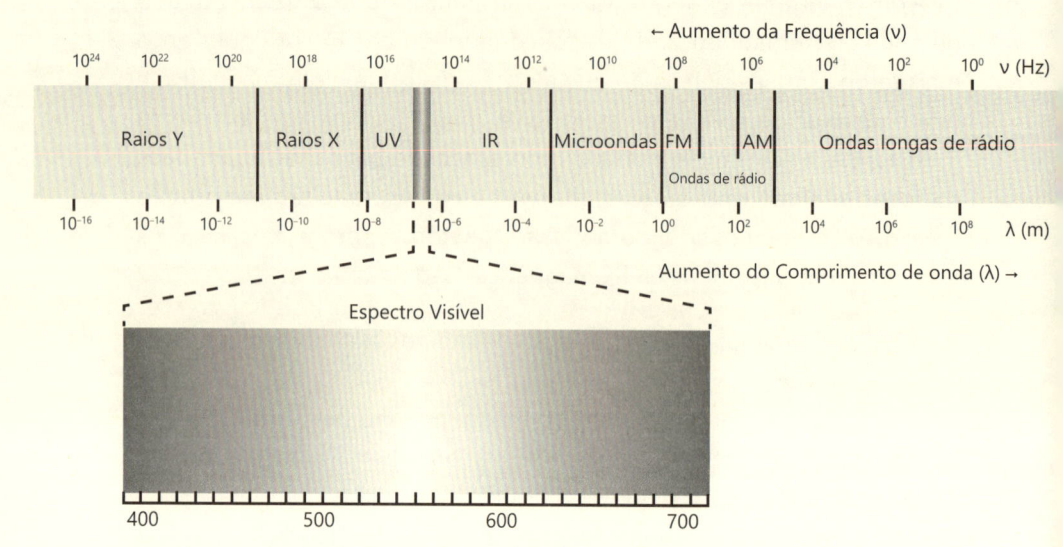

← Aumento da Frequência (ν)

| 10^{24} | 10^{22} | 10^{20} | 10^{18} | 10^{16} | 10^{14} | 10^{12} | 10^{10} | 10^{8} | 10^{6} | 10^{4} | 10^{2} | 10^{0} | ν (Hz) |

| Raios Y | | Raios X | UV | | IR | | Microondas | FM | | AM | | Ondas longas de rádio |
| | | | | | | | | | Ondas de rádio | | | |

| 10^{-16} | 10^{-14} | 10^{-12} | 10^{-10} | 10^{-8} | 10^{-6} | 10^{-4} | 10^{-2} | 10^{0} | 10^{2} | 10^{4} | 10^{6} | 10^{8} | λ (m) |

Aumento do Comprimento de onda (λ) →

Espectro Visível

400   500   600   700

Aumento do Comprimento de onda (λ) in nm →

Uma quantidade dessa "energia-fluído" (vibração geradora de ondas eletromagnéticas no vácuo) é a causa do que conhecemos hoje com o nome de som. O ouvido humano pode captar apenas o som que é produzido mediante cerca de 16 a 22.000 vibrações por segundo (Hz). Quando a média de vibrações vai além do que chamamos som, começam essas vibrações a manifestar-se na forma de calor. Quando se eleva ainda mais, a escala de vibrações começa a registrar-se sob a forma de luz com colorações diferentes. Três milhões de vibrações por segundo criam uma luz violeta. Acima deste número, as vibrações produzem os raios ultravioleta (que são invisíveis a olho nu) e outras radiações invisíveis. E, ainda mais alto, as escalas das vibrações podem representar o próprio pensamento humano (detalhe observado facilmente pelo gráfico gerado por qualquer agulha que vibra numa determinada frequência do eletroencefalograma).

Napoleon Hill dizia que o grande espaço entre os sóis, a lua, as estrelas e outros planetas, estava cheio de uma forma de energia que ele mesmo chamou de ÉTER (ou VÁCUO, mais modernamente). Acreditava ele que está "energia-fluído" (ONDA, fruto de vibrações) que mantém em movimento todas as partículas da matéria, seja este mesmo fluído universal conhecido como éter e que enche todo o espaço. A certa distância da superfície da Terra existe o que se chama de ar, substância gasosa composta de oxigênio e nitrogênio. O ar é o condutor de todas as vibrações desde o som até o pensamento. O ar é uma substância localizada, cuja função principal é alimentar a vida de todos os animais e plantas, sem o que nenhum ser vivo existiria.

Este breve resumo sobre moléculas, átomos, elétrons, ar, éter, vibrações, ondas etc., poderia na época parecer um tanto pesado, mas era fundamental para introduzir a lição do "Master Mind" uma vez que cada cérebro seria, ao mesmo tempo, uma estação transmissora e receptora das vibrações da frequência do pensamento.

Se essa teoria fosse comprovada (como hoje sabemos que é) e se fosse possível estabelecer métodos adequados de controle, imagine a importância que isso teria para o trabalho de reunir, classificar e organizar conhecimentos. A possibilidade de que o éter seja o condutor dos pensamentos (ondas vibrando em algum grau de frequência), de cérebro a cérebro, é assombrosa.

Sabemos hoje que toda vibração de pensamento emitida por qualquer cérebro, e apanhada pelo éter, é mantida em movimento por meio de ondas cuja extensão corresponde à extensão da energia empregada na sua transmissão. Essas vibrações permanecem em movimento contínuo, que são uma das fontes das quais os pensamentos podem despontar no cérebro de que emanam, caso o outro cérebro esteja em contato constante e direto, através do éter, com o cérebro que transmitiu a vibração do pensamento. Desse modo constatar-se-á que espaço sem limites do universo é, e continuará a ser para toda a eternidade, uma biblioteca mental na qual podem ser encontrados todos os pensamentos transmitidos pela humanidade.

Esta biblioteca mental universal guarda alinhamento com os chamados "Registros *Akáshicos*" (akasha é uma palavra em sânscrito que significa céu, espaço ou éter) que, segundo o hinduísmo e diversas correntes místicas, são um conjunto de conhecimentos armazenados misticamente no éter, que abrange tudo o que ocorre, ocorreu e ocorrerá no Universo. O Akasha seria uma biblioteca de ações de cada alma, pensamentos e emoções que tiveram um lugar no planeta Terra e em outros sistemas planetários. Todos os eventos de pequeno ou grande porte são permanentemente gravados na grade eletromagnética do planeta e do cosmos. Todo mundo tem a habilidade de se conectar com a fonte primordial como um 'detentor de registro espiritual' e é capaz de chamar a todos seus orientadores multidimensionais para receber as respostas de suas próprias perguntas. Você é capaz de ser seu próprio guia, psicólogo, guru espiritual e professor. Sempre que você tem uma situação problemática ou um desentendimento com um indivíduo, esses incidentes ocorreram antes em outro tempo e lugar. Os Registros Akáshicos estão disponíveis para todos. Algumas das respostas não serão do seu agrado. No entanto, elas vão conter a energia da "verdade" de quem você realmente é e o que supostamente sejam seus aprendizados.

Esta circunstância sempre fora constatada na prática pela simples transmissão instantânea do som, através do éter por meio de ondas, e decodificados pelos modernos aparelhos de rádio. Este fato inquestionável (além de tantos outros que o mundo moderno nos disponibiliza, tais como conexão *wireless*, sensores de presença, entre outros) faz passar, do possível para o testável, a teoria da transmissão de um pensamento de um cérebro para o outro.

O termo "Master Mind" proposto por Napoleon Hill (e que simplesmente reproduzimos aqui) é abstrato e não tinha equivalente no campo dos fatos conhecidos da época, exceto para um pequeno número de pessoas que já realizavam cuidadosos estudos acerca do efeito exercido por um espírito sobre outros. "Master Mind" era a descrição dos meios e modos pelos quais um indivíduo pode reunir, classificar e organizar conhecimento útil, por meio de uma aliança harmoniosa de dois ou mais espíritos.

É inteiramente provável então que a mente (*software*) seja emanadora de vibrações que estão disponíveis no éter. Quando duas mentes se conectam, a ponto de haver algum tipo de decodificação, a fusão das unidades desse "material mental" produz uma reação química e iniciam-se as vibrações que afetam os dois indivíduos, quer agradável quer desagradavelmente. O efeito de tal contato é evidente até para o observador mais desprevenido. Todo efeito tem uma causa. Haverá coisa mais razoável do que suspeitar que a causa da transformação da atitude mental entre dois cérebros que acabaram de entrar em contato não seja outra senão a alteração das unidades de cada mente?

Pode-se criar um "Master Mind" por meio da fusão de duas ou mais mentes num estado de perfeita harmonia. Com essa fusão, a química mental cria uma terceira mente, que todas as outras mentes podem fazer sua e empregar. Esse "Master Mind" permanecerá disponível enquanto estiverem sintonizadas as frequências, exatamente como em qualquer rádio.

O indivíduo dotado da capacidade de interpretar corretamente a química mental dos outros pode, para falar figuradamente, entrar pela porta principal da mansão de um dado espírito e, despreocupadamente, explorar todo o edifício, tomando nota de todos os detalhes, saindo em seguida com uma fotografia completa do interior do edifício, sem que o proprietário tivesse conhecimento de que recebia uma visita.

Acreditava Napoleon Hill que a condição normal ou natural da química mental de qualquer indivíduo é o resultado da sua herança física e mais a natureza dos pensamentos que dominam seu espírito, que cada mente está em continua transformação, a tal ponto que a filosofia particular da pessoa e os seus modos de pensar modificam a sua química mental. Foi sua convicção que esses princípios eram verdadeiros que defendia que qualquer pessoa poderia voluntariamente modificar sua química mental, a ponto de atrair ou repelir todos aqueles com que entra em contato. Por outras palavras, qualquer pessoa pode assumir uma atitude mental capaz de atrair e agradar, ou, pelo contrário, de gerar antagonismo, e isso sem o auxílio das palavras, da expressão do rosto ou de qualquer movimento ou gesto.

Através da fusão de duas ou mais mentes, num espírito de perfeita harmonia, o princípio da química mental pode ser organizado de modo a desenvolver poder suficiente, para tornar possíveis, aos indivíduos cujas mentes estejam associadas, realizações verdadeiramente extraordinárias. O poder é força com a qual o homem consegue êxito em qualquer empreendimento, e esse poder, em quantidade ilimitada, pode ser alcançado por quaisquer grupos de pessoas de ambos os sexos que tenham o dom de saber como integrar a sua personalidade e os seus interesses pessoais, por meio da fusão ou associação de suas mentes.

Pode-se comparar o processo de fusão mental com o ato do indivíduo que liga muitas baterias elétricas a um simples fio transmissor, assim toda a força passa apenas por aí. Cada bateria aumenta o poder que passa por essa linha, por meio do acréscimo da quantidade de energia que conduz. O mesmo acontece no caso da associação mental, para formar o "Master

Mind". Cada espírito estimula todos os outros que compõem o grupo e assim a energia se torna tão intensa a ponto de penetrar a energia universal que se chama éter, a qual, por sua vez, toca em cada átomo do universo.

Se isso é uma realidade, então aí guarda morada a base científica para os trabalhos de Paul Scheele (e tantos outros depois dele) quando produziu sua obra mais paradigmática chamada Photo Reading (Fotoleitura). Esta abordagem (tratada em nosso CAC – Curso de Análise Comportamental com relativa profundidade) defende que o aprendizado não é apenas dependente da leitura clássica ou rápida ou ainda por meio de estudos detalhistas e sofridos, mas por meio da capacidade da conexão do seu cérebro (vulgo leitor) com as ondas emanadas do cérebro do autor quando da oportunidade de seu pensamento, mesmo que ele já esteja morto.

Ninguém pense, porém, que uma feliz associação mental, um "Master Mind", possa surgir imediatamente, como um cogumelo, logo que se verifica a coordenação de mentes que pretendem unir-se num espírito de perfeita harmonia! A harmonia, no sentido real da palavra, é tão rara entre um grupo de pessoas como é o verdadeiro cristianismo, entre os indivíduos que se dizem cristãos. A harmonia é o núcleo em torno do qual deve ser desenvolvido o estado de espírito conhecido por associação mental perfeita ou "Master Mind". Sem esse elemento, não pode haver associação mental completa.

A partir, então, desta maravilhosa perspectiva, eu sugeriria que você procurasse com quais pessoas (mortas ou vivas) você gostaria de fazer esta conexão etérea? Eu, particularmente, ainda preciso do LIVRO físico (não adianta, para mim, ele estar em formato *e-book* ou coisa assemelhada) como uma espécie de potenciômetro que me facilita a buscar esta conexão. Aprendi isto com o Prof. Huáras Duarte, um dos primeiros brasileiros a disseminar esta nova forma de aprender a partir do trabalho de Paul Scheele, Colin Rose e Lou Russel (para citar os mais proeminentes).

Estude mais sobre o que falamos aqui nesta LEI DO MASTER MIND. Um nome advindo de Napoleon Hill apenas para adotar algum nome e fazer referência ao primeiro que admitiu esta paradigmática possibilidade. O nome mais coerente desta LEI seria realmente LEI DO PODER MENTAL, uma vez que fica absolutamente claro que as possibilidades são realmente extraordinárias.

9. LEI DO PROPÓSITO BEM DEFINIDO

Esta é outra das leis de Napoleon Hill que defende que sem um propósito bem definido e sem consciência de que há sempre um preço a ser pago quando se conquista um objetivo, nada realmente se consubstancia. A tônica de toda esta LEI pode ser encontrada na palavra "definido". É terrível saber que 95% da população do mundo segue pela vida adiante sem um objetivo, sem a menor concepção do trabalho para o qual se adapta melhor e sem ter mesmo qualquer noção da necessidade disso. Há uma razão psicológica, bem como outra de ordem econômica, para a seleção de PROPÓSITOS BEM DEFINIDOS. É fato bem estabelecido na psicologia que os atos das pessoas estão sempre em harmonia com os pensamentos que lhes dominam o cérebro.

Qualquer objetivo principal definido deliberadamente fixado na mente e nela conservado, tendo-se a determinação de realizá-lo, acaba por saturar todo o subconsciente até influenciar automaticamente a ação física do corpo, para a consecução do referido propósito. O princípio pela qual se pode conseguir impressionar o subconsciente com o PROPÓSITO principal chama-se "autossugestão". Não devemos ter medo do princípio da "autossugestão", enquanto estivermos certos de que o PROPÓSITO pelo qual lutamos nos trará felicidade de natureza duradoura. Adquiramos a certeza que o nosso propósito definido é construtivo, que a realização não trará dificuldades nem miséria para outras pessoas, que nos dará paz e prosperidade, dizia Napoleon Hill.

Um ou mais PROPÓSITOS BEM DEFINIDOS são anseios que o leitor deve estabelecer por si mesmo, que ninguém criará por você e que também não seja para mais ninguém além de você preponderantemente. Precisa ser algo

INDIVIDUAL, que pode até impactar outros atores como efeito colateral, mas a mira não pode ser no outro e sim em você mesmo. Tanto encontro pessoas definindo seus PROPÓSITOS para impactar somente os filhos, os amigos ou qualquer outro que não elas mesmas. Isso definitivamente não é o que esta LEI defende nem ensina.

Os realizadores são aqueles que desenvolvem o poder da convicção, aqueles que estão absolutamente convictos de que podem alcançar o seus PROPÓSITOS PRINCIPAIS DEFINIDOS não reconhecem a palavra "impossível". Nem se importam com as derrotas temporárias, pois sabem que estão caminhando para o triunfo e, se um plano fracassa, logo o substituem por outro. Todas as realizações notáveis encontram sempre obstáculos antes de se tornarem uma realidade. Thomas Edison fez mais de dez mil experiências antes de conseguir realizar o seu primeiro disco de fonógrafo.

Mais do que competência é estar incrivelmente decidido a conquistar todos os seus propósitos e capitalizar que a frequência em enfrentar suas próprias limitações é o mais comum dos desafios. Cito novamente a frase que uso muito que é: *"Se você deseja duplicar a sua dose de sucesso, então vai precisar triplicar ou quadruplicar sua dose de fracasso"* (Veja a LEI DO FRACASSO).

Outra informação importante e pertinente a esta LEI é que tudo, absolutamente tudo, tem um preço. Não é possível conseguir "alguma coisa", seja lá o que for, em troca de nada. Portanto, saiba que as conquistas destes seus PROPÓSITOS vão lhe custar alguma coisa e a pergunta é se está realmente preparado para pagar este preço. Pagar o preço para se ter o PROPÓSITO realizado é uma característica que se faz ausente na grande maioria das pessoas. Tomemos por exemplo agora um alto executivo de multinacional que aos olhos da maioria goza de sucesso. Muitos não consideram as árduas horas de estudo do mesmo e que em muitos momentos importantes abdicou do convívio com seus entes queridos em prol de seu desenvolvimento. Analisam apenas o carro do ano em sua garagem e o seu invejável salário no final do mês. Esta circunstância teve seu preço. Não é possível conseguir alguma coisa em troca de nada. "A Natureza não pode ser defraudada ou enganada. Ela nos dará o objeto pelo qual lutamos, mas só depois de havermos pagado o seu preço com um esforço contínuo, persistente e obstinado". (Napoleon Hill)

As pessoas que estabelecem PROPÓSITOS quase sempre escolhem uma espécie de vida baseada em férias contínuas. *"Quero me aposentar dentro de cinco anos e viver o resto de minha vida em um sítio".* "Quero *relaxar à beira de um lago e dormir todos os dias até o meio-dia"*. Estes tipos de objetivos demonstram apenas um cotidiano doloroso e inconsistente do qual a pessoa sente necessidade de escapar. É pura FUGA! Muita gente começa escolhendo para si mesmo PROPÓSITOS que são imagens enlatadas, baseadas unicamente na preocupação com status: *"Vou ter uma casa que parecerá um castelo, um carro luxuoso e um barco a vela".* Estas coisas podem ser muito agradáveis, mas é melhor examinar estes PROPÓSITOS antes de dedicar anos para realizá-los. Devemos perceber que os valores de consumo induzidos pela mídia são, em geral, mais superficiais do que os valores mais significativos que devem nos subsidiar, evitando assim, a armadilha da sedução baseada no *marketing* do *status*.

Então quais os PROPÓSITOS que valem realmente a pena buscar? É preciso que eles estejam fortemente fundamentados e lhe tragam sensações que não sejam efêmeras nem fúteis. Já dissemos anteriormente que não podem também se referir ao outro, mas é muito comum algumas pessoas defenderem que as conquistas do outro lhe trariam uma excelente sensação de bem-estar. Você pode até ficar contente e orgulhoso das conquistas dos outros, mas abrir mão das suas e adotar as de alguém definitivamente é um problema de autoestima que não pode se confundir com aquilo que sente uma pessoa que consegue um PROPÓSITO próprio. O PROPÓSITO próprio e individual é tão relevante que a jornada para buscá-lo o fará tão, ou mais, PLENO e grato do que a conquista propriamente dita.

Aliás, este é um risco que precisa ser levado em conta, ou seja, de que o PROPÓSITO nem sempre será alcançado e este risco (normalmente relevante e importante de ser considerado) não pode impedi-lo ou desencorajá-lo de viver todo o percurso e trajetória para merecê-lo. Ao estudar a LEI DA VAGA LIMITADA (mais adiante) vai compreender muito bem o que estou dizendo.

Nossa vida pode ser considerada como uma complexa cadeia, que por sua vez é composta pelo que chamamos de papéis. Embora alguns deles se sobreponham e haja muitas outras maneiras de classificá-los, é muito importante que sejam determinados os mais significativos. Podemos dizer que são OITO os tipos básicos de papéis, que chamaremos aqui das 8 vertentes do OCTÓGONO DA VIDA, a saber:

1. **Intelectualidade e Formação Acadêmica:** Em qual grau você se enxerga em relação à plenitude do desenvolvimento de sua intelectualidade cognitiva conexa a conhecimentos de forma ampla. Considere aqui também as eventuais lacunas que você ainda tem sob o ponto

de vista das formações acadêmicas clássicas e relativas a outros cursos ainda pendentes de serem formalmente estabelecidos;
2. **Relacionamento Familiar:** Em qual grau você se enxerga em relação à plenitude dos relacionamentos familiares mais próximos (mãe, pai, irmãos, irmãs, filhos, filhas, avôs e avós);
3. **Saúde Física:** Em qual grau você se enxerga em relação à plenitude de seu atual estado de saúde física. Considere aqui as doenças que o acometem (em diversos níveis de gravidade) e sua condição de condicionamento físico de forma global, obesidade, vícios, etc.;
4. **Situação Financeira:** Em qual grau você se enxerga em relação à plenitude de suas finanças pessoais (considerando também seus principais dependentes). Considere aqui os níveis de endividamento, inadimplência, comprometimento das rendas (principal e extra) para gastar, investir e economizar;
5. **Relacionamento Afetivo:** Em qual grau você se enxerga em relação à plenitude de sua afetividade com seu parceiro/parceira (esposa e marido, namorados). Considere aqui o real sentimento de amor (e não apenas hábito) e as questões de estar ou não resolvido com sua sexualidade;
6. **Situação Profissional:** Em qual grau você se enxerga em relação à plenitude com sua atual prática profissional. Considere as opções que eventualmente não deram certo e que ainda configuram algum grau de frustração;
7. **Relacionamento Interpessoal:** Em qual grau você se enxerga em relação à plenitude de seus relacionamentos sociais mais próximos (amigos de trabalho, colegas antigos, colegas recentes, grupos religiosos, grupos diversos, tribos, demais parentes, etc.);
8. **Atividade Filantrópica:** Em qual grau você se enxerga em relação à plenitude no que se refere a doações pessoais (sem previsão de retorno, portanto totalmente incondicionais), seja em dinheiro ou por meio de dedicação pessoal de seu tempo, e que esteja atualmente praticando. Considere que a ausência desse tipo de atividade não pode ser caracterizada como 100% simplesmente porque se discorda deste conceito ou desta premissa.

A partir desses significados é importante que faça uma autoanálise e preencha o OCTÓGONO abaixo, plotando um ponto em cada eixo representando seu grau de plenitude em relação a cada uma destas vertentes. Depois de identificar seus pontos será capaz de traçar retas ligando-os, gerando assim sua ÁREA DE PLENITUDE em relação às 8 vertentes do OCTÓGONO DA VIDA.

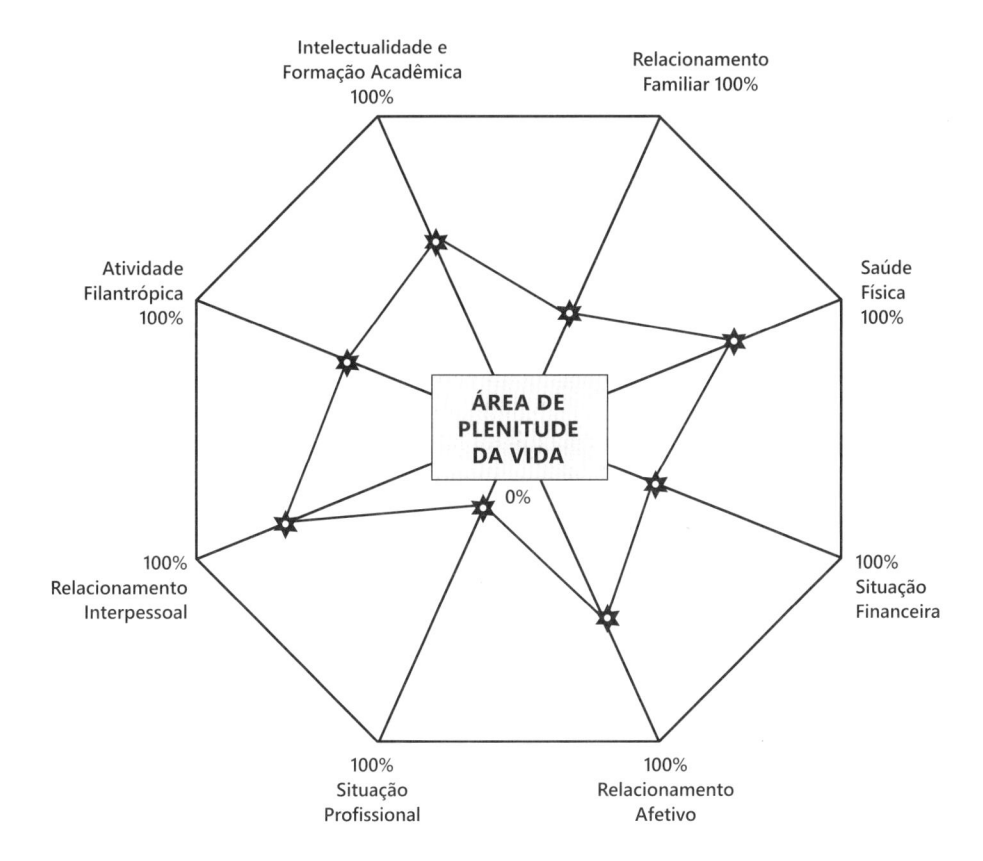

```
                    Intelectualidade e          Relacionamento
                   Formação Acadêmica           Familiar 100%
                         100%

    Atividade                                                    Saúde
    Filantrópica                                                 Física
       100%                   ÁREA DE                            100%
                             PLENITUDE
                              DA VIDA
                               0%
       100%                                                      100%
   Relacionamento                                               Situação
    Interpessoal                                               Financeira

                        100%                  100%
                      Situação             Relacionamento
                     Profissional             Afetivo
```

Esta área pode ser seu ponto de partida para identificar seus principais PROPÓSITOS. Veja que consideramos, pelo menos, 8 deles, só para começar a brincadeirinha. Nossa ideia com esta LEI é propor que você tenha PROPÓSITOS BEM DEFINIDOS (no plural) para cada uma destas 8 vertentes do OCTÓGONO. Com isso, começará sua jornada para aumentar sua ÁREA daqui para frente, numa jornada sem fim, cujo maior prazer é simplesmente percorrê-la. Veja que o fundamento não reside apenas em chegar lá (seja este lá o que quer que seja), mas apenas aumentar gradativamente e para sempre sua ÁREA, uma vez que qualquer que seja o percurso (em direção ao PROPÓSITO) sempre caracterizará algum tipo de evolução na PLENITUDE de suas 8 vertentes de vida.

Cada um desses PROPÓSITOS precisa estar BEM DEFINIDO e, para tanto, alguns cuidados devem ser levados em conta. A forma de escrever este PROPÓSITO deve caracterizar um compromisso consigo mesmo de percorrer tudo que for necessário ser percorrido, mesmo que ele não se consubstancie em realidade, até porque seu grande prazer será viver intensamente cada momento desta trajetória.

Este COMPROMISSO que caracterizará o texto que resume seu PROPÓSITO BEM DEFINIDO, para cada uma das 8 vertentes listadas anteriormente, poderá ainda ser subdividido em outros compromissos intermediários que serão as etapas pelas quais deverá ultrapassar para MERECER chegar a ele um dia.

Esses subcompromissos, que serão chamados aqui de OBJETIVOS preliminares, devidamente organizados por ordem cronológica, vão formar uma TRIPA do percurso de cada PROPÓSITO BEM DEFINIDO (vide figuras na página seguinte). É esta TRIPA que vai mapear seu percurso cuja trajetória é mais importante do que a conquista do PROPÓSITO propriamente dito, pois sua simples trajetória sempre já estará lhe aumentando a área do OCTÓGONO DA VIDA. E isso, por si só, já lhe traz mais sensação de PLENITUDE que é nossa grande promessa com esta literatura.

Vamos dar um exemplo simples: um atleta profissional de atletismo pode ter elegido seu PROPÓSITO BEM DEFINIDO na vertente SITUAÇÃO PROFISSIONAL com COMPROMISSO de SER RECONHECIDO COM ALGUMA MEDALHA (bronze, prata ou ouro) nas Olimpíadas do Rio de Janeiro, no Brasil em 2016. Sendo assim, ele vai identificar seus OBJETIVOS preliminares por ordem cronológica, ou seja, se o MERECIMENTO de uma medalha exige que se percorra 200 metros em 20 segundos (recorde até então), então seu OBJETIVO 1 seria percorrer 200 metros em 1 minuto, depois seu OBJETIVO 2 seria percorrer 200 metros em 45 segundos, depois seu OBJETIVO 3 seria percorrer os 200 metros em 30 segundos. Por último, seu OBJETIVO 4 seria percorrer os 200 metros em 24 segundos o que lhe deixará bem perto de, durante a competição, poder correr os 200 metros em 20 segundos, o que talvez não seja suficiente para ganhar algum tipo de medalha, pois não se sabe (e nem se controla) o desempenho dos demais competidores (vá que alguém bata o recorde com 200 metros em 15 segundos). Perceba que mesmo que não se ganhe a medalha (COMPROMISSO), a sensação de vitória e de evolução da área do OCTÓGONO DA VIDA será percebida e até comemorada. Nada o decepciona, absolutamente nada.

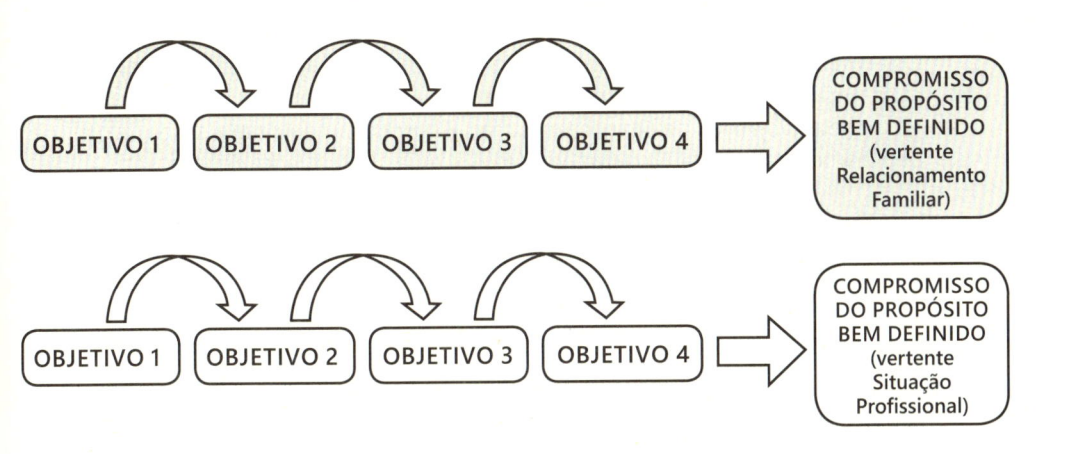

OBJETIVO 1 → OBJETIVO 2 → OBJETIVO 3 → OBJETIVO 4 ⇒ COMPROMISSO DO PROPÓSITO BEM DEFINIDO (vertente Relacionamento Familiar)

OBJETIVO 1 → OBJETIVO 2 → OBJETIVO 3 → OBJETIVO 4 ⇒ COMPROMISSO DO PROPÓSITO BEM DEFINIDO (vertente Situação Profissional)

Por último, é fundamental ainda que se tenha FOCO nas TAREFAS diárias que farão com que as evoluções de cada OBJETIVO sejam percebidas e comemoradas. Este FOCO significa que você deverá programar quando e como cada TAREFA será realizada para que envolva seus OBJETIVOS de determinada TRIPA. Este FOCO pressupõe que você se programe (dia + hora inicial e hora final) para que, neste intervalo (marcado no relógio), você esteja TOTALMENTE PRESENTE 100% na experiência que envolve a TAREFA, sem nenhum tipo de pensamento lateral. A agenda pode ser VITAL nessa programação, pois a sensação de produtividade é muito compensadora quando você faz isso. Muitas pessoas até conseguem definir a TRIPA com exemplaridade, mas pelejam no quesito ESTAR TOTALMENTE PRESENTE 100% NA EXPERIÊNCIA de cada TAREFA (assistir filme: PODER ALÉM DA VIDA e observe as 3 últimas falas, bem no último momento do filme).

Cada um destes 8 COMPROMISSOS com seus diversos objetivos preliminares vai te ajudar a caminhar em prol de uma maior área de PLENITUDE do Octógono da Vida, entretanto trabalhamos na OLP – Oficina de Plano de Vida alguns *templates* que emergem a partir desta reflexão, que são:

• Diagrama dos SEUS MOTIVOS = uma espécie de slide de PowerPoint (PPT), que você possa observar toda vez que estiver desmotivado, onde você possa colocar as imagens DE SEUS MOTIVOS e que remetam as pessoas e causas que lhe movem para frente e que justificam qualquer esforço demasiado. O dinheiro não pode estar nesta imagem, nem tampouco posses materiais, pois devem refletir um efeito colateral das outras iniciativas. Este *slide* de PPT é construído durante a OLP e deve servir como automotivação e ser utilizado nos momentos mais difíceis de seu percurso;

- Diagrama do CANVAS YOU = uma adaptação do trabalho de Alex Osterwalder (vide figura abaixo) que fazemos durante a OLP e que organiza cada um dos compromissos de cada uma das 8 vertentes do Octógono da Vida e seus Objetivos preliminares em mais 8 desdobramentos que fazem um detalhamento importante para tornar REALIDADE tudo que foi definido.

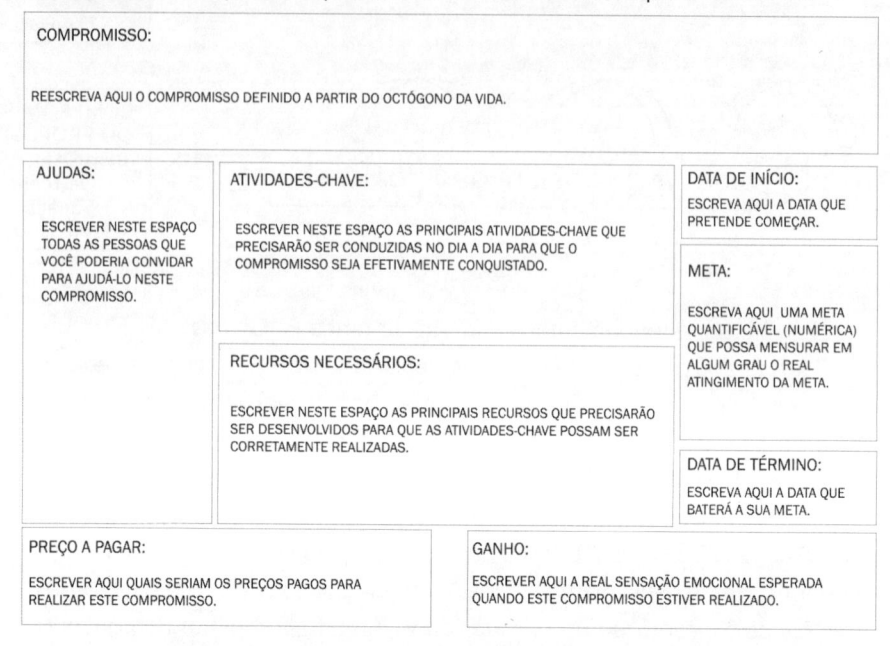

COMPROMISSO:
REESCREVA AQUI O COMPROMISSO DEFINIDO A PARTIR DO OCTÓGONO DA VIDA.

AJUDAS:	ATIVIDADES-CHAVE:	DATA DE INÍCIO:
ESCREVER NESTE ESPAÇO TODAS AS PESSOAS QUE VOCÊ PODERIA CONVIDAR PARA AJUDÁ-LO NESTE COMPROMISSO.	ESCREVER NESTE ESPAÇO AS PRINCIPAIS ATIVIDADES-CHAVE QUE PRECISARÃO SER CONDUZIDAS NO DIA A DIA PARA QUE O COMPROMISSO SEJA EFETIVAMENTE CONQUISTADO.	ESCREVA AQUI A DATA QUE PRETENDE COMEÇAR.
	RECURSOS NECESSÁRIOS:	**META:** ESCREVA AQUI UMA META QUANTIFICÁVEL (NUMÉRICA) QUE POSSA MENSURAR EM ALGUM GRAU O REAL ATINGIMENTO DA META.
	ESCREVER NESTE ESPAÇO AS PRINCIPAIS RECURSOS QUE PRECISARÃO SER DESENVOLVIDOS PARA QUE AS ATIVIDADES-CHAVE POSSAM SER CORRETAMENTE REALIZADAS.	**DATA DE TÉRMINO:** ESCREVA AQUI A DATA QUE BATERÁ A SUA META.

PREÇO A PAGAR:	GANHO:
ESCREVER AQUI QUAIS SERIAM OS PREÇOS PAGOS PARA REALIZAR ESTE COMPROMISSO.	ESCREVER AQUI A REAL SENSAÇÃO EMOCIONAL ESPERADA QUANDO ESTE COMPROMISSO ESTIVER REALIZADO.

- IKIGAI = é uma palavra japonesa que significa "razão de viver", "objeto de prazer para viver" ou "força motriz para viver". Existem várias teorias sobre essa etimologia. De acordo com os japoneses, todos têm (ou deveriam ter) seu Ikigai e descobrir qual é o seu requer uma profunda e, muitas vezes, extensa busca de si mesmo. Este conceito é suportado por uma imagem que o resume (vide abaixo) e que ajudamos a construir o seu durante a OLP;

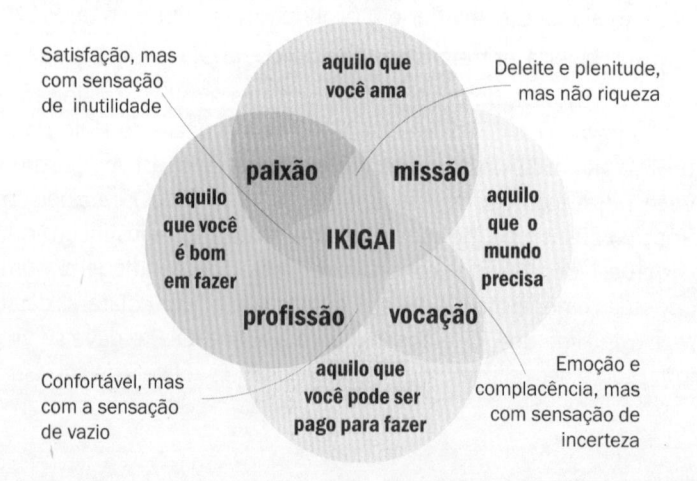

Satisfação, mas com sensação de inutilidade — aquilo que você ama — Deleite e plenitude, mas não riqueza

paixão — **missão**

aquilo que você é bom em fazer — **IKIGAI** — aquilo que o mundo precisa

profissão — **vocação**

Confortável, mas com a sensação de vazio — aquilo que você pode ser pago para fazer — Emoção e complacência, mas com sensação de incerteza

10. LEI DA VAGA LIMITADA

Se você acha que vai conseguir exatamente tudo aquilo que definiu como PROPÓSITO BEM DEFINIDO (ver LEI anterior) está redondamente enganado! Quer compreender por quê? Então, seja bem-vindo à LEI DA VAGA LIMITADA.

Nos últimos anos venho notando uma enorme quantidade de profissionais dizendo aos quatro cantos que BASTA fazer isto ou aquilo para que 100% dos objetivos almejados sejam conquistados. Isso definitivamente não é uma verdade e sequer merece alguma credibilidade quem fala esse tipo de coisa. É argumento de puro charlatanismo, mesmo que encontre eco na grande maioria das pessoas ouvir esse tipo de promessa vazia e irresponsável. Muitas pessoas, a quem até já contratei (só para ver mais de perto a forma de trabalhar do sujeito), são absolutamente "canalhas" (para não dizer outros adjetivos) e desprovidas de quaisquer conteúdos realmente infalíveis. O tempo é o único aliado da ética para essas pessoas, pois ninguém consegue sobreviver tanto tempo enganando tanta gente de forma tão absurda.

Infelizmente existem pessoas que não chegarão onde desejam e existem diversos motivos que justificam isto:

- O primeiro deles é que a pessoa pode simplesmente não MERECER aquela conquista porque ainda não fez tudo que tinha que fazer (ver LEI DO MERECIMENTO). Como um exemplo ilustrativo, posso citar a banalização com que a atividade de *coaching* se transformou, principalmente no Brasil (que é onde assisto os absurdos). É fato que recentemente muitas pessoas estão se "formando" em *coaching* depois de um curso de duas, três ou até quatro semanas, acabando por receber um Certificado bem elaborado que transforma a pessoa em CERTIFICADA para começar atendimentos, sem MERECER esta prerrogativa. Daí em diante os atendimentos começam a ser oferecidos e os estragos são maiores do que podemos imaginar. Já vi pessoas que beiram à demência, algumas pessoas com sérios problemas pessoais e até patológicos e ainda devidamente certificadas, fazendo atendimentos às pessoas com menor instrução e, por consequência disso, mais influenciáveis e vulneráveis às mazelas dessa irresponsabilidade. Atuar como *coach* requer um arcabouço de ferramentas que um mero curso de quatro semanas não será capaz de fornecer, por melhor que seja. Um profissional com formação em psicologia pode até fazer um curso bacana de *coaching* e acrescentará em uma determinada metodologia aprendida de atendimento todo o seu conhecimento de psicologia, ou seja, a formação anterior forneceria subsídios e ferramentas, sendo a formação de *coaching* apenas um complemento para alguém que já detém de um ou mais recursos e ferramentas disponíveis. A grande maioria dos que se intitulam *coaches* é na verdade efêmera na função por não merecer algo que se acha que foi conquistado, ou seja, acredita-se numa MENTIRA que apenas lhe é conveniente;

- O segundo motivo é que simplesmente não se desenvolveu, tampouco se desenvolverá um dia, a competência técnica ou mesmo comportamental necessária para o propósito, não porque não possa, não mereça ou porque não tenha capacidade, mas porque talvez não seja a sua real vocação. Fica risível (digno de riso) uma pessoa nitidamente sem vocação para ser cantor (por exemplo) insistir uma vida inteira para ser cantor. Esse tipo de pessoa até pensa que seu sonho é ser cantor, mas muitas vezes se comprova que o fator motivador para essa forte intenção fora a INVEJA de alguém e não um sonho ou propósito legítimo. É fundamental saber colocar-se em seu lugar e ter a consciência de que nem tudo que se admira pode se configurar como sendo possível. Prometer que tudo que se deseja é absolutamente possível caracteriza uma enganação que não posso compartilhar nem endossar. Claro que existem inúmeros exemplos de pessoas que conseguem alçar voos inimagináveis e que muitos de seus pares mais próximos sequer lhe davam ouvidos quando essa intenção era embrionária, mas é fácil perceber a diferença de uma pedra preciosa bruta que pode ser lapidada de uma borra de plástico que, mesmo bem tratada, nunca vai se tornar uma pedra preciosa lapidada. É enganar pessoas ao dar-lhes uma expectativa irreal ou altamente improvável, mesmo que possível. Gostei muito de uma abordagem de uma pessoa a quem assisti uma palestra (Daniela do Lago – www.danieladolago.com.br) que distinguia bem duas circunstâncias bastante pontuais, a saber:

- **Diferenças entre "fenômeno" e "padrão"** – é fundamental que se saiba distinguir o que é um "fenômeno", uma exceção à regra, e um "padrão", aquilo que se observa com muito mais frequência. Exemplo:

  - É possível ficar milionário como Steve Jobs ficou? A resposta é sim, é possível, mas ele foi um fenômeno e, com certeza, não é um padrão a ser esperado de todos os demais que fizerem exatamente o que ele fez;
  - É possível conseguir jogar tão bem futebol como Pelé conseguiu? A resposta é sim, é possível, mas ele foi um fenômeno e, com certeza, não é um padrão replicável a qualquer pessoa que o imite.

- O terceiro motivo é o que justifica esta LEI, uma vez que existe (ou pode existir) uma enorme quantidade de outras pessoas que podem estar concorrendo com você na conquista do mesmo propósito. E essa possibilidade, por si só, já é um fator importante para justificar a impossibilidade de chegar lá de forma infalível. Veja uma competição olímpica, por exemplo, onde isso fica muito claro, pois existem centenas e centenas de atletas desejando uma das tais 3 medalhas e somente 3 deles vão subir ao pódio. E mesmo entre estes 3, somente um ganhará a tão almejada medalha de ouro. O propósito bem definido talvez exista para todos, mas não existe a possibilidade de mais de uma única pessoa ganhar a medalha de ouro. Por este simples funil existir, não se pode prometer às pessoas que basta fazer determinada sequência de esforços e, por conta dessa disciplina, ser uma certeza que vai conseguir chegar lá.

À luz dessas perspectivas, existem muito mais motivos para não se chegar lá do que motivos para se chegar lá. Posso até dizer que "chegar lá" é muito mais uma exceção do que uma regra, além do que é muito mais "apesar de tudo" do que "por causa de tudo".

Mesmo que não fique tão clara assim a existência de VAGAS ÚNICAS, ou talvez valha a pena não ser tão radical assim e chamá-las de VAGAS LIMITADAS, ela é uma limitação real que existe em todos os PROPÓSITOS por mais amplos e genéricos que eles possam se caracterizar. Mesmo um simples propósito de formar-se numa boa universidade, embora isso pareça ser uma possibilidade para absolutamente qualquer pessoa, perceba que sempre existirá uma grande quantidade de pessoas que poderá ter este propósito muito bem definido, mas que não conseguirá a vaga para estudar, ou seja, haverá sempre, em qualquer situação, o time dos que CONSEGUIRAM e também haverá o time dos que NÃO CONSEGUIRAM. Você poderá estar num desses dois grupos e é assim mesmo, ou seja, isso é uma LEI e não há como contrariá-la. Dessa forma, e sendo assim mesmo que a "banda toca" no mundo real, como fazer para não desistir antecipadamente dada a existência desta LEI DA VAGA LIMITADA?

Muitas pessoas capitalizam a dura realidade desta LEI antes mesmo de procurarem executar as etapas preliminares de cada propósito bem definido. Alegam que o simples risco de não "chegar lá" as desmotiva de sequer iniciar o processo de busca. O MEDO de não conseguirem, de nadarem muito e simplesmente morrerem na praia é tão grande que sequer encontram motivação para percorrer toda a jornada. O NEGATIVISMO é um inimigo mortal do progresso e do desenvolvimento individual. O pensamento é a forma de energia mais altamente organizada e poderosa que conhecemos (vide LEI DO MASTER MIND). O pensamento NEGATIVO, então, é mais poderoso ainda. O desenvolvimento da confiança em si mesmo ou autoconfiança começa com o controle desse demônio que se chama MEDO, que diz o tempo todo: *"Não tem capacidade de fazer isso. Tem medo de fracassar. Tem medo de não conseguir".* De acordo com Napoleon Hill, toda pessoa herda a influência de seis MEDOS básicos, são eles:

- **MEDO DA POBREZA** – esse medo nasce da tendência inata do homem para dominar os seus semelhantes economicamente. De todas as eras passadas, sobre as quais sabemos alguma coisa, a em que vivemos parece ser a de maior adoração ao dinheiro. Nada há que proporcione mais sofrimento e humilhação do que a pobreza. Um homem pode cometer assassinato, roubo, estupro e todas as outras formas de violação dos direitos alheios e ainda gozar de um alto conceito entre os seus concidadãos, contanto que não perca sua fortuna. Portanto, a pobreza é quase um crime, um pecado imperdoável;
- **MEDO DA VELHICE** - esse medo provém principalmente de duas fontes. Primeiro, a ideia de que a velhice trará consigo a pobreza. Segundo, e é essa sua fonte mais comum, temem a velhice como sendo a aproximação de outro mundo, talvez muito mais terrível do que este em que vivemos e que, conforme sabemos, já é bastante mau;
- **MEDO DA CRÍTICA** - a forma exata como o homem adquiriu esse medo é de difícil, senão impossível, de determinar com precisão, porém, uma coisa é certa, ele sente esse receio em grau elevado. Alguns acreditam que esse medo fez o seu aparecimento mais ou menos na época em que surgiu a política. Napoleon Hill se sentia inclinado a atribuir a origem do medo da crítica à qualidade do homem que o leva não somente a tomar os bens do seu semelhante, como também a justificar tal ação, criticando o caráter do outro. A crítica não pode ser construtiva ou destrutiva a partir da intenção de seu emissor e sim somente a partir da capacidade de reflexão do receptor da mesma, ou seja, não é quem emite a crítica o responsável por rotulá-la como cons-

trutiva ou destrutiva e sim do criticado. Portanto, quem só aceita críticas construtivas, simplesmente tem MEDO;
- **MEDO DE PERDER O AMOR DE ALGUÉM -** a fonte que deu origem a esse medo pode ser descrita em poucas palavras, pois é mais que evidente que ela nasceu do costume adquirido pelo homem de roubar a mulher do próximo ou, pelo menos, dar-se a liberdade com ela. Quase não há dúvida de que o ciúme origina-se do medo de perder o amor de alguém. E parece razoável acrescentar que tal medo produz maiores devastações no espírito de um homem do que qualquer um dos outros medos básicos, pois, muitas vezes, conduz o indivíduo às formas mais violentas de loucura;
- **MEDO DA DOENÇA -** esse medo tem sua origem em grande parte nas mesmas fontes de que derivam os medos da pobreza e da velhice. Está sempre intimamente associado, pois também conduz à fronteira do mundo de horrores que o homem não conhece, mas do qual ouve falar;
- **MEDO DA MORTE -** para muitos, esse é o pior de todos. Os terríveis tormentos do medo da morte podem ser atribuídos diretamente ao fanatismo religioso. Por centenas de milhões de anos o homem vem perguntando, e até hoje sem respostas, "De onde vim? Para onde vou depois da morte?". A verdade é que ninguém sabe nem soube jamais de onde viemos ou para onde vamos depois da morte. Qualquer pessoa que adiante soluções para tais enigmas está iludindo a si mesma (uma leitura que recomendo fortemente a leitura é "A morte é um dia que vale a pena viver" - Ana Claudia Quintana Arantes).

Esses medos básicos precisam ser plenamente dominados a fim de que a autoconfiança seja desenvolvida e utilizada como propulsora da conquista dos propósitos. É fato que as faculdades mentais, como os membros corporais, se atrofiam quando não são utilizados. A confiança em si mesmo não faz exceção à regra. É por meio desse princípio de repetição que se forma o hábito que, depois de bem estabelecido, controla e dirige automaticamente as atividades de nosso corpo. É importante dirigir o pensamento com o objetivo de formar o hábito de confiar em si mesmo.

Deve-se, porém, ter o cuidado de aprender a distinguir a confiança em si mesmo, que é baseada no reconhecimento real do que sabemos e podemos fazer, e a arrogância, fundada apenas no que achamos que sabemos ou podemos fazer. A confiança em si mesmo é algo que nunca deve ser proclamada ou anunciada, exceto por meio da realização de feitos. Se tivermos confiança em nós mesmos, em torno de nós, todos reconhecerão isso. Deixemos que os outros façam a descoberta. Eles se sentirão orgulhosos da sua perspicácia e nós estaremos livres de ser considerados como arrogantes. A oportunidade forma afinidades mais rapidamente por meio da autossugestão do que por meio da arrogância. Não nos esqueçamos disso e deixemos que a nossa autoconfiança se expresse apenas por meio de um trabalho realizado discretamente. A confiança em si mesmo é o produto do autoconhecimento. Creiamos em nós mesmos, mas não digamos ao mundo o que podemos fazer. O que é preciso é demonstrá-lo.

Mesmo com toda esta abordagem que Napoleon Hill defende, e que eu corroboro, infelizmente a experiência, os estudos e até as pesquisas mais recentes associadas à Física Quântica demonstraram que não basta estarmos apenas autoconfiantes e controlando nossos medos para que nossos propósitos logrem êxito.

O livro publicado por Rhonda Byrne em 2006 (O SEGREDO) soou inicialmente como algo crível por meio de seu *best-seller*, difundindo o que se denominou de LEI DA ATRAÇÃO. Defendia ela que o mero PENSAMENTO POSITIVO se resumia em pensar, pedir, acreditar e simplesmente receber. O ato de receber, dizia Rhonda, é agir como se tivesse recebido, mesmo não tendo recebido. Depois desse engodo, surgiu outra obra, esta sim bem mais cuidadosa sob o ponto de vista científico. Trata-se do documentário (que depois virou livro) **What the Bleep Do We Know!?** Traduzido para o português com o título "QUEM SOMOS NÓS", o documentário está disponível em várias versões, algumas mais superficiais e outras mais detalhadas e profundas, que explicava bem melhor, a partir dos pressupostos da realidade quântica, de que não simplesmente atraímos o que pensamos, mas pensamos a partir do que fomos capazes de atrair, ou seja, somos reféns, e não protagonistas, de nosso modelo mental (vide LEI DO SER). Sendo assim, essas frágeis argumentações, de que basta PENSAR POSITIVO, não encontrarão eco em nossa abordagem e fortalecem ainda mais a LEI DA VAGA LIMITADA, embora deva reiterar que o contrário (pensar negativo) também não seja o caminho.

A LEI DA VAGA LIMITADA é implacável e não vai perdoar você, mesmo que com todas essas características descritas sejam uma realidade. Você pode ser a pessoa mais autoconfiante do planeta, o menos arrogante, o mais controlador dos diversos tipos de medo, o mais otimista de todos ao seu redor, que a LEI DA VAGA LIMITADA vai manifestar-se.

É exatamente por este motivo que a LEI DA VAGA LIMITADA tem que ser estudada com afinco, pois, embora seja uma dura realidade, é importante saber que existem três detalhes extremamente importantes. E estes três detalhes vão fazer você simplesmente compreender tudo. Veja abaixo e "respire" cada um destes três detalhes:

- O primeiro detalhe é reiterar o que já dissemos na LEI DO PROPÓSITO BEM DEFINIDO, ou seja, que mais vale o prazer por percorrer a trajetória, que por si só já vai lhe aperfeiçoar a área do OCTÓGONO DA VIDA, do que efetivamente chegar lá. Quem percorre a trajetória sem prazer e simplesmente o faz somente para "chegar lá", experimenta muito mais frustração do que alegria, mesmo que "chegando lá". Não é incomum ouvir de altos executivos que a vida toda trabalharam para chegar a um determinado nível hierárquico, "sofrendo" todo o percurso de merecimento para chegar lá e, quando efetivamente chegam no cargo desejado, amargam uma profunda sensação de vazio. Isso se justifica porque a jornada foi dolorosa ao invés de prazerosa;
- O segundo detalhe é que o mero percurso dessas trajetórias (de seus diversos propósitos) será assistido, observado, por uma infinidade de pessoas que você nem conhece. E que essa simples observação de alguém (que você ignora) o fará ser caracterizado como UM EXEMPLO para este alguém. Descobrir um dia que você serviu de exemplo para alguém, alguém que até pode ter chegado aonde você nunca chegou, é uma das melhores sensações que alguém pode relatar;
- O terceiro e mais importante detalhe é que a VAGA LIMITADA (ou vaga ÚNICA, sendo mais radical) é assim "por cada desafio enfrentado", ou seja, somente a cada desafio a VAGA é LIMITA-

DA, mas existe uma infinidade de chances que a vida lhe dará para desafiar-se e CONCORRER novamente àquela VAGA (única ou limitada). Há uma palavra, neste contexto, que nunca deve sair do pensamento do leitor. Essa palavra é PERSISTÊNCIA. Há uma frase que profiro recorrentemente à minha equipe e também a nossos alunos que diz: **A conquista de um propósito é apenas uma questão de frequência em desafiar-se!** Quem está preparado para "curtir" a jornada não participa da competição apenas para ganhar, mas para aprender com tudo que está acontecendo ao seu redor. A VAGA É LIMITADA sim, não há que fazer para mudar esta LEI, mas esta mesma LEI determina que haverá mais oportunidades para desafiar-se novamente e, quem nunca perde as oportunidades que lhe são oferecidas, numa dessas chances a VAGA LIMITADA lhe será MERECIDA. Portanto, desanimar-se por não ter conseguido lograr êxito é algo incompatível para alguém que compreendeu a LEI DA VAGA LIMITADA, uma vez que esta pessoa sabe que aquela oportunidade foi apenas uma dentre todas as chances que a vida vai lhe dar para MERECER a VAGA LIMITADA. E mesmo que se passe uma vida toda e não se consiga lograr êxito, mesmo estando presente em todas as oportunidades, pode ser que seu percurso tenha sido a inspiração para alguém chegar lá DEPOIS de você (o princípio de todo cientista que produziu conhecimentos transformadores da humanidade, subir no ombro de gigantes do passado que não transformaram nada).

Pense nisso e jamais desanime, mesmo que as possibilidades sejam absolutamente improváveis, principalmente porque o maior ganho está indubitavelmente no percurso da jornada. É aí que está a beleza da implacável LEI DA VAGA LIMITADA. Ela é a mais professora de todas as demais LEIS deste livro.

11. LEI DA ELASTICIDADE

Conceituar o que é aprendizado puro e as diferenças intrínsecas e extrínsecas entre Fatos & Versões fornecerá subsídios interessantes para compreender que a "substituição" de conhecimento é mais relevante do que somente adquirir novos conhecimentos. Será que você está preparado para enfrentar e acessar o antagônico como prática sistemática? Napoleon Hill chama esta lei de Pensar com Exatidão, mas nós preferimos rebatizá-la de LEI DA ELASTICIDADE e quero que compreenda o porquê.

A pior das circunstâncias é quando lidamos com pessoas sem base sólida para defender seus pensamentos. São pessoas dotadas de opinião própria, na maioria delas, dotadas de muita convicção sobre seus pensamentos e opiniões, mas, quando questionadas pela origem destas, é comum que a pessoa desconverse ou apenas diga que algum amigo lhe disse ou que houvera lido, não lembrando bem onde. Pode acontecer ainda, o pior de tudo, de afirmar que viu aquela informação ou opinião própria em algum programa de TV, caracterizando aquele tipo de conversa de "boteco", sem nenhum compromisso com a completeza da informação ou ainda com a veracidade da mesma.

Tenho observado que este tipo de comportamento não vem de pessoas sem base intelectual ou que não tiveram oportunidade para frequentar bancos escolares. Esses comentários são oriundos de pessoas com base acadêmica sólida e até com um bom nível de discernimento entre as boas e ruins fontes de informação.

O que explicaria então nossa constatação de superficialidade?

Tenho observado também que este comportamento não é de hoje e vem de muito tempo e a conclusão não poderia advir de uma interpretação leviana, pois, se eu cometesse este erro, eu mesmo teria sido vítima da armadilha da VERSÃO (opinião confortável sobre um fenômeno) e não dos FATOS (aquilo que não possa ser questionável quanto à sua veracidade). Minha indignação tinha que ser fruto de um estudo mais amplo e que pudesse comprovar, pelo menos em algum grau, aquilo que viria a ser minha abordagem sobre o assunto. Como todo estudo empírico, eu tinha uma hipótese sobre a causa desse hábito humano. Veja o que eu considerava:

> **AS PESSOAS APRENDEM AQUILO QUE QUEREM APRENDER E NÃO AQUILO QUE PRECISAM APRENDER. ESTE COMPORTAMENTO DESVINCULA O HOMEM DO COMPROMISSO COM OS FATOS APENAS LHE BASTANDO A VERSÃO MAIS APROPRIADA AOS SEUS VALORES E PRINCÍPIOS, ABSORVIDOS, NA GRANDE MAIORIA DAS VEZES, DE MANEIRA INCONSCIENTE E SEM QUALQUER QUESTIONAMENTO CATALIZADOR.**

É imperioso que eu explique melhor estas palavras. Será fundamental que façamos algumas divagações sobre o assunto para entendermos o que foi dito acima. Primeiramente deixe-me abordar alguns conceitos:

EMPIRISMO, ou simplesmente EMPÍRICO, consiste numa terminologia utilizada erradamente numa grande quantidade de literaturas disponíveis e talvez fosse a causa para eu mesmo utilizá-la de forma incorreta por muitos anos. A doutrina do empirismo filosófico foi definida explicitamente pela primeira vez pelo inglês John Locke no século XVII. Locke argumentou que a mente seria, originalmente, um "quadro em branco" (tabula rasa), sobre o qual é gravado o conhecimento, cuja base é a sensação. Ou seja, todas as pessoas, ao nascer, não sabem de absolutamente nada, não têm impressão nenhuma, não detêm conhecimento algum sobre nada. Todo o processo do conhecer, do saber e do agir é aprendido pela experiência, pela tentativa e erro. Historicamente, o empirismo sempre se opôs à escola conhecida como racionalismo, segundo a qual o homem nasceria com certas ideias inatas, as quais iriam "aflorando" à consciência e constituiriam as "verdades" acerca do Universo. A partir dessas ideias, o homem poderia entender os fenômenos particulares apresentados pelos sentidos. O conhecimento da verdade, portanto, independeria dos sentidos físicos. Alguns filósofos normalmente associados com o empirismo são: Aristóteles, Tomás de Aquino, Francis Bacon, Thomas Hobbes, John Locke, George Berkeley, David Hume e John Stuart Mill. Embora no geral seja relacionado com a teoria do conhecimento, o empirismo, ao longo da história da filosofia, teve implicações na lógica, filosofia da linguagem, filosofia política, teologia, ética, dentre outros ramos. Um conceito capital na ciência no método científico é que toda evidência deve ser empírica, isto é, depende da comprovação feita pelos sentidos. Geralmente, são empregados termos que o diferenciam do empirismo filosófico, como o adjetivo empírico, que aparece em termos como método empírico ou pesquisa empírica, usado nas ciências sociais e humanas para denominar métodos de pesquisa que são realizados através da observação e da experiência. Em outro sentido, a palavra pode ser usada na Ciência como sinônimo de "experimental" (a partir da experiência pessoal do estudioso) que, por decorrência desta, dá ao corpo teórico força adicional. Um conhecimento empírico nada mais é do que algo comprovado por experiências (algo decorrente de algum tipo de experimentação de observatório formal) e não consiste, portanto, numa abordagem irresponsável e sem qualquer tipo de comprovação. Trata-se de um conhecimento reconhecido, mas adquirido por meio da experiência e da observação, do que é defensável sob as lógicas argumentativas, mensuráveis e teóricas. É importante que se saiba que a grande maioria dos conhecimentos que nós temos hoje em dia, decorre do empirismo e nem por isso tem sido questionável sob o ponto de vista da aplicabilidade na maioria das circunstâncias do cotidiano. Mais de 90% do conhecimento que toda a humanidade detém pode ser considerado empírico;

CETICISMO é a doutrina que afirma que não se pode obter nenhuma certeza a respeito da verdade, o que implica numa condição intelectual de dúvida permanente e na admissão da incapacidade de compreensão de fenômenos metafísicos, religiosos ou mesmo da realidade. O termo originou-se a partir do nome comumente dado a uma corrente filosófica originada na Grécia Antiga. O ceticismo costuma ser dividido em duas correntes:

- **Ceticismo filosófico** - uma postura filosófica em que pessoas escolhem examinar de forma crítica se o conhecimento e percepção que possuem são realmente verdadeiros e se alguém pode ou não dizer se possui o conhecimento absolutamente verdadeiro;

- **Ceticismo científico** - uma postura científica e prática, em que alguém questiona a veracidade de uma alegação e procura prová-la ou desaprová-la usando o método científico (que inclui, mas não se limita ao empirismo).

PARADIGMA é a representação de um padrão a ser seguido. É um pressuposto filosófico, matriz, ou seja, uma teoria, um conhecimento que origina o estudo de um campo científico (que inclui, mas não se limita ao empirismo); uma realização científica (que inclui, mas não se limita ao empirismo) com métodos e valores que são concebidos como modelo; uma referência inicial como base de modelo para estudos e pesquisas. Thomas Kuhn, físico americano célebre por suas contribuições à história e filosofia da ciência, designou como "paradigmáticas" as realizações científicas que geram modelos que, por período mais ou menos longo e de modo mais ou menos explícito, orientam o desenvolvimento posterior das pesquisas exclusivamente na busca da solução para os problemas por elas suscitados. Em seu livro, a "Estrutura das Revoluções Científicas", apresenta a concepção de que "um paradigma é aquilo que os membros de uma comunidade partilham e, inversamente, uma comunidade científica consiste em homens que partilham um mesmo paradigma", e define "o estudo dos paradigmas como o que prepara basicamente o estudante para ser membro da comunidade científica na qual atuará mais tarde". Beto Hoisel chama atenção para o aspecto relativo da definição de paradigma, observando que enquanto uma constelação de pressupostos e crenças, escalas de valores, técnicas e conceitos compartilhados pelos membros de uma determinada comunidade científica num determinado momento histórico, é simultaneamente um conjunto dos procedimentos consagrados, capazes de condenar e excluir indivíduos de suas comunidades de pares. Mostra-nos como "o" paradigma pode ser compreendido como um conjunto de vícios de pensamento e bloqueios lógico-metafísicos que obrigam os cientistas de uma determinada época a permanecer confinados ao âmbito do que definiram como seu universo de estudo e seu respectivo espectro de conclusões admitidas como plausíveis. Paradigma, portanto, é uma verdade confortável cujo questionamento não seja viável, não se tenha disposição ou ainda não haja demanda pela força de sua aplicabilidade vivencial no ambiente em que se escolhe viver.

Feitas estas abordagens sobre EMPIRISMO, CETICISMO E PARADIGMA, creio que ficam mais tranquilas as argumentações seguintes que permeiam as diferenças entre FATO e VERSÃO.

FATO é a mais pura percepção dos fenômenos quanto à sua previsibilidade. Aquilo que é previsível e acaba acontecendo em realidade, transforma-se em conhecimento empírico ou científico que conclui que aquela previsibilidade era verdadeira, portanto, transformando a previsibilidade em "lei", diante da qual não adianta que discutamos, pois ela está acima de nossa vontade, cabendo-nos apenas constatar, assumir e utilizar a lei para alguma aplicação inteligente. Vejamos alguns exemplos.

É FATO comprovável que, se construirmos uma reta de quatro metros e ligarmos a uma de suas pontas, perpendicularmente, a outra reta de três metros, então, como conclusão inequívoca, obtida experimentalmente, o tamanho da reta que ligará as extremidades não ligadas da figura (denominada de hipotenusa) será de cinco metros (vide imagem seguinte). Não adianta "espernear" ou "questionar", pois isso é uma constatação da qual não cabe falar que discordamos ou a que poderíamos ter uma opinião diferente. Isso é assim e pronto, não cabe discutir. É FATO, simples assim.

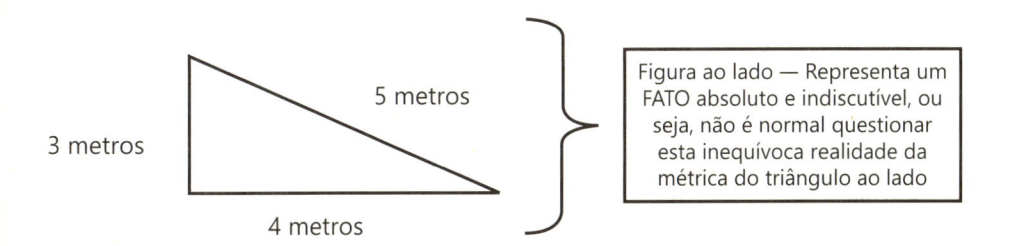

Figura ao lado — Representa um FATO absoluto e indiscutível, ou seja, não é normal questionar esta inequívoca realidade da métrica do triângulo ao lado

Diante do FATO anterior, normalmente pretende-se abstrair uma lei para dizer, por conclusão, que se construirmos então uma reta de seis metros e ligarmos a uma de suas extremidades, também perpendicularmente, a outra reta de cinco metros, então o tamanho da reta que ligará as extremidades (hipotenusa) não ligadas serão de sete metros, seguindo o mesmo padrão do FATO anterior. Será que esta abstração também é um fato? Vide figura a seguir.

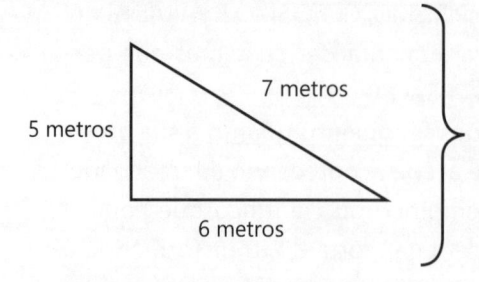

Figura ao lado — Representa um esforço para abstração e amplificação da realidade, no entanto esta conclusão não pôde ser comprovada em teste e, portanto configura uma **versão** acomodada que somente deixará de ser assim percebida se o responsável pela conclusão admitir e submeter-se a testes confirmatórios

Não. Não podemos afirmar isso, pois a conclusão acima é confortável demais e não se trata de FATO experimentalmente verossímil, mas apenas uma tendência humana que procura encontrar leis que generalizem a explicação dos fenômenos, mas que, não vindo acompanhada de outro FATO (sempre experimentalmente comprovável) será apenas uma elucubração irresponsável e desprovida de credibilidade. Se um triângulo de lado com 3 metros, ligado perpendicularmente com outro lado de 4 metros resulta inequivocamente em um terceiro lado (hipotenusa) com 5 metros (representação confirmatória do FATO), então, por lógica acomodada, a outro triângulo de lado com 5 metros, ligado perpendicularmente com outro lado de 6 metros, resultaria em um terceiro lado (hipotenusa) com 7 metros (uma versão simplista dos fatos).

A segunda afirmativa (uma versão) configura conclusão fruto de uma abstração bem intencionada da primeira (um fato), no entanto, irreal, mas que muitas vezes é absorvida como fato simplesmente por nunca ter sido testada. Isso acontece com diversos assuntos em muitas áreas do conhecimento e está, infelizmente, impregnado nas atitudes das pessoas nos seus diversos ambientes, sejam eles pessoais, profissionais e até de cunho íntimo. Veja a figura abaixo para ilustrar esta abordagem:

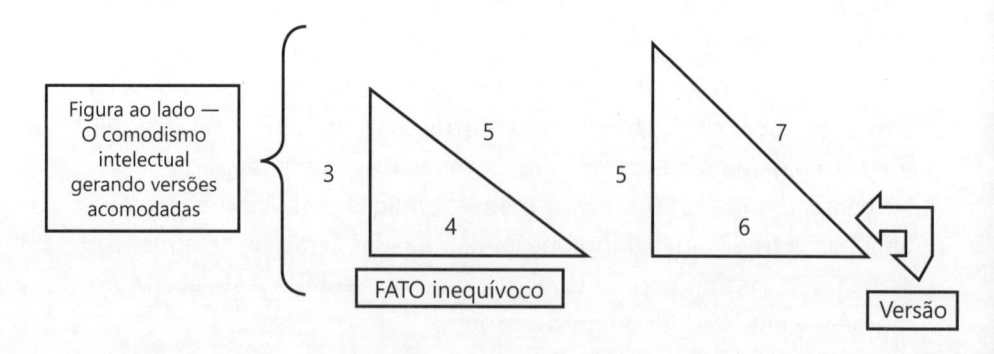

Figura ao lado — O comodismo intelectual gerando versões acomodadas

FATO inequívoco

Versão

Qual seria então o outro FATO que permitiria extrapolar a abstração da realidade (um lado de 3 metros, ligado perpendicularmente com outro lado de 4 metros, resulta inequivocamente num terceiro lado – hipotenusa - de 5 metros) para qualquer outro tipo de par de dados perpendicularmente desenhados (em forma de triângulo)?

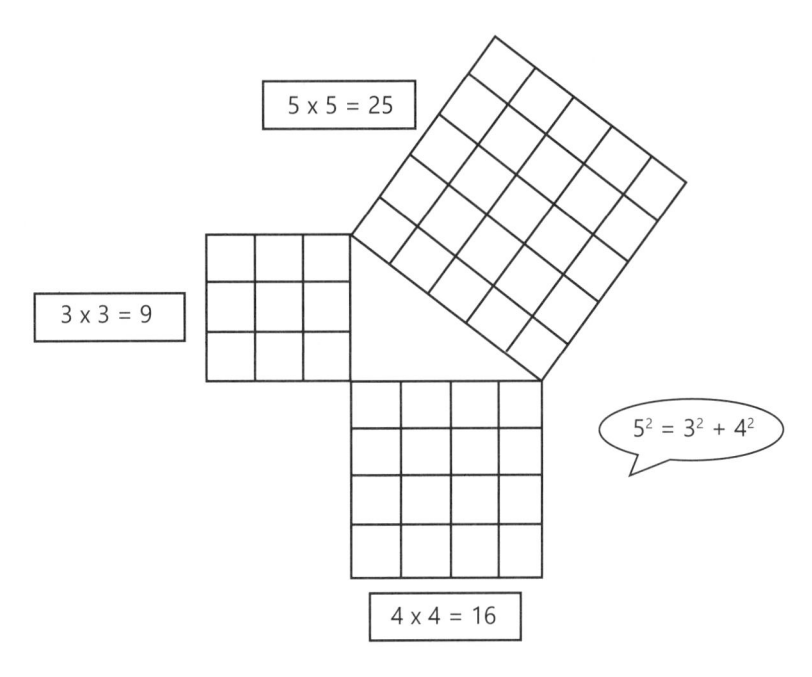

$5 \times 5 = 25$

$3 \times 3 = 9$

$5^2 = 3^2 + 4^2$

$4 \times 4 = 16$

Com o uso dessa lógica, obtém-se outra forma de pensar, mais fecunda, permitindo adivinhar qual seria o tamanho da ligação das extremidades não ligadas (hipotenusa) das retas de 5 metros com outra reta de 6 metros, ligadas perpendicularmente em suas extremidades (Figura abaixo representada a lógica matemática fecunda e representativa do fato). Com certeza, o tamanho desta reta não será 7 e sim 7,8. Isso é FATO!

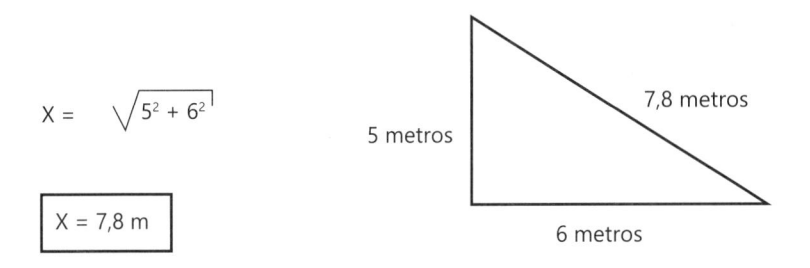

$X = \sqrt{5^2 + 6^2}$

$X = 7,8 \text{ m}$

7,8 metros
5 metros
6 metros

Observe que a fórmula foi fruto de um pensamento de um observador em busca de uma lógica verossímil para o fenômeno 3 ligado com 4 resulta em 5. Depois desta decodificação em lei então se retorna ao FATO de 5 ligado com 6 dá 7,8 (e não 7, como se concluiria acomodadamente).

Raciocinando a partir dessa nova abordagem, que teve origem testada e que se sustenta através dos tempos e da experimentação prática, podemos afirmar, e não "achar" ou "imaginar", que um lado de 12 metros, ligado perpendicularmente com outro lado de 16 metros, resulta num terceiro lado (hipotenusa) de 20 metros e não se fala mais nisso, pois é um FATO com origem e não fruto da "opinião" de alguém.

Se observarmos nos dicionários mais ortodoxos, constataremos que o significado da palavra "orgasmo" é: fórmula, surpresa, finalização (aquilo que vem no fim), cio, acompanhar uma lógica, excitação. Com essa informação, podemos dizer que a tão odiada "fórmula" aplicada no mundo dos cálculos não é nada senão o orgasmo intelectual do cientista que, a partir da observação das fenomenologias indiscutíveis da natureza, conseguiu abstrair uma lei que generaliza as possibilidades premonitivas (constatação extraída do material didático do curso Matemática Aplicada à Vida de Aguinaldo Prandini Ricieri). Não se trata de milagre divino ou adivinhação de mágicos, mas sim do simples exercício da inteligência humana, observável na natureza. Toda essa abstração serve apenas para demonstrar um exemplo do que seria FATO. Mas e a VERSÃO, como poderíamos defini-la?

Em síntese, a VERSÃO é a primeira INTERPRETAÇÃO DO FATO por nós assumida, sem qualquer questionamento catalisador, uma vez que não cabe discuti-la ou por que falta a nós a oportunidade experimental para testá-la na prática ou ainda por que confiamos sobremaneira na fonte de onde é oriunda aquela versão ou ainda por absoluto acomodamento intelectual. É assim que começamos a aprender em nosso mundo, exatamente quando nossos pais, com a melhor das intenções, começam a emitir as primeiras versões de seus modelos mentais, nem sempre efetivamente inquestionáveis ou, na maioria das vezes, incompletas, a tal ponto de truncar a possibilidade do uso eficaz do aprendizado.

Outro exemplo que exploro bastante em minhas intervenções é acerca da expressão MUITO OBRIGADO, que é utilizada pela grande maioria das pessoas como forma de agradecimento automático, mas sem saber o que realmente significa tal expressão. Para explicar esta abordagem é importante distinguir também o significado de FAVOR e de ORDEM. FAVOR é aquilo que se faz sem que se tenha a obrigação de fazer (configura uma gentileza) e ORDEM é aquilo que se faz porque existe claramente a obrigação de que seja feita (configura algo que deve ser obedecido). Se isso é assim, pense como as pessoas respondem a esse tipo de circunstância. Se se pede a alguém o FAVOR de fazer alguma coisa, a pessoa poderá responder com duas alternativas: SIM ou NÃO. Em contrapartida, quando SE MANDA que alguém faça alguma coisa como ORDEM a ser obedecida, a mesmo também poderá responder com duas alternativas: SIM ou NÃO. Entretanto, essas duas simples respostas (SIM ou NÃO) representam circunstâncias bem diferentes:

- **SIM a um FAVOR** = resposta ANORMAL, pois não é uma obrigação alguém fazer algo cuja obrigação não exista, ou seja, responder SIM a um pedido de FAVOR é uma excelente SURPRESA, pois não havia uma obrigação para execução do pedido;
- **NÃO a um FAVOR** = resposta perfeitamente NORMAL, pois não sendo uma obrigação alguém fazer algo cuja obrigação não exista, seria perfeitamente compreensível alguém dizer NÃO, ou seja, responder NÃO a um pedido de FAVOR é meio triste, mas não pode ser considerado decepcionante, uma vez que o pressuposto da palavra FAVOR é exatamente a não obrigatoriedade de responder SIM;
- **SIM a uma ORDEM** = resposta perfeitamente NORMAL, pois sendo uma obrigação alguém cumprir uma ORDEM, seria esperado alguém dizer SIM, ou seja, responder SIM a uma ORDEM é uma questão de respeito à superioridade de alguém por algum motivo;
- **NÃO a uma ORDEM** = resposta ANORMAL, pois não é esperado que alguém, cuja obrigação de obedecer exista, responda NÃO, ou seja, responder NÃO a uma ORDEM é uma péssima SURPRESA, pois havia uma obrigação para sua execução.

A partir dessa premissa, a melhor resposta a um FAVOR não deveria ser MUITO OBRIGADO, como normalmente o é, mas simplesmente AGRADECIDO. MUITO OBRIGADO não expressa absolutamente nada da essência do significado de um FAVOR. Entretanto, se formos pesquisar a origem do MUITO OBRIGADO, encontraremos o motivo da resposta, pois o FATO é que a resposta não terminava apenas com o mero MUITO OBRIGADO, a resposta completa era (veja a figura):

VERSÃO OU VERDADE

Muito Obrigado...? — ... estou EU em lhe retribuir algo que também não tenha obrigação de fazer!

CONTRATAÇÃO DE DÍVIDA

Não há de que...? — ... pois sei que, se EU precisasse, você faria o mesmo por mim.

CONSOLIDAÇÃO DA DÍVIDA

Observe que quem responde MUITO OBRIGADO compreende tão perfeitamente a essência de UM FAVOR que contrai uma dívida de retribuir algo cuja obrigação também não exista, ou seja, DEVE-SE um favor a quem lhe prestou um FAVOR. A resposta posterior ao MUITO OBRIGADO por quem prestou o FAVOR consolida a dívida, reforçando que só houvera feito aquele FAVOR porque, em situação contrária, confiava-se que as pessoas fariam o mesmo por ele. Interessante não é?! Se daqui para frente você não deseja mais contrariar esta dívida, basta responder MUITO GRATO e nenhuma contrapartida lhe será exigida.

Um último bom exemplo de versão é sobre aquela imagem, que a grande maioria das pessoas carrega no inconsciente coletivo, de uma mulher sendo puxada pelos cabelos pelo "homem das cavernas", que carregava também uma clava de madeira em sua mão (provavelmente para bater na mesma). Todas as mulheres, sem exceção (pelos menos em minhas experiências de sala de aula e de treinamentos que tenho dado), manifestam indignação quando se lembram desta cena. Dizem que a situação reflete a supremacia do homem perante a mulher daquela época, o machismo manifestado desde os primórdios da civilização humana, etc. No entanto, será que esta é o FATO?

Se estudarmos o comportamento do homem das cavernas, constataremos que se trata de um "necrófilo" (pessoa que faz sexo com pessoas mortas) e, por assim comportar-se, seria perfeitamente possível que aquela mulher estivesse **morta** e, por isso, sendo puxada pelos cabelos (pois os cabelos são dotados de energia eletrostática suficiente para não escorregar das mãos), além de ser a maneira mais fácil de carregar alguém morto (se é que algum leitor já teve a desagradável experiência de ter que carregar alguém morto). Se acreditarmos também nesta outra versão dos fatos, o homem das cavernas não a teria puxado pelos cabelos por maldade, mas por pura incompreensão do fenômeno da morte. Não saberia porque seu grande amor, aquela com quem fazia sexo, não mais estaria "quente" (daí a origem do termo "mulher fria" como representativa de "frígida" – estava morta) e não mais correspondendo as suas carícias masculinas. Carregava-a, mesmo que pelos cabelos, "por amor", não sendo mais capaz de lhe retribuir as carícias. Faz sexo com ela até a putrefação corpórea. Poderia ter desenhado aquela imagem dela (sendo puxada pelos cabelos) nas paredes de uma caverna (onde estes desenhos foram realmente encontrados) num esforço de comunicação na esperança de resgatar-lhe a atenção. A clava de madeira que carrega em sua mão poderia servir para ele defendê-la dos intrusos, que também a desejam para a prática da necrofilia, e não para maltratá-la, como muitos poderiam pensar. Numa interpretação poética da situação: não se trata de alguém machista, mas alguém que demonstra a mais pura fidelidade e lealdade para com a mulher amada.

Um animal irracional do sexo masculino não se comporta assim quando perde sua fêmea, até porque não consegue sentir o que o homem das cavernas sente: "o amor". A própria mulher nunca foi desenhada puxando seu amado morto pelos cabelos, pois nós homens sabemos que mortos não servimos para absolutamente nada neste sentido (rsrsrs).

Convido você a sentir a dificuldade de conviver com esta nova versão sobre esta imagem mental, sem questionar a versão anterior. Este é o nosso desafio com a LEI DA ELASTICIDADE. Qual seria o FATO e qual seria a VERSÃO? Nem sempre a primeira versão, que é normalmente aprendida e absorvida durante a nossa infância, reflete os FATOS.

O que podemos ter convicção é que o FATO é apenas uma única dentre todas as versões disponíveis. Jamais poderemos entender como FATO duas circunstâncias opostas ou diferentes entre si. Não existe o seu FATO nem tampouco o meu FATO. Tudo é uma questão de comodismo intelectual que faz com que desistamos de buscar a realidade prima, pois, se encontrada, poderia tirá-lo definitivamente do estado de conforto intelectual que lhe mantinha inerte. A "santa ignorância" pode ser o remédio para a sua felicidade ou a fuga definitiva para a mesma felicidade (ver LEI DA CORAGEM). É você quem sempre escolherá o caminho a perseguir. Buscar os FATOS, como perfeição máxima e explicativa da realidade inquestionável e verossímil, ou simplesmente acomodar-se nas VERSÕES que mais lhe confortam.

A grande causa dessa disfunção é que quando nascemos iniciamos um processo de absorção de informações sem precedentes e que acaba formatando nosso comportamento sem jamais estimular um processo crítico que venha a catalisar e consolidar as informações absorvidas (vide LEI DO SER). Os primeiros emissores dessas informações foram nossos pais, depois nossos amigos. Em seguida, foram os nossos professores, dentre muitas outras fontes de absorção ao longo de nossas vidas. Dentre alguns estudos e sondagens que fiz, encontrei dados que me deixaram indignado no que tange às versões que nos foram passadas e que foram descobertas irreais apenas muitos anos depois.

Querem ver como isso funciona? Vamos dar alguns exemplos dessas descobertas. O convite a seguir não é simples, tampouco de fácil assimilação, mas extremamente importante. Não se apegue à temática que vou adotar e apenas compreenda que a utilizei porque serve para absolutamente qualquer tipo de leitor, independentemente de sua denominação religiosa.

Imaginemos que você entre numa dessas livrarias modernas e encontre um livro em exposição com o seguinte título: **A ESTUPIDEZ DE ACREDITAR EM JESUS CRISTO.** Pergunto: Você compraria e leria este livro?

Eu sei que o título é forte e sequer deveria estar escrito aqui, numa literatura que prima pelo ecumenismo. Mas escolhi exatamente este título porque sabia que poderia promover em você, leitor, algum grau de desconforto e até de heresia. Tenho feito este teste com diversas pessoas que participam de minhas intervenções desde 1985 e o resultado é no mínimo curioso. Cerca de 80% destas pessoas não leriam o livro com aquele título. O que isso significa?

Significa que essas pessoas já têm uma versão interna que lhes satisfazem. E essas versões são tão consideradas como fatos, que sequer motivação existe, ou permissão (seria uma palavra mais representativa), para acessar aquela nova versão. Por que será que temos tanta rejeição aos assuntos que estão diametralmente opostos às nossas versões? Seria talvez demasiado arriscado e desconfortante acessar algo tão diferente? Ou seria simplesmente perda de tempo ler alguma coisa tão absurda?

Um comentário comum seria: *"Quem é este autor? Deveria ser linchado ou preso! Não pode ser considerado uma pessoa normal! Que absurdo!"*.

Não se trata de considerarmos fato ou versão o título do livro sugerido, mas de como as pessoas definem suas convicções e as confundem facilmente com os fatos, antes mesmo de acessarem as fontes de informações disponíveis. Não se permitem ler o livro para, depois, massacrá-lo. Fazem-no por antecipação, sem acessar aquele conhecimento.

Numa oportunidade, estava eu ministrando uma palestra quando fiz esta provocação à plateia e uma pessoa achou muito interessante a provocação e disse que aquele livro existia e não era mera metáfora de minha parte. Como estávamos num auditório de uma grande livraria brasileira, logo foi até as prateleiras e me trouxe o seguinte livro: DEUS, UM DELÍRIO (Richard Dawkins – Ed. Companhia das Letras). Logo me vi na berlinda, sendo nitidamente testado quanto a minha capacidade de render-me à LEI DA ELASTICIDADE. Ou compraria o livro para exercitar a LEI ou simplesmente faria o que todos fazem quando veem uma obra antagônica. Comprei o livro, é obvio, e o li com gula. Foi aí que tive que aprender um detalhe que me tirou totalmente da zona de conforto.

Descobri que RELIGIÃO é completamente diferente de RELIGIOSIDADE.

RELIGIÃO é um processo relacional desenvolvido entre o homem e os poderes por ele considerados sobre-humanos, no qual se estabelece uma dependência ou uma relação de dependência. Essa relação se expressa através de emoções como confiança e medo, através de conceitos como moral e ética e, finalmente, através de ações (cultos ou atividades preestabelecidas, ritos ou reuniões solenes e festividades). A Religião é a expressão de que a consciência humana registra a sua relação com o inefável, demonstrando a sua convicção nos poderes que lhes são transcendentes. Essa transcendência é tão forte que povoa a cultura humana. Dissemos que a Religião (do grego religare) é o processo de interligação do ser humano com o criador. O ser religioso é um fanático, que não necessariamente compreende e não respeita a RELIGIÃO do próximo. Ele se torna intolerante e não aceita as práticas religiosas de outros indivíduos, considerando o seu caminho único e inquestionável. Acontece, com isto, que alguns sistemas religiosos podem gerar indivíduos de religiosidade, mas, como os religiosos, se apegam ao poder e às fórmulas, tendem a manipular as mentes atormentadas e sofredoras, obrigando a todo aquele que não esteja em sintonia com seus ideais a se tornarem submissos. Daí as crises e a intolerância religiosa. Os religiosos são de fato os grandes causadores de problema, aliados aos seus sistemas religiosos.

Já a RELIGIOSIDADE é uma qualidade do indivíduo que é caracterizada pela disposição ou tendência do mesmo, para perseguir a sua própria RELIGIÃO ou a integrar-se às coisas sagradas. Precisamos diferir o ser possuidor de religiosidade do religioso, que é fruto do sistema religioso. Não raro observamos este ou aquele sistema religioso apregoar ser o caminho de transformação da humanidade. Em verdade ele poderá ser **"Um" caminho** e não **"O" caminho** porque um sistema expressa as necessidades dos elementos constituintes do seu conjunto. Em decorrência disso, não existe o melhor sistema religioso, mas o que mais se adéque ao entendimento e ao despertamento de consciência do indivíduo que o procura. Religiosidade é a **BUSCA** não o **ENCONTRAMENTO** (vide LEI DA CONSILIÊNCIA).

Estima-se que cerca de 80% dos cristãos NUNCA leram a Bíblia, sendo que 98% dos quais não a leram completamente, mas apenas 2% não têm Bíblia em casa. Talvez seja o livro mais vendido do mundo, mas muito pouco lido efetivamente. Cerca de 50,68% dos pastores e líderes nunca leram a Bíblia Sagrada por inteira pelo menos uma vez (pesquisa feita por Oswaldo Paião, editor e jornalista da Abba Press & Sociedade Bíblica Ibero-Americana). Outro estudo realizado pela LifeWay Research, nos Estados Unidos, relevou detalhes sobre o comportamento dos cristãos. A pesquisa, que revelou que 90% dos fieis afirmam que "desejam agradar e honrar a Jesus em tudo o que faz", mostrou também que apenas 19% daqueles que frequentam a igreja leem a Bíblia diariamente. O estudo de "Discipulado Transformador", conduzido pela LifeWay Research, mede o crescimento espiritual em cada uma das áreas de desenvolvimento da vida cristã e, apesar de mostrar que 59% afirmam: "Ao longo do dia eu me pego pensando nas verdades bíblicas", a maioria dos cristãos não tem o hábito de ler a Bíblia todos os dias. Apesar das afirmações mostrarem uma vontade em agradar a Deus, 18% dos fieis afirmam não ler a Bíblia todos os dias. Cerca de 26% dizem que leem a Bíblia algumas vezes na semana, 14% dizem uma vez por semana e 22 % pelo menos uma vez por mês. Segundo o *The Christian Post*, o estudo mostrou que apenas 19% dizem ler a Bíblia todos os dias.

Se contarmos quantos são os cristãos na população de nosso planeta (mais de 7.420.000.000 de pessoas) veremos que são uma minoria (veja o diagrama a seguir), cerca de 2.200.000.000 (20,65%). Os católicos (1.260.000.000) contam pouco mais apenas que os ateus/agnósticos (1.125.000.000) e que os islâmicos (1.610.000.000). No mínimo curioso, não é? Se hoje tivéssemos uma eleição em dois turnos do líder do planeta, Jesus Cristo perderia feio (rsrsrs). Paradigmático, não é?

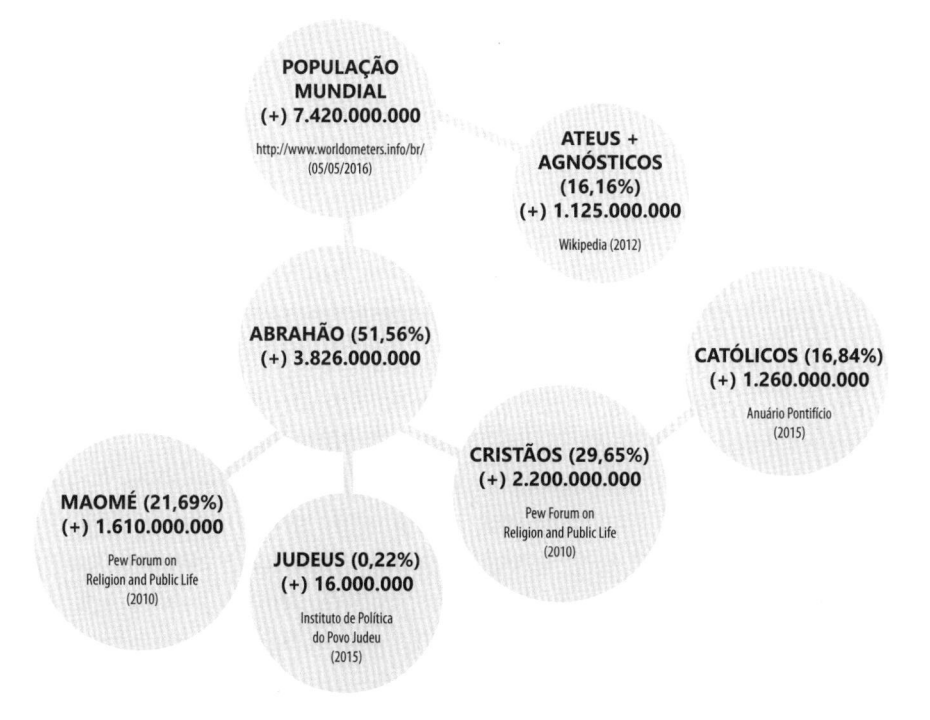

POPULAÇÃO MUNDIAL
(+) 7.420.000.000
http://www.worldometers.info/br/
(05/05/2016)

ATEUS + AGNÓSTICOS
(16,16%)
(+) 1.125.000.000
Wikipedia (2012)

ABRAHÃO (51,56%)
(+) 3.826.000.000

CATÓLICOS (16,84%)
(+) 1.260.000.000
Anuário Pontifício (2015)

MAOMÉ (21,69%)
(+) 1.610.000.000
Pew Forum on Religion and Public Life (2010)

JUDEUS (0,22%)
(+) 16.000.000
Instituto de Política do Povo Judeu (2015)

CRISTÃOS (29,65%)
(+) 2.200.000.000
Pew Forum on Religion and Public Life (2010)

Este tipo de possibilidade é o que aborda a LEI DA ELASTICIDADE. Não se pode admitir ignorar as coisas que não concordamos, pelo contrário, são as opiniões adversas (e até ofensivas) é que devem ser a mira para leitura e estudo, pois somente através desta abertura é que realmente encontraremos os CONTRAPONTOS NECESSÁRIOS para chegarmos a conclusões próprias.

Quem já viveu a experiência de fazer algum curso de mestrado acadêmico sabe que a essência da dissertação acadêmica é ler autores que discordem de sua pergunta problema, exatamente para que se tenha um contraponto e testar se aquilo que se pretende escrever é realmente resistente aos contrapontos disponíveis.

Esta resistência a ACESSAR O ANTAGÔNICO é a resistência típica da LEI DA ELASTICIDADE. Todas as pessoas, ou quase todas as pessoas, são ávidas por mudanças, mas entendem que a mudança precisa acontecer no outro e não em si próprio. A falta de conhecimento multidisciplinar e genérico, principalmente com componentes de contraponto, limita as pessoas às conclusões das versões que mais lhe sejam confortáveis ou convenientes, mantendo-as num estado de alienação limitante.

Reflita sobre a metáfora a seguir. Admita que lhe fora ensinado na sua primeira aula de matemática, vindo daquele professor que você acredita cegamente e que lhe houvera dado aulas muito interessantes, que $1 + 1 = 3$. Partindo do pressuposto que, sendo a sua PRIMEIRA aula de matemática na vida e que o professor é de confiança máxima, é provável que você simplesmente ACEITE aquela informação como fato inquestionável e todos os demais presentes, na mesma premissa, achariam aquilo perfeitamente razoável, pois tiveram a sensação de um real aprendizado. Antes daquela aula você e seus colegas não sabiam que $1 + 1 = 3$ e, agora, estão melhores, pois aprenderam algo mais e é esta a função da escola, é para isso que você frequentou a escola. Logo mais à frente você submeter-se-á a uma prova e quando o professor perguntar "Quanto é $1+1$?", você, sem pestanejar (pois estudara bastante), lembrar-se-á daquela aula e responderá, sem titubear: $1 + 1 = 3$. Perfeito. O professor fará a correção e lhe devolverá a prova com um dos comentários que vai destruí-lo para sempre, a saber:

30 Leis do Olho de Tigre

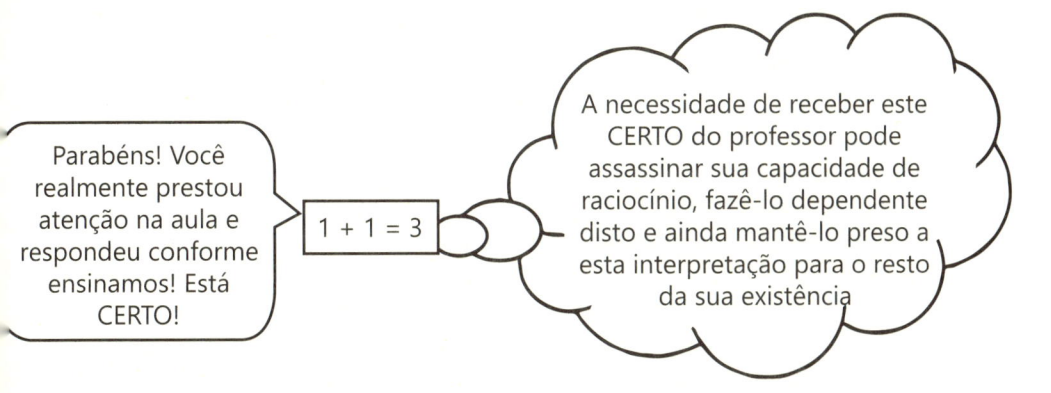

> Parabéns! Você realmente prestou atenção na aula e respondeu conforme ensinamos! Está CERTO!

$1 + 1 = 3$

> A necessidade de receber este CERTO do professor pode assassinar sua capacidade de raciocínio, fazê-lo dependente disto e ainda mantê-lo preso a esta interpretação para o resto da sua existência

Aquele sinal de "certo" traz a convicção total de que você realmente ACERTOU, de fato, e isso o deixa muito feliz, a ponto de mostrar para seus pais o quanto está se saindo bem na escola. O grande problema é que o dia que compreender que 1 + 1 = 2 e não igual a 3 (poderá passar uma vida toda com a interpretação primária). A partir do instante em que descobre que diversas versões podem não ser representativas dos fatos, você viverá um drama, semelhante ao nosso drama quando também nos deparamos com uma série de conceitos antagônicos e que podem representar um paradigma muito difícil de ser assimilado. ELASTICIDADE é o que lhe sugerimos, apenas ELASTICIDADE.

Mas vamos continuar neste drama de consciência, pois deverão acontecer coisas ainda mais malucas com você que aprendeu agora que 1 + 1 = 2 e não igual a 3. Agora você consegue ponderar como é forte a nova interpretação, pois você não se permite mais o convívio natural com a versão antiga e errada de que 1 + 1 = 3. Essa consciência o transformará enquanto pessoa e diante das circunstâncias de vida. Não lhe seria difícil encontrar alguém daquela turma que estava naquela aula (de tempos passados) e que também tenha acertado na prova que 1 + 1 = 3. Quando isso acontecesse, você, que entendeu que 1 + 1 = 2 (e não 3) procuraria explicar o erro em que seu amigo está mergulhado há tantos anos. No entanto, seus argumentos têm uma grande chance de não ser bem-sucedidos para com este seu ex-colega de classe, gerando discussões menos simpáticas devido à resistência dele em aceitar que 1 + 1 = 2 e não igual a 3. Ao final de tanta discussão, você poderá vivenciar algo parecido com este diálogo:

Amigo – **Você está sendo muito radical. Não sabe respeitar a opinião dos outros? 1 + 1 = 3. Você sabe disso. Aprendemos assim juntos em sala de aula já faz muitos anos. Acertamos até aquela prova e tiramos 10.**

Você – **Não se trata de ser minha ou sua opinião. O fato é fato e não há o que questionar. Eu já lhe mostrei: 1 + 1 = 2 e nunca, jamais mesmo, este resultado poderá ser 3.**

Amigo – **Minha Nossa Senhora! Você mudou muito. Não era tão prepotente assim. Parece dono da verdade. Vou lhe dar um conselho. Essas coisas não se discutem. Você respeita a minha opinião e eu respeito a sua. Vamos tomar uma cerveja para comemorar o nosso reencontro.**

Você – **Não é possível que você não esteja conseguindo enxergar. Preste atenção novamente e largue mão de ser teimoso: 1 + 1 = 2. Enxergue isso pelo amor de seus filhos e deixe de ser louco.**

Amigo – **Querido, eu sei que você sempre foi meu grande amigo, mas agora você passou dos limites e me chamou de louco e teimoso. E isso já é demais. Fique aí tentando mudar o mundo que eu vou embora. Até logo e veja se procure um médico, você parece estar estudando demais, já está afetando a sua razão.**

A probabilidade de ser assim é muito grande. Você não vai conseguir facilmente trazer seu amigo a um mundo diferente do dele. Ele nem sempre terá tomado a decisão de acessar as coisas que lhe tiram da zona de conforto. Aliás, a partir de agora você não mais conseguirá chamá-lo de amigo, pois o convívio com ele deixou de ser agradável. Você passou a considerá-lo pessoa limitada e que não mais lhe dá prazer tomar uma cerveja. Você acabará por restringir suas amizades com base nas limitações intelectuais em não conseguir acessar informações diferentes e limitarem-se, durante toda a vida, no conforto da primeira versão. Esta metáfora pode parecer maluca, mas ocorrem todos os dias coisas bastante assemelhadas.

O simples fato de estar lendo todo este conteúdo das 30 LEIS DO OLHO DE TIGRE já o inicia na LEI DA ELASTICIDADE, entretanto será necessário um compromisso muito maior. Preciso que você esteja disposto a substituir conhecimentos, isto é, trocar o que já existe dentro de você, normalmente enraizado como verdade absoluta, inquestionável, para poder absorver tudo aquilo que lhe está sendo oferecido. Já diziam os orientais: *"Num copo cheio de água não cabe mais água"*.

Umas das escalas do Teste EQ-MAP (desenvolvido por Roberto Cooper / Ayman Sawaf / Esther M. Orioli / Karen Trocki) para mapeamento e especificação das competências emocionais (disponível gratuitamente em nosso site https://olhodetigre.com.br/eq-map/), descreve o traço comportamental que chamamos de ELASTICIDADE (escala 8), que nada mais é do que a capacidade de aceitação em voltar atrás, ser resiliente, mudar de opinião, desaprender ao invés de somente aprender, **acessar o contraditório como prática sistemática**, retendo um senso de curiosidade e esperança sobre o desconhecido, mesmo quando representa uma adversidade e incompatibilidade explícita. Uma pessoa com esta escala em nível vulnerável ou de atenção tende a priorizar a coerência em detrimento de novos aprendizados. Neste mesmo Teste EQ-MAP existe outro traço que compete (concorre) com a ELASTICIDADE e que chamamos de INTEGRIDADE (escala 16 – vide LEI DA TOLERÂNCIA), que mede quando seus lados intelectual, emocional, espiritual e criativo se encaixam de uma forma coerente e inteiramente sincronizada, trabalhando para apoiar ainda mais seus valores e princípios pessoais, sem muita disposição em questioná-los. Essa dualidade existe o tempo todo dentro de nós, pois temos 4 circunstâncias possíveis na combinação desses dois traços, a saber:

- **INELÁSTICO E ÍNTEGRO** – Altamente restrito às versões confortáveis internas, portanto dotado de ceticismo arraigado e com alto grau de submissão aos seus próprios valores pessoais. Esta pessoa não aceita que é teimosa ou inflexível, mas apenas diz que, em havendo argumentos para lhe convencer, ela será convencida, o que é quase impossível, pois sequer aceitaria pesquisar temas que contrariam claramente suas convicções. Este perfil quase não aprende mais e está focado em apenas ensinar ou GRIFAR o conhecimento já existente;

- **INELÁSTICO E INCOERENTE –** Altamente restrito às versões confortáveis internas também, portanto dotado de ceticismo arraigado, mas agora com baixo grau de submissão aos seus próprios valores pessoais, que inexistem ou que não expressam tanta convicção. Esta pessoa não aceita que é teimosa ou inflexível, mas, diferentemente do perfil anterior, não tem argumentos suficientes para justificar seus antagonismos. Este perfil é considerado "mimado" porque é simplesmente "do contra" e não consegue conviver com pessoas que discordam dela, adotando a postura de "reclamão infantilizado";

- **ELÁSTICO E INCOERENTE –** Altamente aberto a acessar e refletir acerca das suas próprias versões confortáveis internas, portanto dotado de grande capacidade de voltar atrás e de acessar o contraditório, até porque seu baixo grau de submissão aos seus próprios valores pessoais, que inexistem ou que não expressam tanta convicção, facilita esta abertura toda. Este perfil é considerado "volúvel demais" e sem opinião própria acerca de nada, portanto altamente influenciável;

- **ELÁSTICO E ÍNTEGRO –** O perfil que realmente compreendeu a LEI DA ELASTICIDADE, ou seja, altamente aberto a acessar e refletir acerca das suas próprias versões confortáveis internas, portanto dotado de grande capacidade de voltar atrás e de acessar o contraditório e ainda com alto grau de submissão aos seus próprios valores pessoais. Este perfil é aquele que mantém vivo um senso de curiosidade para experimentar as coisas, principalmente as antagônicas, e somente depois dessa experimentação pessoal é que alguma conclusão poderá ser tomada. Uma pessoa que teria todas as justificativas conceituais para não acessar o contraditório (pois detém de fortes princípios pessoais), mas ainda assim seu senso de curiosidade a mantém calma e sob controle para visitar o antagônico com a liberdade necessária para se permitir mudar de opinião (ou não), sendo uma decisão livre, plena, depois da experimentação. Um verdadeiro exemplo a ser seguido.

Não quero também que absorva cada conceito sem questionamentos. Pelo contrário, pretendo que suas leituras e suas vivências, aliadas à sua intelectualidade, possam contribuir para a melhoria de seu desempenho e de todos que estejam à sua volta. As próximas LEIS serão complementares ao que estudamos na LEI DA ELASTICIDADE. E pode estar convicto que vai precisar de muita ELASTICIDADE para absorver tudo que está por vir.

12. LEI DA HERANÇA COMPORTAMENTAL

Como já falamos anteriormente, o modelo mental vigente é 50% herança genética dos nossos pais e os demais 48% decorrente da ambiência em que se vive até os 7 anos de idade. Todo o livro aborda as possibilidades de alterar este modelo mental (*mindset*) por meio das experiências vivenciais (não somente intelectuais cognitivas) que produzem as ressinapses (vide LEI DO SER).

Este capítulo é para falarmos um pouco destes 50% do qual você foi realmente vítima (como toda a humanidade) e de parte destes 48% que reflete grande maioria do tempo (uma vez que se refere até os 7 anos de vida) na convivência com seus pais legítimos ou pais substitutos. Pais legítimos são aqueles com quem você teve herança genética. E pais substitutos, quando existem, são aquelas pessoas que assumiram funções de pais legítimos por relevante parte do tempo.

O importante é capitalizar aqui o que aconteceu com você para ser o que você é e qual fragmento de seu SER seus pais têm grande responsabilidade. É sabido que grande parte das descompensações comportamentais se deve a fatos acontecidos na infância. E agora você compreende porque, pois até os 7 anos de idade todas as sinapses estão em franca conectividade. Dessa forma, tudo que aconteceu neste período terá um impacto muito relevante em sua forma de sentir e perceber o mundo.

Um dos treinamentos vivenciais mais importantes que eu percorri para contribuir com meu processo de evolução comportamental foi específico sobre essa questão de herança comportamental dos pais. Trata-se do trabalho de Cláudio Naranjo, que, depois de abandonar a África ao final de 1970, começou a dirigir as atividades de um grupo que incluía sua mãe, antigos aprendizes de Gestalt e alguns amigos pessoais. No contato com esse grupo de chilenos, adquiriu a experiência e confiança necessárias para iniciar seu trabalho posterior em Berkeley, em setembro de 1971. Este trabalho começou como uma improvisação e terminou se convertendo em um programa em torno do qual estabeleceu-se uma entidade não lucrativa chamada INSTITUTO SAT. Depois de um tempo, a função de Naranjo neste grupo foi a de um desenhador de processos e supervisor de um conjunto de atividades colocadas em prática por seus aprendizes e por uma série de convidados. Entre eles, Zalman Schachter, Dhiravamsa, Ch'u Fang Chu, Sri Harish Johari e Bob Hoffman. Este último, Robert (Bob) Hoffman, desenvolveu depois sua própria iniciativa na mesma linha de Cláudio Naranjo, que denominou de PROCESSO HOFFMAN DA QUADRINIDADE, uma franquia que hoje existe em diversos países e com quem eu fiz minha formação.

Um dos conceitos mais importantes que estes autores descobriram, eu tomei a liberdade de considerar uma LEI porque realmente acontece com 100% da humanidade. É o que Bob Hoffman chama de SÍNDROME DO AMOR NEGATIVO. Vamos procurar explicar.

Bob Hoffman defende que, infelizmente, os líderes mundiais (bem como os tiranos) vivem sua negatividade nas suas ações, reações e interações, assim como todos nós. O genocídio de Adolf Hitler contra os judeus foi um dos mais extremos exemplos dessa insanidade. Dra. Alice Miller, psicanalista suíça, no seu livro *For Yor Own Good*, acompanhou a negatividade de Hitler a partir de sua infância e demonstrou como ele foi negativamente programado para poder tornar-se capaz de cometer tantas atrocidades contra a humanidade. Portanto, Bob dizia imperativo trazer à luz e desenraizar todas as causas do AMOR NEGATIVO que levaram a esse tão monstruoso e devastador comportamento, influenciando as crianças de hoje, líderes do futuro, a guiarem a humanidade por um caminho mais construtivo e menos destrutivo.

Parece fácil compreender por que, quando crianças, imitávamos os comportamentos e traços positivos de nossos pais, o que parece estranho e mais difícil compreender é por que imitávamos os comportamentos negativos também. De um modo ou de outro, internalizamos os nossos pais, pelo menos em algum grau, quando eramos crianças.

Quantas vezes você se depara fazendo coisas que são idênticas aos comportamentos de papai ou de mamãe? A este fenômeno Bob Hoffman denominou de SÍNDROME DO AMOR NEGATIVO como sendo a adoção dos comportamentos, atitudes, admoestações (explícitas e implícitas) e traços negativos de nossos pais legítimos ou pais substitutos como forma de COMPRAR o amor incondicional deles e a ação compulsiva desses traços durante sua própria vida. Os filhos / filhas adotam 3 parâmetros para se tornarem o que são:

- Imitam os comportamentos, humores e atitudes dos pais na esperança de que eles os amem caso sejam exatamente como os pais são;
- Em algum nível subconsciente até sabem que os traços negativos deles não os trazem plenitude, mas, mesmo assim, adotam esses traços por vingança, exatamente para machucá-los e puni-los;
- Sentem, então, subliminarmente, algum tipo de culpa por machucarem seus pais e vergonha por acreditarem que não são boas pessoas, provendo uma autopunição, reiterando assim os mesmos comportamentos de forma autônoma e prejudicando a conquista da plenitude.

Uma frase contida no livreto que nos fornecem durante o PROCESSO reproduzo aqui: *O Amor Negativo é lógica ilógica, sentido sem sentido, saudade insana e masoquisticamente verificável. Qual outra razão haveria para se optar por este comportamento? Só podemos ganhar se perdermos. E, o que é pior, os nossos filhos também sofrem, pois passamos estes comportamentos para eles novamente, como um ciclo sem fim de imaturidade emocional.*

A ideia básica é descrever aqui que esta SÍNDROME afeta todos os seres humanos de forma indiscriminada, é uma LEI que redenomino de LEI DA HERANÇA COMPORTAMENTAL e que só poderá ser alterada caso você ACORDE para essa realidade (o que espero esteja acontecendo exatamente agora) e que promova um autopercurso de amadurecimento comportamental. Este livro inicia esta jornada, mas com certeza ela é sua e seus caminhos somente você poderá definir, pois ele não tem fim (vide LEI DA CONSILIÊNCIA, última desta obra).

Para Bob Hoffman existem três etapas para reagir a SÍNDROME DO AMOR NEGATIVO:

1. Assumir que os traços de nossos pais realmente existem em nosso próprio comportamento como forma de comprar o amor incondicional deles;
2. Identificar quais são esses traços (podem ser inúmeros) e promover uma rebelião contra eles, estabelecendo um conflito que fragilizará o traço admoestador e fortalecerá o traço substituto (uma efetiva reprogramação neurossináptica citada na LEI DO SER);
3. Perdoar os pais por terem feito o que fizeram, pois tinham culpa sem nunca terem sido culpados.

O PROCESSO HOFFMAN promete percorrer essas etapas e Bob Hoffman cria o termo QUADRINIDADE para representar a sua interpretação dos aspectos do SER como sendo quatro: físico, emocional, intelectual e emocional. Nossa proposta complementa os 4 aspectos de Bob Hoffmann e propõe outros 4, caracterizando assim os oito aspectos que consideramos alvo do PROPÓSITO BEM DEFINIDO através do OCTÓGONO DA VIDA que vimos anteriormente.

Compreender esta LEI fará você adotar experimentações vivenciais, em detrimento ao mero aprendizado cognitivo, para compreender como se processa a maturidade comportamental genuína e libertadora.

13. LEI DA VONTADE

O que sempre nos diferiu dos animais é a característica de sermos racionais. Isso é óbvio, mas uma das características que complementam essa RACIONALIDADE é a que será tratada aqui na LEI DA VONTADE, ou seja, o homem é o único ser vivo que tem a capacidade de fazer com que a VONTADE , ou seja - de fazer com que a VONTADE supere fortemente a INTELIGÊNCIA.

Confesso que os fundamentos que parametrizam esta LEI DA VONTADE, que trataremos agora, NECESSITA que preliminarmente eu conte uma metáfora importante que nos exigirá bastante cuidado e atenção, pois as coisas que serão relatadas são conceitualmente importantes de serem plenamente compreendidas, mesmo que num sentido figurado, e necessitam de uma ordem de explanação que não foram nas mesmas ordens pelas quais eu próprio tomei conhecimento de seu conteúdo, configurando a difícil tarefa de expor tais correlações numa ordem didática e que facilite a compreensão por parte do leitor. Elucubrações à parte, vamos à metáfora.

Somos diferentes dos animais exatamente pelo fato de serem eles considerados irracionais e nós, os humanos, sermos considerados racionais. Qual característica pertinente somente a nós terá nos privilegiado e nos considerado merecedores dessa transformação em seres racionais e não ter oportunizado a eles também, os outros animais, tal transformação, aprisionando-os na condição de irracionais eternos?

Deve haver alguma explicação e eu a tenho buscado de maneira obstinada. Foi estudando os primórdios da história do homem, mais especificamente o comportamento dos nômades, que encontrei uma maravilhosa resposta, mesmo que incompleta, mas que configura uma narrativa metafórica, no mínimo interessante.

30 Leis do Olho de Tigre

Como todos nós sabemos, os nômades são povos que não têm residência fixa exatamente porque correm atrás de onde existem alimentos vegetais, não porque sejam vegetarianos, mas porque os animais sempre estão por perto desses vegetais. Os nômades permanecem em determinada região até que acabe todo e qualquer tipo de alimentação vegetal, exigindo que, a partir desta constatação, migrem para onde os animais também migrariam. O comportamento desses nômades era exatamente idêntico aos dos animais, não se sabe porque, se os animais acompanhavam a nós ou se nós é que acompanhávamos os animais. Partiam em viagem até encontrarem outra região farta de vegetação e ali permaneciam, até que o ciclo voltasse a se repetir, exigindo nova migração e assim sucessivamente.

Uma pergunta: Os nômades partiam sempre em linha reta?

A resposta é sim e, neste contexto, dariam a volta ao mundo e retornariam, inevitavelmente, onde já tinham consumido toda a vegetação local. Mas o tempo de vida deles não seria suficiente para dar a volta ao mundo (nem sabiam estes que a terra era redonda). No entanto, em algum momento chegariam ao oceano e, como não sabiam que havia carne no oceano e nem sequer pescar, então eram obrigados, por osmose, a voltar e procurar outros espaços dotados de vegetação. Invariavelmente, num determinado momento, eles acabariam sempre achando algum novo espaço dotado de vegetação. Caso contrário, simplesmente morreriam todos.

Tudo deve ter acontecido normalmente até que, em um belo dia, um desses nômades percebe, num sopro (e talvez o mais primitivo e pioneiro exemplo de raciocínio lógico), que já estivera naquela região, num passado próximo. E não conseguia entender porque, novamente, existia vegetação ali. Eles não sabem se comunicar entre si, mas ele (nômade ELÁSTICO) procura dividir essa constatação com os demais nômades de seu grupo através de suas formas primitivas de comunicação e todos concluem que existe mais alguém dentre eles e que não quer, provavelmente, ser visto. Trata-se de alguém generoso e que os deve amar muito, pois espera que eles vão embora para poder prover aquele espaço, não mais dotado de alimentos vegetais (pois tudo havia sido consumido), de outra safra dos mesmos, para que, quando eles chegarem ao oceano, pudessem retomar o caminho inverso e reencontrar mais alimentos vegetais. É, sem dúvida, alguém a quem eles devem amar também, além de respeitar sua sabedoria, pois como se faz para repor de vegetais um espaço totalmente devastado pelo consumo?

Decidem chamá-lo de algum nome e, como não sabem falar, apontam para o céu simulando onde este "parceiro secreto" deve fazer residência (talvez porque de cima pudesse ter uma melhor visão de onde estariam os nômades). Manifestam o primeiro ruído específico para se referir a alguém tão especial, que preza, solitariamente, pela sobrevivência deles. E este ruído se assemelha ao que hoje poderíamos chamar de DOADOR (talvez porque tenha um radical parecido com a palavra "dar" – hipótese minha).

A este ruído que, a partir de agora, sempre citarei como a palavra DOADOR, atribuem como o realizador das coisas que não sabem fazer, naquela ocasião, simplesmente repor alimentos de uma região que já havia sido consumida. A curiosidade humana manifesta-se também dentre outros nômades, a ponto de estimular que um deles desista de acompanhar os outros (no seu percurso clássico de mudar de região) na expectativa de encontrar-se com o tal DOADOR e poder conhecer, além de agradecer, o que tem este tem feito por eles, podendo até aprender como ele faz esta "revegetação" daquele local. Todos se despedem do nômade que decide ficar e manifestam desejos de boa sorte e de agradecimentos ao DOADOR.

Passa-se muito tempo até que os nômades, por força não apenas da osmose, mas também, agora, da curiosidade, voltam ao local onde deixaram o amigo e ficam estarrecidos com o que encontram. Acham o companheiro morto, num formato esquelético. No entanto, a revegetação estava lá, totalmente recomposta. Que conclusões poderiam fazer, senão, a de que o DOADOR teria se enfurecido pela curiosidade dos nômades e, pela primeira vez, se feito TEMIDO. Não queria ser visto por ninguém, apenas queria continuar ajudando, desde que anonimamente.

Muito tempo se passou até que outro nômade, novamente, resolveu ficar e esperar o DOADOR, talvez não mais pela curiosidade, mas pela VONTADE de compreender os pressupostos do DOADOR e de alguma manifestação de INDIGNAÇÃO. Mesmo consciente do destino do primeiro que fez tal desafio, este nômade, em busca dos FATOS e não apenas da VERSÃO visível, decidiu assumir os riscos e ficou. Todos os outros partiram, como de praxe, e este ficou a esperar a chegada do DOADOR. Como ele faria para agradá-lo (quando o DOADOR chegasse para refazer a vegetação) era o pensamento maior deste ex-nômade. O DOADOR demorava e a fome começava a apertar muito. Pressentiu que seu fim seria o mesmo do antigo nômade, não porque o DOADOR o teria ma-

tado, impressão dos demais em relação ao outro, mas porque talvez lhe faltasse alimento, antes que o DOADOR tivesse efetivamente chegado. Ele apenas não teria resistido à chegada do DOADOR.

Este nômade, menos conformado, não ficou passivamente aguardando a morte, pois, se efetivamente morresse, seus companheiros poderiam pensar que o DOADOR o tivera matado quando, na verdade, ele teria morrido de inanição. Assim sendo, tratou de procurar alguma coisa para comer, mas observou um detalhe contundente. Havia algum resto de vegetação, não suficiente para matar a sua fome, e, perto destas, havia também pequenos grãos que a chuva empurrava para dentro do solo e que, exatamente nestes espaços, é que estavam as vegetações pequeninas. Resolveu, então, comer aquelas vegetações pequeninas, pelo menos para mantê-lo vivo (não era o melhor dos cardápios, pois estava acostumado a comer carne animal e vegetação abundante. Sobreviver com alguns pequenos vegetais deve ter sido difícil). No entanto, resolve também acelerar o trabalho da chuva enterrando as sementinhas (grãos) e jogando alguma quantidade de água em cima.

O leitor já pode imaginar o que este nômade descobriu: **Que não era o DOADOR que refazia a vegetação, mas sim uma tecnologia por ele experimentada, a da prática do que hoje conhecemos como AGRICULTURA.** Estava presente em nosso mundo a primeira profissão a que temos notícia, a de agricultor. E esta vinha como substituindo algo que era delegado sob responsabilidade do DOADOR.

Surgem, depois, os outros nômades e ficam felizes por encontrar o amigo, vivo e bastante entusiasmado. Todos queriam saber como foi o encontro com o DOADOR e ele sinaliza que não viu o DOADOR, mas ele lhe iluminou a mente e ensinou-lhe como refazer a vegetação, partindo para a demonstração do ato de enfiar as sementes na terra e regar com água, sinalizando que esperassem alguns dias e que nasceria uma nova vegetação. Pediu que acreditassem nele e que algum tempo seria suficiente para que presenciassem o milagre.

Claro que ninguém acreditou no início, mas, depois de cumprida a promessa, este nômade foi portador do primeiro nível hierárquico a que se tem notícia, pois a ele seria dada a responsabilidade de ensinar aos outros o milagre do plantio e não precisariam sair mais em procura de alimento. Não seriam mais nômades. A partir daquele dia o alimento viria até eles. E isto só foi possível pela benevolência do DOADOR e por *aquele nômade escolhido pelo DOADOR para aprender e nos ensinar o milagre, pois dentro da terra ainda era o DOADOR que operava para permitir o nascimento de uma nova vegetação.*

A metáfora está longe de terminar, pois com a nova rotina de não mais ser necessário sair em busca de novas vegetações, eles fixam residência em um pedaço de terra específico, surgindo o primeiro sentimento de propriedade de que se tem notícia. *Aquele pedaço de terra é deles e ninguém "tasca". A terra passa a ter dono e como tal se comporta, apoderando-se daquele pedaço como se fora dele desde sempre.*

Que constatação maravilhosa foi esta. Vamos relembrar:

1. O DOADOR é a quem atribuo o que não sei fazer;
2. A primeira profissão foi de agricultor substituindo uma atribuição do DOADOR;
3. A agricultura estimula o primeiro sentimento de propriedade;
4. O DOADOR é generoso, mas também deve ser temido, pois atua anonimamente;

Com o advento do sentimento de propriedade, os nômades constituem residência e deixam de ser reconhecidos como nômades, passando a ser reconhecidos de outra forma. O que quero chamar a sua atenção é que o fato de não mais precisar sair em busca de alimento, como os animais irracionais fazem até hoje, foi exatamente o que nos privilegiou para nos transformar em seres racionais.

A partir de então, sobra ao homem uma das maiores dádivas que alguém pode possuir: o estado de ÓCIO. A possibilidade de não fazer nada, o exercício puro do ócio, permite ao homem usar a sua intelectualidade para observar a natureza e partir para um sem-número de conclusões maravilhosas.

Começam a observar as estrelas e a conjecturar a contagem do tempo. Estabelecem metodologias totalmente empíricas e espetaculares para calcular áreas que permitam plantar vegetação que alimentem uma determinada quantidade de bocas contidas no povoado. Observam os formatos presentes na natureza (carapaça do tatu é hexagonal, o formato do ovo da galinha é sempre idêntico e resiste ao impacto quando cai da cloaca da galinha, o formato das estrelas do mar, etc.), criam um sistema de contagem de animais e tantas outras coisas mediante a observação da quantidade de dedos que existem em nossas mãos, gerando o tão conhecido sistema de base 10 para cálculos.

Essas observações minuciosas da natureza são fruto do trabalho das pessoas menos envolvidas com a caça e com o plantio, aqueles que têm tempo ocioso e VONTADE própria para pensar racionalmente o mundo onde ele está inserido. É como a criança que, sem nada para fazer, começa a descobrir que tem pezinho, que tem mãos, que tem olhos, que tem sexo, etc. Assim vamos até 1637, quando surge uma personalidade brilhante (René Descartes) que, além da mera observação da natureza, vai adiante. Conclui que se estes formatos existem na natureza, então eles foram pensados por alguém com maior capacidade intelectual e este alguém só pode ser quem? Claro, o mesmo DOADOR. René Descartes se pergunta:

- Se o DOADOR foi o criador do tatu, fez este animal formado com carapaças hexagonais por mero capricho ou por que eram os únicos formatos autoencaixantes e que permitissem formatos abobadados?
- Se o DOADOR foi o criador da galinha e fez do formado de seu ovo idêntico ao formato da barriga de uma mulher grávida, fê-lo por mero capricho ou por que este formato otimiza a resistência ao impacto quando sai de sua cloaca?
- Se o DOADOR foi o criador das formigas e as fez sem nenhuma hierarquia, fê-lo também por mero capricho ou porque queria exemplificar a perfeita integração entre a multidão?
- Se o DOADOR foi o criador das abelhas e as fez construir seus próprios favos de mel em formatos também hexagonais e incidindo entre si ângulos idênticos, fê-lo por mero capricho ou por que este formato otimiza a capacidade de armazenar a maior quantidade de mel na menor área superficial possível?
- Se o DOADOR recebesse 80 Quilogramas de material orgânico e fabricasse estrelas do mar, as teria fabricado no formato que conhecemos por mero capricho ou por que este formato otimiza a maior quantidade possível de estrelas do mar com os 80 Quilogramas a ele fornecido?
- Será que conseguiríamos imitar a DOADOR? Será que o DOADOR não seria o que chamamos hoje de DEUS?

René Descartes imprime na história sua célebre frase: ***Cogito, ergo sun (traduzindo: Penso, logo existo)***. Que motivação seria capaz de, além do simples ócio, fazer alguém sair do raciocínio comum e enveredar-se por pensamentos desta natureza? Por que o ócio gera a algumas pessoas a simples capacidade de procrastinar decisões e atitudes e a outras gera tanta euforia e regozijo?

Parece que chegamos no cerne de nossa LEI. Já dizia Napoleon Hill que a VONTADE diferenciada, o entusiasmo, é um estado de espírito que inspira e incita o indivíduo a fazer coisas diferentes para cumprir uma determinada tarefa. Mais ainda, a VONTADE é contagiosa e afeta de maneira vital não somente o entusiasta como também os que entram em contato com ele. A VONTADE é, em relação ao ser humano, o mesmo que o vapor para uma locomotiva, a força motora vital que impele a evolução. Os grandes condutores de homens são os que sabem despertar VONTADE naquilo que seus seguidores estão fazendo. Ponha VONTADE no seu trabalho e já não o achará difícil ou monótono. A VONTADE dá tanta energia ao corpo que, em certos casos, pode até mesmo dispensar as horas habituais de sono. Além disso, nos dá força para realizar uma quantidade de trabalho duas vezes maior do que o que se faz habitualmente, em determinado período, e isso sem sentir o menor sinal de fadiga. Ela estimula hormônios (como serotonina, apenas para dar um exemplo) que é uma força vital que podemos dominar e empregar com verdadeiro proveito. Sem VONTADE, somos como baterias elétricas sem eletricidade.

Esse nômade diferente tinha a VONTADE que todos os demais não tiveram. Algumas pessoas são dotadas de uma VONTADE natural, ao passo que outras precisam adquiri-la por outros meios. O processo para o seu desenvolvimento é muito simples. Começa-se por fazer o trabalho ou prestar o serviço que mais nos agrada, mas não se limita a isso, pois exige que tenhamos reais MOTIVOS PARA exercitar a VONTADE.

O MOTIVO daquele nômade era descobrir o mistério do DOADOR e somente isso o impulsionava a correr riscos até então desconhecidos. Somente a VONTADE e não a inteligência seria capaz de promover tal continuidade de enfrentar o novo e de vencer o medo. Um senso de curiosidade e perplexidade sobre o que não se controla. Se a nossa situação é tal que não podemos conseguir o trabalho da nossa predileção, a VONTADE nos ensina a não apenas FAZER O QUE SE GOSTA, mas também e principalmente esforçar-se para GOSTAR-SE DO QUE SE FAZ. É a VONTADE que permite que você não se desespere e continue firme na jornada. MOTIVAÇÃO é a expressão moderna da VONTADE SUPERIOR.

Quando uma pessoa está motivada com os artigos que vende, com os serviços que oferece ou com o discurso que pronuncia, o seu estado de espírito se torna claro para todos os que a ouvem, pelo tom da sua voz. De qualquer maneira, é o tom em que se faz uma declaração, mais do que a própria declaração, que leva em si o poder de conquistar seguidores. Nunca uma mera combinação de palavras poderá tomar o lugar da decisão convicta numa afirmativa expressada com ardente entusiasmo e VONTADE. As palavras são simples sons desvitalizados, a não ser que venham coloridas com a entonação clássica de quem exala VONTADE superior que nasce da motivação.

Continuando com nossa metáfora, imitar o DOADOR tornou-se uma febre em todos os cantos do mundo e caracterizou-se como o exercício de uma profissão. Todas as profissões caracterizavam-se, preponderantemente em poder substituir o DOADOR de suas atribuições divinas.

Vejam o problema proposto à luz dessa busca: **Se entregássemos 80 metros de tela para o DOADOR e pedíssemos que ele fabricasse um galinheiro numa parede preexistente, quais desses galinheiros seria obra do DOADOR?**

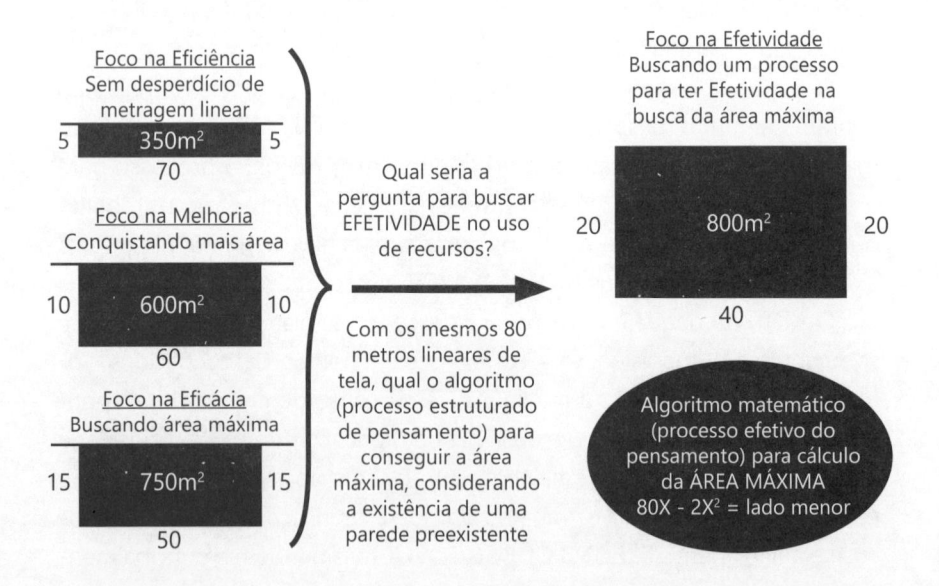

Foco na Eficiência
Sem desperdício de metragem linear

5 | 350m² | 5
70

Foco na Melhoria
Conquistando mais área

10 | 600m² | 10
60

Foco na Eficácia
Buscando área máxima

15 | 750m² | 15
50

Qual seria a pergunta para buscar EFETIVIDADE no uso de recursos?

Com os mesmos 80 metros lineares de tela, qual o algoritmo (processo estruturado de pensamento) para conseguir a área máxima, considerando a existência de uma parede preexistente

Foco na Efetividade
Buscando um processo para ter Efetividade na busca da área máxima

20 | 800m² | 20
40

Algoritmo matemático (processo efetivo do pensamento) para cálculo da ÁREA MÁXIMA
$80X - 2X^2$ = lado menor

Perceba que o galinheiro com menor área (350) e o galinheiro com maior área (800) têm a mesma metragem linear de 80 metros de tela. A diferença está apenas na forma com que os mesmos 80 metros de tela foram dispostos na parede preexistente. O Gestor 350 tem todos os recursos cognitivos, técnicos e com os mesmos insumos se comparado ao Gestor 800, a diferença definitivamente não está nessa perspectiva, mas na forma com que o comportamento foi desenvolvido sob o aspecto de ter VONTADE de fazer mais com o mesmo recurso. É a LEI DA VONTADE que fez toda a diferença.

Mas existe algo que ainda intrigava. Se tudo o que existe na natureza é resultado de um raciocínio inteligente e dotado de VONTADE SUPERIOR, portanto fruto do desenvolvimento intelectual e comportamental de alguém (talvez do DOADOR) que usou de maneira eficiente, eficaz e efetiva seu ócio, pergunto:

- Será que as formigas têm consciência do que otimizam?
- Será que as abelhas têm consciência que otimizam armazenamento de mel na menor área superficial possível?
- Será que a galinha tem consciência de que a abertura de sua cloaca faz sempre um formato que resiste ao impacto (curva catenária)?
- Será que o tatu tem consciência de que sua carapaça é formada por placas hexagonais para maximizar o autoencaixe e a proteção de seu corpo?

A resposta é não, pois são seres irracionais e não têm poder de conclusividade sobre os fenômenos. Simplesmente otimizam sem sequer saber que estão otimizando, isto é, são inconscientemente competentes para com o hábito de exercitar o perfeito em sua vida cotidiana. Quais conexões poderíamos fazer a partir desta metáfora?

Poderíamos dizer que o fato de sermos racionais nos permite estabelecer conexões de conhecimento e decodificar o pensamento de alguém mais inteligente? Em contrapartida, este exercício de racionalidade nos limitou a conseguir a otimização apenas por este método, não nos sendo possível, na grande maioria das vezes, aprendermos sem a prisão da conclusividade? Seria uma vantagem ou uma desvantagem o fato de sermos seres racionais? O que nos diferencia então é a capacidade da VONTADE ser superior à INTELIGÊNCIA?

Vejamos se conseguiremos ser ainda mais claros. O assunto é demasiado complexo e pode nos levar à ressonância intelectual. Somente NÓS, seres humanos, conseguimos fazer a VONTADE sobrepujar a INTELIGÊNCIA. Somente nós conseguimos fazer greve de fome, exatamente porque embora nossa intelectualidade saiba e nos avise que se não comermos inevitavelmente morreremos, a VONTADE vence e somos capazes de ficar sem comer até a morte (qualquer animal é incapaz desta proeza). Por mais que sua inteligência lhe diga que se colocar a mão no fogo você vai se queimar, a VONTADE SUPERIOR é capaz de fazer você conscientemente colocar a mão no fogo e literalmente queimar-se seriamente. Ninguém mais consegue fazer isso. Numa crise de desespero, por mais que sua inteligência lhe diga impossível levantar um peso muito grande para salvar, por exemplo, um filho, não é incomum pessoas com VONTADE SUPERIOR fazerem coisas que simplesmente não temos como explicar, buscando força que numa situação normal não estaria disponível. Enfim, a VONTADE é poderosa.

O fato é que o aprendizado não acontece somente no nível intelectual conclusivo, mas também, e talvez prioritariamente, no nível neurológico inconsciente. A LEI DA VONTADE permite que, em circunstâncias absolutamente limitantes e com alternativas rasas, sua presença possa superar todas as expectativas. Nem sempre somente a forma de obter VONTADE SUPERIOR será por meio da realização de coisas prazerosas, mas muitas vezes o fundamento que será capaz de lhe levar à situação de VONTADE SUPERIOR é a sensação de RAIVA que mais indigna do que lhe conforta. RAIVA é diferente de ÓDIO. O primeiro é um sentimento expulsado que se condensa em VONTADE SUPERIOR para fazer alguma coisa. E o segundo é sentimento guardado dentro do peito que prejudica muito mais o odiador do que o odiado. Há uma frase que uso bastante que diz: **Ao invés de amaldiçoar a escuridão, acenda uma vela.** É a VONTADE SUPERIOR que o faria acender a vela e não o ódio pela escuridão que o manteria inerte apenas nutrindo ódio prejudicial à sua própria saúde.

Pense nesta LEI DA VONTADE e faça uma pergunta para si mesmo: Minha VONTADE é maior ou menor que minha INTELIGÊNCIA?

14. LEI DA CORAGEM

Requer CORAGEM eventualmente assumir que o motivo pelo qual você não gosta de alguém é por que aprendeu (vide escala 5 do EQ-MAP tratado na LEI DO GANCHO) que a sensação exata pode ser a INVEJA por aquela pessoa, ou seja, você não gosta dela por que gostaria de ser igual a ela e não é. Este aprendizado requer CORAGEM acima de tudo.

Há uma diferença importante entre o conceito de CORAGEM e o conceito de BRAVURA.

CORAGEM não é ausência de MEDO como muitos tendem a pensar, mas a capacidade que você tem de enfrentar-se, entender-se, aceitar e assumir quem você é, por menos bacana que isso seja.

Já a BRAVURA é o ato (posterior a CORAGEM) de superação das suas limitações, ou seja, de não apenas ficar observando como se é e conduzir ações que possam lhe desenvolver emocionalmente.

A CORAGEM nos traz "paz de espírito" por compreender (não necessariamente aceitar) quem é você. E a BRAVURA nos traz "senso de propósito" (vide LEI DO PROPÓSITO BEM DEFINIDO).

Um conceito que vale a pena explorar aqui também é que o desenvolvimento emocional sugere que trabalhemos as diferenças do que chamamos de LIMITE e de LIMITAÇÃO.

LIMITE é tudo aquilo que chega ao fim, que é impossível de ser ultrapassado. Todos temos limites e são eles de diversas naturezas.

LIMITAÇÃO é um impostor do LIMITE e remete à ideia mascarada de LIMITE, mas configura apenas uma barreira de nossos próprios modelos mentais (*mindset*).

A zona entre seu ESTADO INICIAL (quando nascemos) e a LIMITAÇÃO é o que chamamos de ZONA DA EXCELÊNCIA e, quanto maior ela for, mais desenvolvimento emocional você está por ter tido a CORAGEM (de assumir quem é) e a BRAVURA (para superar suas limitações).

A zona entre a LIMITAÇÃO e o LIMITE é o que chamamos de ZONA DA MEDIOCRIDADE, e quanto maior ela for, mais sugere oportunidade de desenvolver mais CORAGEM e BRAVURA.

Em síntese, a figura abaixo representa bem esses conceitos.

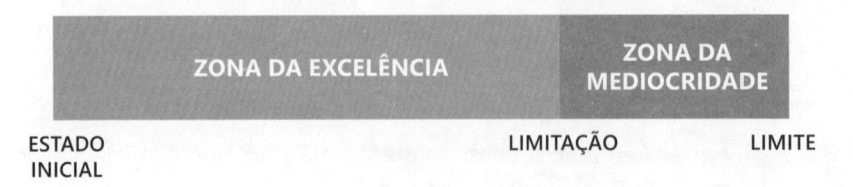

ZONA DA EXCELÊNCIA	ZONA DA MEDIOCRIDADE
ESTADO INICIAL .... LIMITAÇÃO	.... LIMITE

Quanto mais próximo está a LIMITAÇÃO do LIMITE, mais desenvolvido emocionalmente você estará, aumentando assim a sua ZONA DA EXCELÊNCIA. Ao contrário, quanto mais distante estiver a LIMITAÇÃO do LIMITE, menos desenvolvido emocionalmente você estará, aumentando assim a sua ZONA DA MEDIOCRIDADE.

A ZONA DA EXCELÊNCIA representa o seu nível de PLENITUDE para MERECIMENTO de todos os seus PROPÓSITOS. Podemos dizer que quando a LIMITAÇÃO se encontra com o LIMITE, então atingiste o grau máximo de PLENITUDE, que alguns chamariam de NIRVANA, outros de ILUMINAÇÃO, outros de CLEAR, outros de ESTADO DE BUDA, enfim, cada denominação religiosa daria seu próprio nome para tal estágio de desenvolvimento. É natural associar-se a esse tipo de transcendência quando a LIMITAÇÃO encontra o LIMITE.

Esta LEI DA CORAGEM sustenta que mais importante que a "competência" é desenvolver a CORAGEM e posteriormente a BRAVURA para o AUTODESAFIO emocional. A confiança em si mesmo e as alternativas de FUGA (autossabotagem) e LUTA, promovidas pelo MEDO que nosso cérebro interpreta, só serão superadas se formos capazes de colocar em prática esta LEI.

Se formos estudar MEDICINA DO COMPORTAMENTO e todas as disciplinas conexas à neurologia, neurociência e física quântica (conceitos interdependentes entre si), além das clássicas psicologia e psiquiatria com suas respectivas derivações, vamos constatar que ausência de CORAGEM e BRAVURA tem uma explicação plausível dentro do sistema nervoso central.

É sabido que nosso sistema nervoso foi planejado para reagir às inúmeras circunstâncias da vida com apenas duas possibilidades: LUTAR ou FUGIR.

Apenas estas duas alternativas temos à nossa disposição ante a qualquer situação que nos exija algum tipo de decisão mais pragmática. Ou decidimos LUTAR contra as circunstâncias, e nisso consiste uma série de outras ações em cadeia decorrentes da LUTA, ou decidimos FUGIR das circunstâncias, e nisso consiste também uma série de ações distintas das anteriores também em cadeia. Este mecanismo é uma espécie de válvula de sobrevivência, que utilizamos recorrentemente durante toda a nossa existência.

Veja um exemplo: se você está diante de um tigre faminto, há duas decisões a tomar: ou você decide LUTAR com a fera, por que calculou que suas possibilidades de manter-se vivo depois desse enfrentamento são maiores do que do tigre, ou decide FUGIR, por entender que suas possibilidades são pífias diante da força do animal. Independentemente do êxito de sua decisão (seja LUTAR ou FUGIR) no sentido de sobreviver, uma das duas decisões será tomada. E caso nenhuma delas seja tomada, seu corpo simplesmente DESLIGA (desmaia), ou seja, entra em "bug", exatamente como um fusível elétrico que desliga tudo para evitar maiores danos. É exatamente assim que nosso sistema funciona. E ele é um sistema de segurança fantástico por que foi capaz de mantê-lo VIVO o máximo de tempo possível.

Desde sempre esse sistema está autonomamente ligado para nos preservar no instinto de nos mantermos vivos. Esse sistema existe para todos os seres vivos e não somente para os seres humanos, isto é, todos os animais também o têm à sua disposição o tempo todo. Entretanto, nós seres humanos desvirtuamos um pouco sua utilização ao longo de séculos de maus hábitos desenvolvendo a COVARDIA.

O sistema foi planejado para que a LUTA fosse mais utilizada do que a FUGA. A FUGA seria utilizada apenas como última alternativa, um recurso imprescindível, mas apenas para quando realmente a LUTA se mostrasse um contrassenso. LUTAR precisa ser a mais preferida das opções e a FUGA precisa ser a mais preterida das opções, simplesmente por que somente a LUTA o desenvolve e a FUGA o acomoda. Quando se logra êxito após a LUTA, um aumento da ZONA DA EXCELÊNCIA se capitaliza e mais recursos você adquire para lograr êxito em circunstâncias semelhantes no futuro. Quando a LUTA é a preferida, a LIMITAÇÃO terá ficado próxima do LIMITE e, por consequência, a ZONA DA MEDIOCRIDADE diminuirá.

Simples, não é? Não, definitivamente não é tão simples assim.

O que se constata hoje nos seres humanos é que se inverteu essa lógica, ou seja, a regra é a FUGA e a exceção parece ser a LUTA. As pessoas preferem ficar "no quentinho" e passar uma vida toda sem os enfrentamentos que as fariam evoluir sua ZONA DA EXCELÊNCIA. Confundem aprendizado cognitivo (formal, acadêmico e eminentemente técnico) com evolução comportamental. A lacuna não é técnica, mas preponderantemente comportamental no mundo moderno.

Profissionais não pedem as contas de suas empresas, mas de seus líderes que simplesmente não são comportamentalmente exemplares. Pesquisas demonstram que mais de 80% das pessoas que são demitidas no mundo corporativo não o são por problemas de competência técnica, mas por problemas de comportamento.

É mais comum uma pessoa gastar seu tempo para saber o que realmente a incomoda na intenção de evitá-la (FUGIR) durante toda a sua existência. Essa é a ordem atual, simplesmente não faça o que lhe incomoda, gerando nas pessoas a utopia de apenas trabalharem naquilo que gostam e não procurar gostar também naquilo que trabalham (ver LEI DA VONTADE). FUGIR transformou-se em regra e LUTAR, uma besteira para os que se autoflagelam.

Há pessoas que descobrem que ir a hospitais ou ir a cemitérios lhe faz mal e a decisão acomodada transforma-se em simplesmente não frequentar mais hospitais e cemitérios durante toda vida. Confundem a dificuldade de ir a hospitais e cemitérios (limitação) com a total impossibilidade de frequentá-los (limite), mesmo que com frequência esporádica. E ainda vivem nessa pasmaceira uma vida toda, inclusive prejudicando a vida daqueles que as rodeiam.

Simplesmente acomodar-se à sua LIMITAÇÃO é uma clara infração da LEI DA CORAGEM.

Há um conceito ainda mais polêmico a lhe oportunizar. Qualquer tipo de acomodamento intelectual com certa conclusão lógica sobre alguma coisa, fruto de mera cognição interpretativa, configura infração desta LEI DA CORAGEM quando questionada e não tratada com ELASTICIDADE (vide LEI DA ELASTICIDADE). A inelasticidade é também culpa de infrações constantes à LEI DA CORAGEM. Veja que potente esta afirmação! Vai contatar isso de forma ainda mais eloquente quando estudar a LEI DA CONSILIÊNCIA (última de nosso livro). A eleição de VERDADES ABSOLUTAS, que encontram morada pacífica em nosso íntimo, pode não significar simplesmente PAZ DE ESPÍRITO, mas preponderante FUGA de alguma coisa.

A PAZ DE ESPÍRITO genuína e plausível é aquela decorrente de uma LUTA VENCEDORA (pelo exercício constante de CORAGEM e BRAVURA), não de FUGA TEMEROSA.

A LUTA precisa ser a preferida e a FUGA preterida para, quando utilizada, gerar até uma espécie de decepção interna por tê-la utilizado. A preponderância da decisão de LUTAR contra as coisas que o tiram da ZONA DE CONFORTO é a adoção completa desta LEI DA CORAGEM e lhe trará evoluções importantes na ZONA DA EXCELÊNCIA. Em contrapartida, a preponderância de FUGIR não lhe trará espertza, mas apenas COVARDIA. Isso não significa que FUGIR é sinônimo de COVARDIA. Pelo contrário, FUGIR é um recurso imprescindível e precisa existir essa alternativa sempre, mas FUGIR preponderantemente sim é sinônimo de COVARDIA como traço comportamental.

É comum pessoas se defenderem de algo que as incomoda com a alegação cognitiva e inteligente de que simplesmente DISCORDAM. A DISCORDÂNCIA pode ser uma máscara da FUGA e isso é uma análise de foro íntimo. Devemos pensar quando a discordância aparecer se estamos realmente discordando de alguma coisa por que temos argumentos que contrapõem aquele conceito ou por que aquele conceito (se adequado fosse) me prejudicaria de alguma forma e FUGIR dele seria melhor do que LUTAR.

As resistências de qualquer natureza às mudanças que o mundo impõe são recorrentemente alvo de argumentações razoáveis, mas que são mera "choradeira fugitiva".

Quer ver um exemplo recente? Os motoristas de táxi alegam com argumentação cognitiva quanto a ilegitimidade dos motoristas de UBER, fazendo passeatas contra o movimento UBER e até destruindo alguns carros UBER. Perceba que se trata de mera "choradeira fugitiva", uma vez que o UBER os prejudica e o MEDO de perder seu espaço é que os motiva a discordâncias. Se adotassem a LEI DA CORAGEM, parariam para refletir e constatariam que estão FUGINDO de uma tendência irrepreensível. O melhor aos taxistas fazerem seria partir para a LUTA consigo próprios (veja que a LUTA com os motoristas de UBER não é LUTA e sim FUGA com a máscara de LUTA) e reinventar-se para fazer do TÁXI algo que concorra com o UBER. O aplicativo de celular 99Taxis já pensa em mudar seu nome, retirando a palavra táxi de seu aplicativo, ficando somente 99, exemplificando uma postura de LUTA consigo próprio e não FUGA mascarada de LUTA.

Enfim, esta LEI exigirá de você uma postura menos "boazinha" consigo mesmo e de não ter pena de si próprio. Uma decisão que por si só vai fazê-lo perceber se seu padrão é FUGIR ou LUTAR.

15. LEI DA INICIATIVA

Napoleon Hill também adota esta LEI como uma das incluídas dentre as demais 16 de seu livro "A LEI DO TRIUNFO". Ele considera até que esta LEI se funde com o conceito de liderança e eu corroboro perfeitamente com sua impressão. INICIATIVA e LIDERANÇA não são duas LEIS distintas, são termos associados, pois a liderança é essencial para a consecução dos propósitos pessoais e das organizações para quem se trabalha, mas é a iniciativa a verdadeira base sobre a qual é constituído este traço comportamental.

Mas o que significa INICIATIVA?

Esta é a característica própria da grande maioria dos líderes, ou seja, podem até existir pessoas dotadas de INICIATIVA que não sejam líderes, mas pouquíssimas vezes alguém sem INICIATIVA se transforma em líder. Numa situação de emergência, logo se destacam dos demais devido às inúmeras INICIATIVAS que acabam tomando antes de outras pessoas, talvez muito mais competentes, mas que têm deformações de INICIATIVA.

O dotado de INICIATIVA é pouco reivindicativo e muito contributivo. Para Napoleon Hill, é a qualidade excepcionalmente rara que incita, ou antes, impele a pessoa a fazer o que é preciso, sem ser necessário que alguém lhe mande. Uma capacidade de se antecipar aos fatos, de ser proativo ao invés de apenas reativo.

A palavra "reivindicar" é o ato de exigir de outra pessoa aquilo que não se tem, mas também esta mera postura reativa reflete que não se tem a menor ideia de como fazer ou não se tem o poder de fazer. Portanto, reivindicar alguma coisa configura uma postura passiva, reativa e até infantil em muitas circunstâncias. Reivindicar é, em essência, não ser proativo e não ter INICIATIVA. Crianças reivindicam coisas que sequer sabem se existe potencial de comprá-las. Quando a reivindicação vem acompanhada de um COMO, então sua denominação muda para SUGESTÃO e a coisa muda de nível.

Elbert Green Hubbard, escritor, editor, filósofo e artista norte-americano autor do ensaio moralista "Mensagem a Garcia", expressou-se da seguinte maneira: *O mundo concede os seus grandes prêmios, tanto em dinheiro como em honras, em troca de uma coisa, apenas INICIATIVA. A iniciativa consiste em fazer o que é preciso, sem ser necessário que alguém nos mande. Em seguida, vêm aqueles que fazem o que é preciso, bastando para isso que se lhes diga uma vez. Vêm depois os que não fazem o que é preciso senão quando a necessidade a isso os obriga. Esses recebem a indiferença e uma paga mesquinha. Finalmente, ainda mais baixo na escala, temos o indivíduo que não faz nada direito, mesmo que alguém lhe mostre a maneira de fazer e o fique observando. Está sempre desempregado e é tratado com o desdém que merece, a menos que tenha um pai rico e, neste caso, o destino fica pacientemente à sua espera.*

Napoleon Hill refere-se a um grande filósofo anônimo que disse certo dia: *A iniciativa é a chave que abre a porta da oportunidade.*

Para desenvolver a INICIATIVA, deve-se primeiro eliminar o hábito da demora e da procrastinação deixando tudo para depois o que poderia ter feito hoje ou mesmo ontem. Seja qual for a nossa ocupação, todos os dias nos encontramos diante de uma oportunidade para ser útil aos outros, independentemente dos nossos deveres habituais. Prestando um serviço adicional, sabemos naturalmente que não podemos esperar pagamento pelo mesmo. Prestamos esse serviço por que ele nos proporciona meios de exercitar, desenvolver e tornar mais forte o espírito de INICIATIVA que devemos possuir, a fim de alcançar uma posição de destaque no campo de atividade que escolhemos. Os que trabalham apenas por dinheiro e que recebem em pagamento apenas o dinheiro são sempre mal pagos, seja qual for o seu salário. O dinheiro é necessário, mas os grandes prêmios da vida não podem ser avaliados em cifras, defende Napoleon Hill.

Naturalmente pode-se também desenvolver a INICIATIVA quando se procura interessar os que nos cercam em fazer a mesma coisa. É fato bem conhecido que aprendemos aquilo que nos esforçamos por ensinar aos outros. Podemos compreender agora a vantagem que há em desenvolver o hábito de falar sobre INICIATIVA, em todas as ocasiões, a todos os instantes, e em praticar a INICIATIVA. Fazendo assim, você se tornará uma pessoa decidida, capaz de dirigir os outros, pois as pessoas seguem mais prontamente o indivíduo que, por suas ações, demonstra ser dotado de INICIATIVA. No lugar onde trabalhamos ou na comunidade em que vivemos, estamos em contato com outras pessoas. Empenhar-se em fazer, de cada qual, um dotado de INICIATIVA é um exercício insubstituível para desenvolver a própria INICIATIVA.

É preciso tomar certo cuidado com a INICIATIVA, pois ela é tão poderosa que pode ser utilizada independentemente da ética de seu executor. Todos concordam que Adolf Hitler é um exemplar aplicador da INICIATIVA e se caracterizou como um líder brilhante, mesmo tendo sido responsável por um estrago enorme, suficiente para que todos os alemães (e todos nós) se envergonhassem para sempre. Exemplos assemelhados podemos encontrar em diversos governantes, em diversos líderes organizacionais, enfim em diversos ambientes, até na família. Assim, não é essa a espécie de liderança que aconselhamos.

O AUTOCONTROLE também é um recurso importante para não transformar a LEI DA INICIATIVA num tiro que pode sair pela culatra. Nada mais é do que o controle de si mesmo, por meio do qual podemos dirigir o nosso fluxo de energia para fins nobres. A VONTADE SUPERIOR (vide LEI DA VONTADE) é a qualidade vital que desperta o indivíduo para a ação, ao passo que AUTOCONTROLE é o fiel da balança que dirige a ação, de modo que seja sempre virtuoso. Para ser uma pessoa "equilibrada" é preciso que se tenha VONTADE e AUTOCONTROLE em igualdade de condições. Um estudo pormenorizado que Napoleon Hill conduziu, demonstrou que, em sua época, dentre 160 mil detentos das penitenciárias dos Estados Unidos, 92% desses homens e mulheres se encontravam na prisão porque lhes faltou o AUTOCONTROLE necessário para dirigir as suas energias de modo construtivo. É fato indiscutível que a maioria das infelicidades humanas se origina da falta de autocontrole. As Santas Escrituras estão cheias de advertências em apoio a isso, sugerindo até mesmo para que amemos os nossos inimigos e perdoemos as ofensas. O famigerado PAVIO CURTO é, com certeza, aquele que não desenvolveu o AUTOCONTROLE, a capacidade contar até 10 ANTES de tomar a INICIATIVA de alguma decisão equivocada.

Examinemos agora o significado da expressão domínio de si mesmo. Para isso vamos descrever a conduta habitual de uma pessoa que possua essa qualidade. Uma pessoa de autocontrole bastante desenvolvido não se deixa arrastar pelo ódio, inveja, ciúme, medo, vingança ou qualquer forma de emoção destrutiva. Uma pessoa de autocontrole bem desenvolvido não cai em êxtase nem se entusiasma exageradamente por coisa ou pessoa alguma. A violência, o egoísmo, a aprovação dos atos sem um acurado exame indicam a falta de autocontrole, numa das suas formas mais perigosas. A confiança em si mesmo é um dos fatores primordiais para se desenvolver, mas, quando essa faculdade se desenvolve além do que é razoável, torna-se perigosíssima. Uma pessoa que possui o domínio de si mesma não se deixará influenciar pelos cínicos e pelos pessimistas, nem permitirá que outros pensem por ela. Uma pessoa que possui domínio de si mesma estimulará sua imaginação e seu entusiasmo até que os mesmos produzam a ação, porém domina a ação ao invés de consentir que ela a domine. Uma pessoa que possui domínio de si mesma nunca, em nenhuma circunstância, calunia outra pessoa ou procura tirar vingança por um motivo qualquer. Uma pessoa que possui domínio de si mesma não odeia os que pensam de modo diferente. Pelo contrário, se esforçará por compreender o motivo do desacordo e tirar as vantagens disso (vide LEI DA ELASTICIDADE).

O próprio ato de perdoar é uma INICIATIVA que quem deve tomar é aquele a quem foi ofendido e não aquele a quem precisa de perdão. Quem espera alguém pedir perdão para poder perdoar está cometendo infração à LEI DA INICIATIVA. Perdão nobre é aquele cujo pedido de perdão não precisa existir nem tampouco a manifestação explícita de ter perdoado, pois é muito mais uma sensação de foro íntimo do que um ritual visível e fotografável.

A análise a que foram submetidas mais de 16.000 pessoas por Napoleon Hill revelou em sua época o fato de que os líderes são sempre homens de pronta decisão, mesmo em assuntos de mínima importância e com grande AUTOCONTROLE. O triunfo, seja qual for a concepção que se possa ter sobre o termo, é quase sempre uma questão da habilidade para conseguir que os outros subordinem a sua individualidade e sigam um líder. O líder que tem personalidade e imaginação para induzir pessoas comuns a aceitarem seus planos e a realizá-los fielmente é sempre um líder eficiente. Sendo assim, ele propõe 20 características especiais que todo LÍDER deve desenvolver, das quais destacamos apenas uma que resume todas as demais:

- Seja exemplar nas 30 LEIS DO OLHO DE TIGRE

Portanto, procrastinar decisões de adotar cada uma destas LEIS que lhe estamos propondo é matar um líder dentro de você. Esperar estar preparado para enfrentar os desafios que a vida vai lhe impor pode ser tarde demais, então prepare-se ENQUANTO os desafios estão lhe sendo oportunizados. Não perca as chances de se desafiar, mesmo que não se sinta plenamente preparado. Levante a mão para candidatar-se às vagas antes dos demais, adote posturas proativas e não apenas faça o que lhe mandaram fazer, como que apenas reagindo às iniciativas dos outros. Lidere também e não seja apenas liderado.

Antecipar-se aos fatos é a característica mais eloquente da LEI DA INICIATIVA. Existe um filme que demonstra uma tecnologia que permitiria que todos os crimes fossem evitados, uma vez que seria possível identificar as decisões das pessoas (neste caso, criminosas) antes mesmo de elas terem sido realizadas. Este princípio guarda morada na constatação neurocientífica de que, antes mesmo de pegar um objeto, o cérebro já tomou esta decisão e leva algum tempo para que ela se operacionalize efetivamente.

O filme de ficção científica lançado em 2002 (Minority Report), protagonizado por Tom Cruise e dirigido por Steven Spielberg, se passa em 2054. A divisão pré-crime conseguiu acabar com os assassinatos. Nesse setor da polícia, o futuro é visualizado antecipadamente por paranormais, os *precogs*, e o culpado é punido antes que o crime seja cometido. Os três *precogs* só trabalham juntos e flutuam conectados num tanque de fluido nutriente. Quando eles têm uma visão, o nome da vítima aparece escrito numa pequena esfera e noutra esfera está o nome do culpado. Também surgem imagens do crime e a hora exata em que acontecerá. Essas informações são fornecidas a uma elite de policiais, que se comprometem a descobrir onde será o assassinato.

Mas há um dilema: *se alguém é preso antes de cometer o crime, pode esta pessoa ser acusada de assassinato, pois o que motivou a sua prisão nunca aconteceu?*

O filme, embora seja uma ficção, ilustra bem a LEI DA INICIATIVA, mas incita o grave dilema para quem se excede, portanto, sem desenvolver o AUTOCONTROLE adequado.

Há outra metáfora importante para ilustrar esta LEI. Trata-se da metáfora da BOMBA ATÔMICA.

Existem 9 pessoas numa certa região que será atacada por uma bomba atômica que acabara de ser lançada. Essas pessoas serão atingidas em cerca de 10 minutos e elas não têm a prerrogativa de fugir para um local onde a bomba não tenha impacto de matar, mas existe um abrigo à prova de energia nuclear feito especialmente para apenas 8 pessoas sobreviverem confortavelmente até que o impacto da bomba tenha cessado. A decisão que precisa acontecer é qual dos 9 terá que ficar para fora do abrigo e sucumbir diante da explosão da bomba. Sugere-se que essa decisão seja por consenso (ou seja, por unanimidade) e ainda terão apenas 10 minutos para tomar essa decisão. Um dos 9 terá que aceitar morrer para salvar os outros 8 que ficarão no abrigo resguardados totalmente do impacto da referida bomba.

Um fato complicador. Essas 9 pessoas têm algumas características que descrevo abaixo:

1. *Um homossexual;*
2. *Uma mulher prostituta e maravilhosa;*
3. *Uma criança de colo;*
4. *Uma idosa com mais de 80 anos, saudável;*
5. *Um líder religioso fanático;*
6. *Um aidético não doente;*
7. *Um médico pesquisador da cura da AIDS;*
8. *Um especialista de sobrevivência após ataque nuclear;*
9. *Um professor universitário.*

Nessa dinâmica, que normalmente conduzo desde 1993, divido toda a plateia em grupos de 9 pessoas e faço com que cada pessoa de cada grupo assuma uma das 9 pessoas (com suas respectivas características) e que debatam entre si (num prazo de 10 minutos cronometrados) qual delas ficaria para fora do abrigo. As estatísticas diferem muito entre si, mas um fato intrigante é que nunca e em lugar nenhum do mundo (pelo menos na minha experiência e pesquisa) as pessoas matam a prostituta maravilhosa. Já mataram a criança de colo, a velha com mais de 80 anos, enfim matam todos, sem exceção, menos a prostituta. Parece que a mais antiga das profissões é protegida de forma inconteste.

Embora isso seja digno de comentários e elucubrações que a justificam, não é esta peculiaridade que quero compartilhar.

O que nos chama atenção é que, normalmente, quando se toma a decisão de deixar um dos 9 para fora do abrigo, esta decisão não é por consenso, ou seja, próximo do tempo de 10 minutos terminar, um dos 9 toma acaba tomando uma decisão de forma meio que intempestiva e define o "escolhido para morrer" sem que este consinta a decisão. A decisão ou é democrática ou autocrática, mas consensual nunca acontece.

O procedimento que acata a LEI DA INICIATIVA seria aquele que alguém, dentre os 9, parasse com a extenuante junção de argumentos que justifique MERECER ir para o abrigo e simplesmente tomasse a INICIATIVA prática de conduzir alguém ao referido abrigo. Este conduzido pelo condutor (que tomou a INICIATIVA) até pode demonstrar afeto e generosidade pelo condutor, mas não toma a INICIATIVA de não deixar-se conduzir e acaba aceitando pacificamente entrar no abrigo. Isso acontece recorrentemente com os demais 7 até que o condutor acabe ficando para fora ele próprio, o que caracteriza o aparecimento de um LÍDER EFETIVO. Portanto, a LIDERANÇA veio de tem tomou a INICIATIVA de salvar a todos e, portanto, morrer para defender a todos. Este é o LÍDER, aquele que toma a INICIATIVA de fazer alguma coisa quando os demais estão apenas se defendendo. O risco de não fazer isso seria de que simplesmente morressem os 9, o que, na maioria dos grupos onde conduzi essa dinâmica, foi exatamente o que aconteceu.

Moral da história: *É melhor uma decisão errada, por alguém que tomou a INICIATIVA e se caracterizou como LÍDER (e cuja decisão protegeu os demais e sacrificou-se a si mesmo) do que a ausência de uma decisão.*

16. LEI DA DISCIPLINA

A LEI DA INICIATIVA tem uma lacuna muito importante e que se transformou nesta LEI que trata sobre a possibilidade de alguém ter grande INICIATIVA, mas infelizmente ter traços de pouca ACABATIVIDADE. Ser "acabativo" é tão importante quanto ter INICIATIVA, mas infelizmente muitas são as pessoas que não conseguem "terminar" quase nada do que começam e carecem de capacidade de gerir o tempo e de concentrar-se suficientemente. Muitos autores renomados defendem que a plenitude é, na verdade, um efeito colateral do exercício da LEI DA DISCIPLINA ou a lei que lhe molda a consolidar, realizar, executar, enfim, ACABAR tudo a que se propõe.

Para tratar desta LEI tão importante, vamos dividir nossa abordagem em 2 aspectos:

- Concentração (contribuição também em uma das Leis de Napoleon Hill);
- Gestão do tempo.

CONCENTRAÇÃO é o ato de focalizar a mente sobre um determinado desejo, até que os meios para a sua realização tenham sido elaborados e empregados com êxito. Concentração, no sentido em que a palavra é empregada aqui, significa a capacidade, conseguida pelo hábito e pela repetição, de conservar a mente focalizada sobre um assunto, até que se esteja perfeitamente familiarizado com ele chegando a dominá-lo. Significa a capacidade de controlar a atenção e ocupá-la com um determinado problema até solucioná-lo. Significa a capacidade de abandonar os hábitos dos quais nos queremos libertar e a capacidade de formar novos hábitos mais agradáveis. Por outras palavras, concentração é a capacidade de pensar como desejamos pensar, de controlar os nossos pensamentos e dirigi-los para um fim determinado, de organizar o nosso conhecimento num plano de ação. Desenvolver a concentração será capaz de aperfeiçoar a sua velocidade de leitura com decorrente retenção e compreensão e ainda aperfeiçoará sua capacidade de memória.

Uma das formas de desenvolver a concentração é dedicar-se a práticas de meditação tão comuns atualmente com o nome de *"Mindfulness"*. Encontradas em diversas tradições culturais, religiosas e filosóficas, as técnicas e práticas de *"Mindfulness"* (e também outras práticas ditas contemplativas ou meditativas) têm sido cada vez mais integradas à prática clínica contemporânea, principalmente na psicologia e medicina. *Mindfulness* (que tem sido traduzido como "Atenção Plena" em português) é um termo que pode designar um estado mental, um conjunto de técnicas ou exercícios mentais, programas estruturados de treinamento ou ainda um conceito psicológico.

O estado mental de *"Mindfulness"* pode ser induzido ao focarmos nossa atenção intencionalmente na experiência direta do momento presente, numa atitude aberta e não-julgadora. Segundo Jon Kabat-Zinn, um dos maiores responsáveis pela "ocidentalização" das práticas de *Mindfulness* com foco na saúde, diz: ***Mindfulness é a simplicidade em si mesmo. Trata-se de parar e estar presente. Isso é tudo.***

Esse estado mental pode ser treinado por meio de técnicas ou exercícios meditativos e psicoeducativos, os quais são parte fundamental das Intervenções Baseadas em *"Mindfulness"*.

Essas Intervenções são programas ou cursos estruturados que comportam atividades presenciais (junto a um instrutor) e a distância, combinando técnicas simples e de fácil aplicação em nosso dia a dia. Nesses programas, para se "experimentar" e vivenciar o momento presente, são utilizadas algumas "âncoras" para a observação consciente, como a própria respiração, ou as sensações e movimentos corporais, por exemplo. A eficácia e a efetividade das intervenções baseadas em *"Mindfulness"* para a promoção da saúde têm sido estudadas em uma variedade de populações, incluindo pessoas com diagnósticos de câncer, ansiedade, depressão, dor crônica, cardiopatias e outros transtornos relacionados ao "estresse", bem como em indivíduos considerados saudáveis, profissionais, estudantes da área da saúde, atletas, entre outros, com níveis elevados de "estresse" (retirado do site do Centro Brasileiro de *Mindfulness* e Promoção da Saúde – www.mindfulnessbrasil.com).

Mas CONCENTRAÇÃO não basta e tenho visto que um dos mais relevantes contributos para o desenvolvimento da LEI DA DISCIPLINA é adquirir também proficiência da GESTÃO DO TEMPO. Muitos autores têm dedicado a vida a estudar esses aspectos de forma quase científica e um deles vou até citar aqui. Já li e reli, estudei e debati sobre a abordagem de diversos autores no que tange a esse aspecto e quero destacar 3 abordagens que considero relevantes para incluir em minha proposta.

O primeiro fundamento que considero importante destacar é que todos deveríamos fazer algum tipo de diagnóstico acerca de como estamos em relação à gestão de nosso tempo. Todos os dias, todas as pessoas vivas, sem exceção, ganham em sua conta corrente do banco TEMPO exatos 86.400 segundos para utilizar da forma que melhor lhe convier. Ninguém tem nada a mais nem tampouco a menos, todos têm os 86.400 segundos à sua disposição para utilizar 100% durante aquele dia e, no dia seguinte, disciplinadamente lhe serão depositados mais 86.400 segundos novamente, durante todos os dias de sua existência. Portanto, me parece que o divisor de águas é COMO, de verdade, o tempo está sendo utilizado. Fazer um diagnóstico sério com o objetivo de saber em que nível estamos no uso destes 86.400 segundos diários é realmente emergencial. Sugiro utilizar o ADT – Diagnóstico de Administração do Tempo (desenvolvido por Rosa R. Krausz – Ed. Casa do Psicólogo).

O inventário de ADT, da Analista Transacional Rosa R. Krausz, é um instrumento que tem por objetivo levantar informações sobre a forma como as pessoas utilizam o seu tempo no trabalho. As pessoas, normalmente, consideram o tempo curto demais para realizar as tarefas/atividades ligadas às suas questões profissionais. Algumas trabalham além do horário normal de expediente, sacrificando a vida familiar, o lazer, os interesses pessoais e até mesmo sua atualização pessoal e profissional. A correta utilização do tempo traz vantagens tanto para as pessoas como para as empresas nas quais trabalham, tornando ambas mais eficazes.

A produtividade se eleva, a qualidade dos bens e serviços se aperfeiçoa, o nível de estresse baixa e o clima de trabalho torna-se mais saudável e gratificante. Saber usar corretamente o tempo é um dos indicadores de competência pessoal e profissional. Este inventário abrange a pesquisa de 16 fatores que ocasionam desperdício de tempo no trabalho, a saber:

- **(A) Planejamento do Tempo -** As pessoas que apresentam escores altos (4 a 6) neste item têm dificuldade de distribuir o tempo pelas várias atividades de seu trabalho, bem como prever o tempo necessário para cada uma delas. Em geral, acabam não cumprindo seus compromissos, deixam trabalhos inacabados, não respeitam horários, dimensionam inadequada e irrealisticamente o tempo necessário para executar suas atividades, provocando atrasos e problemas;
- **(B) Administração por Crises -** As pessoas que apresentam escores altos (4 a 6) neste item são essencialmente reativas. Estão sempre ocupadas resolvendo problemas e dificuldades de última hora, criando um clima de estresse e baixa produtividade à sua volta. Trabalham muito, causam muita movimentação, ocasionam muito desperdício de tempo e recursos e obtêm poucos resultados. Esta tendência é causada por uma necessidade de provar a si mesmo sua capacidade de "quebrar galhos", de ser indispensável, de não tomar medidas preventivas para evitar a ocorrência de problemas;
- **(C) Organização Pessoal e Autodisciplina no trabalho -** As pessoas que apresentam escores altos (4 a 6) neste item são desorganizadas e pouco disciplinadas no trabalho. Apresentam dificuldades no cumprimento de horários e prazos, esquecem ou confundem compromissos, perdem documentos, objetos, trabalham por impulso, sendo pouco produtivas, instáveis e confusas;
- **(D) Comunicação -** Escores altos neste item (4 e 6) revelam dificuldades em transmitir ideias, instruções, informações ou orientações de forma clara, objetiva e concisa. As causas mais comuns são relacionadas com a falta de assertividade, timidez, prolixidade, utilização de linguagem inadequada, informações incompletas, dificuldade de expressão, etc.;

- **(E) Tomada de Decisões -** Quando os escores neste item são elevados (4 a 6), indicam que o sujeito tem capacidade diminuída de tomar decisões, temor de correr riscos, falta de autoconfiança, medo de errar, tendência a procrastinar, a não considerar os efeitos negativos do adiamento das decisões;
- **(F) Diagnóstico de Problemas -** As pessoas que apresentam escores altos neste item (4 a 6) tendem a ter contato diminuído com a realidade, baixa capacidade de observação, de estabelecer ligações entre causa e efeito;
- **(G) Delegação -** Escores elevados neste item (4 a 6) revelam tendência à centralização, falta de confiança na capacidade das pessoas, insegurança pessoal, necessidade de sentir-se importante e indispensável. Pessoas com dificuldade em delegar usam mal o seu tempo e provocam o desperdício de tempo dos seus colaboradores, além de atravancar o fluxo dos trabalhos, das decisões e da resolução de problemas na empresa. As causas mais comuns da dificuldade em delegar são: preferência pessoal pela execução de tarefas, falta de experiência gerencial, insegurança pessoal/profissional, falta de confiança nos subordinados, perfeccionismo, incapacidade de comunicação, medo de competição, temor de ser considerado incompetente por ser chefe, subordinados ou pares, necessidade de estar sempre em atividade;
- **(H) Capacidade de Dizer Não -** Quando os escores são elevados neste item (4 a 6), indicam alto nível de assertividade, elevada necessidade de aceitação e preocupação constante em agradar os outros. As pessoas que têm dificuldade de dizer Não acabam desrespeitando suas prioridades no trabalho, criando dificuldades para si, para os outros e para a empresa;
- **(I) Uso do telefone/e-mail -** Escores elevados neste item (de 4 a 6) demonstram que a pessoa perde boa parte do seu tempo com um recurso que poderia auxiliá-la a ser mais produtiva. Causas mais comuns do uso inadequado do telefone/e-mail são: prolixidade, bate-papos inúteis, falta de objetividade no trato de assuntos profissionais, falta de filtragem de telefonemas, desconsideração pelo custo de cada telefonema, etc.;

- **(J) Delegação "Para Cima"** - Escores elevados neste item (4 a 6) revelam a necessidade da pessoa de mostrar aos subordinados que é mais competente do que eles, aceitando resolver todos os "galhos" destes. Com o tempo, os subordinados tendem a assumir uma postura de passividade, de receio de cometer erros, tornando-se dependentes do chefe até para a realização de atividades rotineiras. Os gerentes que aceitam a "delegação para cima" gastam o seu tempo fazendo trabalho dos subordinados, não tendo tempo para gerenciar;
- **(K) Estabelecimento de Prioridades** - Quando os escores deste item são elevados (4 a 6), revelam que a pessoa tem dificuldade de focalizar resultados e objetivos, bem como as tarefas e atividades de fundamental importância para alcançá-los. Ao não priorizar as suas atividades, poderá estar perdendo um tempo precioso em atividades secundárias que, embora absorvam o tempo, em nada contribuem para produzir resultados;
- **(L) Utilização dos Níveis de Capacidade de Uso do Tempo** - Escores elevados (4 a 6) neste item revelam falta de conhecimento das horas em que as capacidades intelectuais atingem o melhor nível, permitindo ao respondente otimizar o uso do tempo com atividades que requerem concentração, poder de síntese, rapidez de raciocínio e clareza de expressão;
- **(M) Perfeccionismo** - Quando os escores deste item são elevados (4 a 6), indicam acentuada tendência a dar importância a detalhes irrelevantes, ser exigente consigo mesmo e com os outros, ter dificuldade de elogiar as pessoas e reconhecer o seu trabalho, criando um clima de constante desmotivação entre os membros da equipe. Os perfeccionistas estão sempre à procura de erros e defeitos, provocando temor, insegurança e insatisfação consigo mesmo e com os outros. Ocasionam, além disso, desperdícios de tempo, na medida em que têm dificuldade de distinguir entre o supérfluo e o necessário;
- **(N) Objetivos Pessoais** - Escores elevados neste item (4 a 6) revelam que as pessoas não têm objetivos definidos de vida, não têm uma ideia clara do que pretendem realizar. As barreiras mais comuns para o estabelecimento de objetivos e metas

pessoais são o receio de ousar/estabelecer objetivos, dificuldade em optar/estabelecer prioridades de vida, fatalismo, medo de comprometer-se consigo mesmas;

- **(O) Flexibilidade no Trabalho** - Pessoas com escores elevados (4 a 6) neste item indicam rigidez, falta de adaptabilidade às condições mutantes de trabalho, dificuldade de criar opções quando surgem acontecimentos inesperados que exigem alterações naquilo que foi planejado;
- **(P) Concentração** - Quando os escores apresentam-se elevados (4 a 6) neste item, sinalizam tendências à dispersão, dificuldade de concentração e necessidade de isolamento para trabalhar (corroborando assim com nossa própria primeira abordagem).

O segundo fundamento é ler a obra de David Allen (Getting things done – em português: A arte de fazer acontecer). Este livro é, de longe, a melhor literatura disponível para você aperfeiçoar a sua gestão do tempo. Diferente de autores que até falam sobre o tema com certa profundidade, mas se perdem querendo vender seus *softwares* mirabolantes de gestão de tempo, a abordagem de Allen é transformadora e será fundamental para compreender melhor os fundamentos desta LEI DA DISCIPLINA.

O terceiro fundamento é a abordagem de um DIAGRAMA que eu mesmo desenvolvi, a partir de tudo que estudei, que denominei de DIAGRAMA DO "FAZEJAMENTO". Este DIAGRAMA partiu de um pressuposto de que a LEI DA DISCIPLINA requer que saibamos responder quatro perguntas básicas:

- **PRECISO** realmente fazer isto?
- **QUERO** realmente fazer isto?
- **SEI** realmente fazer isto?
- **TENHO TEMPO** para fazer isto?

A partir das respostas, cada uma delas com duas alternativas possíveis (SIM ou NÃO), desenvolvi o DIAGRAMA DO FAZEJAMENTO (neologismo meu que unifica o planejamento do ato de fazer coisas disciplinadamente – veja figura na página seguinte).

DIAGRAMA DO FAZEJAMENTO						
NECESSIDADE		PRECISO FAZER		NÃO PRECISO FAZER	
TEMPO	DESEJO	QUERO FAZER	NÃO QUERO FAZER	QUERO FAZER	NÃO QUERO FAZER
	SABER					
TENHO TEMPO DISPONÍVEL	SEI FAZER	FAZER AGORA	PRAGMATISMO E FOCO	HOBBY ATUAL	HOBBY FUTURO
	NÃO SEI FAZER	CAPACITAÇÃO	COBRANÇA A QUEM DELEGOU	DILETANTISMO	IRRELEVANTE
NÃO TENHO TEMPO DISPONÍVEL	SEI FAZER	PARCERIA	ASSESSORIA NÃO ESPECIALIZADA	FUTILIDADE	NÃO DEVIA TER APRENDIDO
	NÃO SEI FAZER	ASSESSORIA ESPECIALIZADA	CARTA BRANCA	IRRESPONSÁVEL	NÃO DEVIA NEM ESTAR AQUI

Para cada uma das possibilidades binárias de respostas e com 4 fatores de análise (4 perguntas), teremos a possibilidade de um fatorial 2^4 que possibilita 16 quadrantes diferentes, cada um deles com uma palavra que define claramente a essência de cada quadrante com foco nas áreas de planejamento com foco no "fazejamento".

DIAGRAMA DO FAZEJAMENTO						
NECESSIDADE		PRECISO FAZER		NÃO PRECISO FAZER	
TEMPO	DESEJO	QUERO FAZER	NÃO QUERO FAZER	QUERO FAZER	NÃO QUERO FAZER
	SABER					
TENHO TEMPO DISPONÍVEL	SEI FAZER	ZONA DA PRIORIDADE PESSOAL	ZONA DA CONCENTRAÇÃO	ZONA DA DIVERSÃO E DO LAZER	
	NÃO SEI FAZER					
NÃO TENHO TEMPO DISPONÍVEL	SEI FAZER	ZONA DA DELEGAÇÃO E/OU CONTRATAÇÃO		ZONA PROIBIDA	
	NÃO SEI FAZER					

Ainda assim, pude dividir os 16 quadrantes conforme 5 zonas de interesse, a saber:

- **ZONA DE PRIORIDADE PESSOAL** – Zona que engloba 2 quadrantes e as atividades ali contidas devem ser realizadas somente por você e são as principais prioridades deste período de sua existência. As atividades desta zona devem congruir com as suas tarefas, objetivos preliminares e propósitos descritos a partir de seu OCTÓGONO DA VIDA (ver LEI DO PROPÓSITO BEM DEFINIDO);
- **ZONA DA CONCENTRAÇÃO** – Zona que engloba 2 quadrantes e as atividades ali contidas devem ser realizadas por você e por mais alguém próximo que demandarão grande concentração, uma vez que se tratam de atividades que você não deseja fazer, mas que são imprescindíveis que sejam feitas;
- **ZONA DA DELEGAÇÃO E/OU CONTRATAÇÃO** – Zona que engloba 4 quadrantes e as atividades ali contidas devem ser repassadas para alguém fazer, seja este alguém de sua equipe, de equipe terceirizada ou de empresas contratadas, dependendo das circunstâncias, mas o importante é que são atividades que você não deve dedicar-se pessoalmente;
- **ZONA DA DIVERSÃO E DO LAZER** – Zona que engloba 2 quadrantes e as atividades ali contidas devem ser realizadas somente para caracterizar momentos de lazer e diversão;
- **ZONA PROIBIDA** – Zona que engloba 6 quadrantes e as atividades ali contidas devem ser proibidas de ser executadas, pois se caracterizam como inoportunas ou futuristas demais, ou fúteis ou irresponsáveis ou simplesmente irrelevantes.

São estas 5 zonas de interesse que devem parametrizar sua forma de gerenciar seu tempo. Em síntese, você deve fazer uma lista de todas as coisas que você faz ou fará. De posse desta lista, coloque todas elas em algum dos quadrantes disponíveis no DIAGRAMA DO FAZEJAMENTO, conforme sua melhor alocação. A partir daí, identifique as ZONAS citadas acima e bom proveito no desenvolvimento da LEI DA DISCIPLINA.

Este Diagrama é construído metodologicamente duas vezes (a primeira descrevendo a situação atual e a segunda com um remodelamento de prioridades que causará grande impacto e reflexão), com minha orientação pessoal, durante a OLP – Oficina de Plano de Vida.

17. LEI DA DISPOSIÇÃO

A LEI DA DISPOSIÇÃO contém uma das Leis do Triunfo de Napoleon Hill que eu mais admiro e que deve consistir no hábito da pessoa sempre fazer mais do que a obrigação ou do que lhe é pago. Esta LEI é simplesmente fantástica e corrobora muita coisa em relação a nossa LEI DO MERECIMENTO. Embora esta LEI inclua esta máxima, é muito mais comum encontrarmos pessoas dizendo que fazem seu esforço de maneira proporcional ao seu pagamento / reconhecimento.

Quando Napoleon Hill trabalha este conceito em seu livro, pode parecer que ele se afasta do foco preponderante iniciando sua abordagem com uma dissertação sobre o AMOR, mas, após eu ter terminado minhas argumentações, concordará que essa questão do AMOR não poderia ter sido omitida nesta LEI DA DISPOSIÇÃO. A palavra AMOR será empregada aqui (e também por Napoleon Hill) num sentido muito geral.

Primeiro é importante discernir a palavra AMOR da palavra AMAR. Parecem iguais, mas são muito diferentes.

AMOR é um sentimento interno, escondido e que só sabe quem realmente o sente. Já AMAR é a externalização do sentimento de AMOR, é a visibilização do AMOR para a pessoa ou circunstância amada. Muito diferente é sentir o AMOR e exalar o AMAR. Digo isso porque estou acostumado a ouvir muitas reclamações de mulheres em relação aos seus maridos ou namorados no sentido de que elas não escutam, com a frequência que desejariam escutar, eles dizerem que as amam. É comum elas perguntarem: **Querido, você me ama?** E o marido responde, incrédulo: ***Claro que amo, querida, já lhe falei isto diversas vezes, parece que você não entende o que eu digo.***

Parece que os namorados, maridos, companheiros ou qualquer pessoa que sinta AMOR (mulher ou homem) tenham que sentir menos AMOR e AMAR mais. Percebe a intenção do jogo de palavras?

Você pode até sentir AMOR (que é um substantivo) genuíno e sincero, mas se não exercitar o AMAR (que é um verbo) de nada valerá para o ente amado. Impressionante como o AMOR pode ser totalmente diferente do AMAR. AMOR é apenas um sentimento que pode ficar escondido por décadas, mas o AMAR não consegue se esconder, ele pressupõe dar presentes à pessoa amada, dar flores à pessoa amada, fazer rir a pessoa amada, passear com a pessoa amada sem querer voltar para casa, ter relações sexuais com a pessoa amada, beijar a pessoa amada, enfim, uma série de coisinhas que até podem parecer frívolas, mas que diferenciam claramente o AMOR do AMAR. E pode ter certeza, a pessoa amada preferirá o AMAR ao simples e escondido AMOR.

Eu sempre desafio meus alunos a um dilema intestinante. Convido-os a escolher duas alternativas num mundo hipotético que prevalece a seguinte premissa: ou você AMA ou você será AMADO, ou seja, ambas as circunstâncias não serão possíveis (faça um esforço para entender que se trata de um mundo hipotético, apenas para eu fazer esta abordagem).

O que você prefere? Se escolher AMAR, jamais será AMADO, nem mesmo pela pessoa que você AMA. Se escolher ser AMADO, jamais será capaz de AMAR alguém, nem mesmo a pessoa que o AMAR. Escolha difícil, não é? Independentemente do que respondeu, deixe lhe dar a interpretação significativa:

- **A-) Há os que preferem ser AMADO(s) (e jamais AMAR)** – estas pessoas escolheram esta opção forçadamente, uma vez que o ideal seria ambos, mas, em tendo que escolher uma delas, escolher esta alternativa significa que você delegará a sua felicidade a alguém pois é um sentimento de outra pessoa que você jamais vai poder gerenciar;
- **B-) Há os que preferem AMAR (e jamais ser AMADO)** – estas pessoas escolheram esta opção forçadamente também, uma vez que o ideal seria ambos, mas, em tendo que escolher uma de-

las, escolher esta alternativa significa que você não delegará a sua felicidade a alguém e optou por fazer algo que cabe somente a você próprio. A autoestima parece estar resolvida, pois consegue generosamente AMAR sem querer absolutamente nada em troca.

A alternativa mais ideal para quem desenvolve a LEI DA DISPOSIÇÃO é, com certeza, a alternativa "B", uma vez que depender do outro pressupõe uma certa dependência de esperar do outro algum tipo de atitude e não fazer algo que dependa única e exclusivamente de você.

Ter DISPOSIÇÃO para FAZER MAIS DO QUE A OBRIGAÇÃO OU DO QUE LHE É PAGO pode exigir muito mais AMOR/AMAR do que imagina, e não apenas aquele AMOR pessoal, autêntico e genuíno, mas também aquele esforço para AMAR aquilo que se faz (vide LEI DA VONTADE).

Estabelecer uma reputação de ser uma pessoa que presta mais e melhores serviços do que é seu dever prestar, ou que lhe seja pago, em comparação com os que nos cercam e que assim não o fazem, o contraste será tão notável que haverá grande procura pelos serviços, seja qual for o nosso gênero de atividade. Isso é óbvio.

A outra razão mais importante que se tem para agir assim, a razão básica e fundamental, pode ser descrita nos seguintes termos: suponhamos que alguém desejasse desenvolver mais o braço direito e que fizesse isso atando o braço direito a um lado, com uma corda, tirando-lhe assim todo o uso e deixando-o em longo repouso. Essa inação daria em resultado a força ou traria uma atrofia e fraqueza?

Sabemos que, para conseguir ter o braço direito bastante forte, o único meio é trabalhar com ele o mais arduamente possível. Observemos o braço de um ferreiro se desejarmos saber de que maneira um braço pode adquirir força. Da resistência, nasce a força. O carvalho mais forte da floresta não é o que fica protegido pela sombra e abrigado do sol, mas o que fica a descoberto e que é forçado a LUTAR (vide LEI DA CORAGEM) pela existência, contra os ventos e a chuva. O hábito de prestar mais e melhores serviços do que é nossa obrigação, ou do que lhe é pago, não somente nos torna mais prestimosos como também desenvolve de maneira extraordinária a nossa capacidade e contribui ainda para nos fazer adquirir uma reputação que será valiosíssima. Se formarmos esse hábito, nos tornaremos tão hábeis no nosso trabalho que poderemos exigir melhor remuneração do que aqueles que se descuidam disso.

Um empregado pode assim tornar-se tão valioso a ponto de poder fixar ele próprio o seu salário e nenhum empregador sensato procurará evitar isso. Se um empregador tiver a imprudência de retirar a um empregado a compensação a que ele faz jus, esse empregado não ficará prejudicado por muito tempo, pois outros patrões descobrirão as suas qualidades excepcionais e lhe oferecerão emprego.

Sempre disse às pessoas de minha equipe que o valor de uma pessoa é proporcional ao que ela conseguiria caso ficasse um mês desempregada, isto é, o valor pelo qual ela seria contratada depois de um mês é exatamente o valor que ela vale.

Existe um sem-número de profissionais que não podem pedir sua demissão por estar absolutamente convictos de que jamais ganharão o que já recebem na empresa onde trabalham. Esta percepção é irreal caso não possa ser substituída em outra empresa dentro de um mês. Isso justifica as pessoas ficarem anos trabalhando numa organização sem qualquer motivação para lá permanecer, exceção feita apenas pelo dinheiro que percebe mensalmente, dinheiro irreal uma vez que está refém daquela percepção.

Essa infelicidade com que executa suas atribuições acaba fazendo com que essas pessoas façam somente aquilo para o qual foram contratadas e nada mais (ou até bem menos), quando a atitude alinhada a esta LEI deveria ser diametralmente oposta. Ter DISPOSIÇÃO para fazer mais do que lhe é pago (que representaria as suas atribuições) é exatamente o que preconiza a LEI DA DISPOSIÇÃO.

O fato de que a maioria das pessoas faz apenas o trabalho necessário para poder permanecer no emprego é uma vantagem para todos aqueles que prestam mais serviços do que a sua obrigação, ou do que lhe seja pago, pois todos os que assim agem, lucram, quando comparados com os outros. Trabalhando o menos possível, uma pessoa pode conservar o emprego, mas não passará disso, e, quando o trabalho escasseia, essa pessoa será a primeira a ser dispensada.

A observância desse princípio proporciona uma dupla recompensa: torna possível conseguir melhor salário e traz também consigo o contentamento íntimo que os outros não conhecem. Na verdade, se não se recebe outro pagamento senão o salário, a remuneração será insuficiente, seja qual for a soma percebida. Uma das razões mais importantes que temos para estar não somente prontos para prestar serviços, mas desejosos de prestá-los, é o fato de que, cada vez que agimos assim, ganhamos nova oportunidade para provar a alguém que temos capacidade e assim não fazemos senão dar um passo a mais, no sentido de conquistar o prestígio que todos nós devemos ter.

Napoleon Hill dizia que, ao invés de dizer às pessoas **Mostre-me o seu dinheiro e eu mostrarei o que posso fazer**, inverta-se a fala, dizendo **Deixe que lhe mostre os meus serviços, de maneira a poder olhar para o seu dinheiro se gostar dos meus serviços.**

Ao longo de todos estes anos, tenho percebido também que raras são as pessoas que se apercebem da necessidade de aderir à LEI DA DISPOSIÇÃO. Essa circunstância me remete a uma metáfora que considero pertinente compartilhar agora. Trata-se da "Síndrome do Sapo Fervido":

"Um sapo, se colocado dentro de uma vasilha contendo água à temperatura ambiente e submetido ao aquecimento gradativo, não é capaz de perceber este esquentamento, podendo chegar ao estado de fervura sem motivar ao batráquio um sequer movimento muscular em prol de sua salvação, levando-o à inevitável morte. O sapo morre sem saber porque, pois não sente absolutamente nada, embora o ambiente ao seu redor esteja, nitidamente, aquecendo-se demais. Se alterar o experimento e colocar um sapo numa vasilha com água já em estado de fervura, não lhe dando, portanto, a oportunidade de se acostumar ao gradativo aumento de temperatura do ambiente, paradoxalmente, nesta situação o batráquio salta nervosamente da vasilha, devido ao contundente choque térmico, permitindo assim, a salvação de sua vida".

Moral da história: Às vezes é necessário um choque repentino e contundente para motivar alguma disposição para fazer mais do que está sendo feito, e que não seja a mera reclamação, em prol de uma solução.

O fato é que precisamos reavaliar a nossa postura de maneira mais ampla, de forma menos apaixonada e independente. Há 4 comportamentos distintos no ser humano quando diante da LEI DA DISPOSIÇÃO. Vejamos estes comportamentos através de uma análise das diversas composições possíveis com o uso da palavra PATIA que significa DOENÇA:

- **A PATIA** – Comportamento da pessoa alheia a eventual doença. Finge-se de morta apenas para não se entregar às circunstâncias que a rodeiam. De nada adianta, pois as mudanças vão chegar nela, uma vez que a doença existe;

- **Anti PATIA** – Comportamento da pessoa que nega o fato de poder ser portadora da eventual doença e a ataca com toda a fúria que estiver a seu alcance. Gasta uma energia enorme e consegue com isso apenas fortalecer os aspectos da doença, pois perde anticorpos muito úteis para o enfrentamento da doença;
- **Sim PATIA** – Comportamento da pessoa que aceita a eventual doença e a estuda como realidade a ser prevenida, sem, contudo, admitir que pudesse ser portadora da mesma. Vê tudo com proatividade, mas como se não fosse com ela. Trata com superficialidade as coisas;
- **Em PATIA** – Comportamento da pessoa que entende ser real portadora da doença, mesmo que não seja. Trata as experiências como forma de lidar melhor com as sensações mesmo que ainda não presentes em seu dia a dia. É o perfil mais adequado para seguir a LEI DA DISPOSIÇÃO.

> "RESOLVA-SE A PRESTAR MAIS SERVIÇOS DO QUE É A SUA OBRIGAÇÃO E, ANTES DE COMPREENDER BEM O QUE ACONTECEU, VERÁ QUE O MUNDO QUER PAGAR-LHE MAIS DO QUE VALE O SEU TRABALHO".

18. LEI DA CORDIALIDADE

A adoção de princípios de cordialidade é o equilíbrio entre a autenticidade radical ("sincericídio") e a educação pasmacenta ("capachosidade"). Compreender esta LEI vai mudar a sua forma de ser interpretado na sociedade em que vive.

Nunca, mas nunca mesmo, perder a calma e o tom cordial no trato com as pessoas é uma atitude que valha seu esforço. Não deixe escapar a oportunidade de agradecer pessoalmente, quando de algum favor ou até mesmo quando de alguma obrigação para com você, tiver sido realizada a contento. Jamais enfrente alguém de maneira abrupta, enfrente se tiver que enfrentar, pois isso é importante (vide LEI DA CORAGEM), mas não enfie os pés pelas mãos e haja com calma, mesmo que você esteja coberto de razão e ninguém tenha sido capaz de enxergar isso (vide LEI DA DISCIPLINA onde valorizamos muito o autocontrole).

A pessoa cordial sabe contrapor outra característica muita valorizada entre alguns menos informados: a AUTENTICIDADE.

Muitos se intitulam, com muita ênfase e orgulho, como pessoas AUTÊNTICAS e que, se precisam falar alguma coisa para alguém, vão falar "diante da cara" deste alguém, sem medo de retaliações ou de reações menos previsíveis. Intitulam-se transparentes em excesso, como uma de suas incontáveis virtudes. Cuidado! Cordialidade pode ser resumida como o equilíbrio entre a AUTENTICIDADE e a SIMPATIA.

AUTENTICIDADE máxima significa SIMPATIA mínima. Imaginem se fôssemos totalmente autênticos. Alguns de nós homens não seríamos capazes de coibir a vontade de fazer sexo com alguém interessante que passasse próximo aos nossos olhos. Imaginem que situação constrangedora e indigna.

Da mesma forma, AUTENTICIDADE mínima também não é recomendável, pois significaria SIMPATIA exacerbada, quase que um "capacho" vivo e de uma falsidade indiscutível.

O equilíbrio entre as duas características é o que define a LEI DA CORDIALIDADE, que exigirá do leitor o desenvolvimento da capacidade de COOPERAR com as pessoas de forma bastante significativa. A COOPERAÇÃO entre pessoas que se reúnem num grupo ou formam alianças com o fim de atingir um determinado PROPÓSITO, unificando o consciente e o subconsciente que habilita o homem a ligar-se. Comunicar-se é a munição da LEI DA CORDIALIDADE.

Vivemos numa era de esforço cooperativo. Todos os negócios que triunfam são conduzidos sob qualquer forma de cooperação. O mesmo acontece no campo da indústria e das finanças, bem como no domínio profissional. Os médicos e advogados se aliam com fins de auxílio mútuo e proteção, na forma de associações médicas e sociedades de advogados. Os banqueiros têm associações locais e nacionais, para auxílio mútuo e progresso nos negócios. Os proprietários de automóveis se agrupam em clubes e associações. A cooperação é o objetivo de todas essas associações. Os trabalhadores têm as suas uniões, assim como os que fornecem o capital e superintendem os esforços dos que trabalham têm também as suas alianças. As próprias mídias sociais funcionam como um ambiente virtual de cooperação mútua em diversas causas.

É sabido que todos os homens que conseguiram acumular grandes fortunas são conhecidos como bons organizadores. Isso significa que eles tinham a habilidade necessária para pôr a seu serviço o trabalho de outros homens dotados de talento e de habilidade, mas muitas vezes estes se prontificam a realmente trabalharem juntos com estes homens dada a CORDIALIDADE com que este líder trata a todos indistintamente. Desenvolver esta característica permitirá muito maior excelência quando se trabalha junto com outras pessoas e ainda se conquista a COOPERATIVIDADE.

É a CORDIALIDADE que faz com que as pessoas aprendam a elogiar em público e repreender em particular. Tanto o elogio como a repreensão são fundamentais, mas tomar o cuidado de fazer ambas as coisas em ambiências diferentes é um requisito que a LEI DA CORDIALIDADE desenvolve.

Gosto muito de uma palavra nova que é uma mistura de COMPETIÇÃO com COOPERAÇÃO, gerando assim a COOPETIÇÃO (neologismo de minha parte, mas que já vi diversas pessoas utilizando).

COOPETIR é estar proposto a ganhar, mas não de qualquer forma, assegurando que assim o será por meio da COOPERAÇÃO CORDIAL.

Quer uma pessoa ganhe a vida com o seu trabalho diário, ou viva da fortuna que acumulou, sempre encontrará menos oposição se cooperar e utilizar de extrema cordialidade com os outros. Além disso, o homem que baseia a sua filosofia de vida obedecendo a esta dualidade conceitual, em vez da competição, não só conseguirá o necessário e o supérfluo com menor esforço, como também gozará de uma recompensa extra que reside em compreender que a COOPETIÇÃO é muito mais efetiva.

As fortunas conseguidas pelo esforço cooperativo e cordial não deixam cicatrizes no coração dos seus possuidores, o que já não se pode dizer acerca de fortunas adquiridas por métodos que chegam quase à EXTORSÃO ou a COAÇÃO. É o que se chama de LUCRO RUIM ao invés do LUCRO BOM (vide livro: A PERGUNTA DEFINITIVA - Fred Reicheld – Ed. Campus). Fred defende que todas as vezes que um cliente se sente enganado, maltratado, ignorado, explorado ou coagido, os lucros obtidos desse cliente são ruins. Embora isso também dependa da maturidade do cliente em compreender do que, de fato, foi vítima, uma vez que existe uma enormidade de pessoas "ditas" satisfeitas (e compartilham isso de forma publicitária) apenas para contar com algum tipo de contrapartida, ou seja, ganham algo em troca de depoimentos positivos em relação à sua experiência. Claro que esse tipo de depoimento vazio e "pago" (de alguma forma, seja ela qual for), não cabe na abordagem de Fred Reicheld em sua proposta do Indicador NPN (Net Promoter Score).

EXTORSÃO nada mais é do que ato de "forçar" alguém a fazer ou deixar de fazer alguma coisa, por meio de ameaça, violência ou apelo à emoção, com a intenção de obter vantagem, recompensa ou lucro. COAÇÃO é o encorajamento emotizado para que alguém faça (ou não) alguma coisa.

A meu ver, configuram EXTORSÃO / COAÇÃO as chamadas vendas de impulso, onde se "força" a pessoa a comprar com certa urgência sob a alegação de que os preços vão aumentar (o que de fato não se constata posteriormente) ou aquelas abordagens nitidamente mentirosas (mentirinha comercial) que prometem aquilo que não podem cumprir ou ainda as inúmeras abordagens SENSACIONALISTAS (uso de argumentações capazes de causar impacto, de chocar a opinião pública, sem que haja qualquer preocupação com a veracidade).

Muitas vezes esta EXTORSÃO / COAÇÃO não vem com a violência e força típicas e assim são chamadas de abordagens meramente PERSUASIVAS.

PERSUASÃO é uma estratégia de comunicação que consiste em utilizar recursos emocionais ou simbólicos para induzir alguém a aceitar uma ideia, uma atitude ou realizar uma ação. É o emprego de argumentos (legítimos ou não, é importante que se frise) com o propósito de conseguir que outros indivíduos adotem certas linhas de conduta, teorias ou até crenças. Segundo Aristóteles, *A retórica é a arte de descobrir, em cada caso particular, os meios disponíveis de persuasão.*

A PERSUASÃO pode ocorrer de maneira pacífica (verbalmente) ou até mesmo de maneira quase coercitiva (com o uso de ameaças e/ou uso de violência, o que caracteriza a EXTORSÃO / COAÇÃO propriamente ditas). O ato de persuadir alguém nem sempre depende de uma mente "superior" em detrimento de outra "inferior". Pode acontecer para fins inocentes, mas, dependendo do seu objeto e forma de manipulação, pode acarretar efeitos jurídicos e configurar crime. De acordo com o preceito primário, *Quem, de qualquer modo, concorre para o crime, incide nas penas a este cominadas, na medida de sua culpabilidade* (caput do artigo 29 do Código Penal Brasileiro - Dec. Lei 2.848/1940). Por isso, é perfeitamente possível que alguém responda por crime alheio, uma vez que houve "nexo causal" (relação entre causa e efeito) entre a persuasão e o delito. Vale ressaltar, ainda na seara jurídica, que persuadir (em forma de extorsão / coação) alguém a fazer algo que a lei não permita ou que ela não obrigue, também é crime, portanto, constranger alguém lhe induzindo a não fazer o que a lei permite ou a fazer o que ela não manda.

Dessa forma, a ostentação para com o acúmulo de riqueza, seja qual for o seu objetivo, além do próprio autoendeusamento (*deify*, em inglês, que em português pode ter como sinônimos: se mostrar, se achar, se gabar, gargantear, embandeirar, se agigantar, extremar, heroificar), toma a maior parte do tempo de muitas pessoas. Se não posso modificar essa tendência materialista da natureza humana, posso pelo menos transformar os métodos usados para a sua obtenção, adotando a COOPERAÇÃO e CORDIALIDADE como base.

É prática frequente na ambiência do MMN (Marketing Multi Nível – assunto que estudo com cuidado há mais de 20 anos) a ostentação de riqueza financeira para justificar que a adoção do sistema de multinível é uma decisão para pessoas com inteligência superior (argumento que tem a nítida intenção de constranger os que discordam, caracterizando assim a extorsão / coação).

Já fiz cursos e participei de alguns grupos para exercitar a LEI DA ELASTICIDADE, podendo constatar in loco as intenções "podres" de muitas pessoas que são relativamente respeitadas no mercado. Ensinam por vezes que é importante postar vídeos gravados em locais inusitados (fora do país, por exemplo, o que não tem nada demais) apenas para passar uma imagem de sucesso efêmero. Jogam golfe apenas para passar imagens que não refletem a sua real personalidade. Postam fotos com pessoas influentes apenas para dizer a todos que estão se inspirando presencialmente com este ou aquele guru.

E o pior de tudo, as pessoas gostam deste tipo de "deify" e as seguem exatamente por conta desse posicionamento. Defendem que suas propostas farão as que as seguirem a trabalharem menos, viverem preponderantemente de lazer, descansar mais, enfim, tudo que todos querem na vida, mas que configura promessas vazias e oportunistas. A preguiça (traço típico de pessoas que querem trabalhar menos, estudar menos, divertir-se mais e ainda assim ganhar muito dinheiro) não é mais do que a inanição de praticar a LEI DA INICIATIVA e a LEI DA DISCIPLINA. Preocupação, inveja, ciúme, ódio, dúvida e medo são estados de espírito fatais à ação. Essa influência é puramente física, mas o seu efeito desastroso não para aí, pois esses estados de pensamentos efêmeros destroem o mais importante dos fatores da conquista da PLENITUDE: de que só vale o lucro BOM (vide conceito de renda válida das LEIS DO DINHEIRO).

Um homem que pode induzir outras pessoas à cooperação e à cordialidade, sem utilizar-se das tentações de extorsão, coação ou "falar o que todos querem ouvir", e se assim se comportar de forma sistemática, estará aplicando a LEI DA CORDIALIDADE integralmente. Dê-se a um homem a espécie de trabalho que mais se harmonize com a sua natureza e ele revelará o que tem em si de melhor. Uma das maiores tragédias da humanidade é o fato de que a maioria das pessoas nunca se ocupa do trabalho para o qual melhor se adapta. Muito frequentemente, o erro está em escolher um trabalho que pareça mais proveitoso, do ponto de vista monetário, sem consideração pelas suas habilidades naturais. Ceder a essa tendência é um erro crasso além de um autoflagelo, uma falta de COOPERAÇÃO e de CORDIALIDADE consigo próprio.

Se o dinheiro fosse o único fator do triunfo (vide LEIS DO DINHEIRO), esse modo de agir estaria certo, mas o triunfo, na sua forma mais nobre e mais elevada, exige a paz de espírito, o prazer e a felicidade que só possuem aqueles que encontram o trabalho que mais aprendem a gostar. A cooperação e a cordialidade podem produzir um poder considerável, que, entretanto não se compara ao que pode resultar de um grupo de pessoas que submetem os seus interesses pessoais ao interesse geral e coordenem os seus esforços com os dos outros membros da aliança, em perfeita harmonia.

Você pode estar se perguntando por que então o título desta lei prepondera a CORDIALIDADE e não a COOPERAÇÃO. A resposta é bem simples. Porque existe COOPERAÇÃO sem CORDIALIDADE (diversos exemplos de *joint-ventures*, associações, parcerias, etc.) sustentadas apenas pelos interesses comuns, mas a CORDIALIDADE gera COOPERAÇÕES de forma muito diferenciada e sustentadas pela afinidade, graça e generosidade. As sociedades que se estruturaram apenas nos interesses comuns aos sócios, e não a todas as partes interessadas (em inglês: *stakeholders*), mais cedo ou mais tarde vão carecer de cordialidade, mas uma sociedade que detém de admiração mútua, afinidade e respeito, será permeada de cordialidade que trará uma ambiência muito mais agradável e promissora. Esta constatação me fez batizar esta LEI como foco na CORDIALIDADE, diferentemente de Napoleon Hill que a chamou de LEI DA COOPERAÇÃO.

19. LEI DA DIPLOMACIA

O termo DIPLOMACIA é registrado em português a partir de 1836 e advém do grego *"díplóma matos"*, "objeto duplo, tablete de papel dobrado em dois", através do latim *"diploma"*, "papel dobrado, carta de recomendação, carta de licença ou privilégio" e do francês *"diplomatie"* (1790), "ciência dos diplomas" ou "relativo às relações políticas entre estados ou referente aos diplomatas".

Consideram-se funções tradicionais da diplomacia as tarefas de NEGOCIAR, INFORMAR e REPRESENTAR. Modernamente, costuma-se incluir entre as funções da diplomacia as de promover o comércio exterior (promoção comercial) e a imagem do estado representado (diplomacia pública).

A tarefa de NEGOCIAR consiste em manter relações com o objetivo de concluir um acordo. O diplomata negocia em nome e por conta do estado que representa, com o propósito de defender os interesses daquele estado. Quanto ao número de partes, a negociação pode ser bilateral ou multilateral. A negociação bilateral dá-se entre duas partes. A multilateral envolve mais de duas partes e costuma ocorrer no âmbito de conferências ou de organizações internacionais.

A tarefa de INFORMAR define-se como o dever e a prerrogativa do diplomata no sentido de inteirar-se por todos os meios lícitos das condições existentes e da evolução dos acontecimentos de um determinado estado e comunicá-las ao governo do seu estado. Em geral, esta função é desempenhada por diplomatas acreditados junto ao governo do estado acerca do qual informam.

A função de REPRESENTAR inclui a tarefa de fazer patente a presença do estado representado em eventos internacionais ou estrangeiros (no jargão diplomático, "mostrar a bandeira"). Inclui, também, em certos casos, o recebimento de poderes do estado representado para, em nome e por conta deste último, praticar atos de interesse daquele estado.

O direito internacional reconhece aos estados a faculdade de exercer proteção diplomática sobre os interesses de seus nacionais. Assim sendo, dentro dos limites do direito internacional, uma missão diplomática pode defender os interesses de uma empresa ou de um indivíduo de seu país. O termo "diplomacia parlamentar" foi criado em 1955 por Dean Rusk para designar as negociações multilaterais que ocorrem no âmbito da ONU e foi posteriormente estendido às demais organizações internacionais. A diplomacia parlamentar distingue-se por ocorrer no seio de organização internacional, seguir regras de procedimento e contar com debate permanente (assemelhando-se, portanto, ao que ocorre com os parlamentos nacionais). Mais recentemente, encontram-se também referências à diplomacia parlamentar como sendo a conduzida pelos membros dos parlamentos nacionais.

O direito de "legação" é a faculdade de enviar e receber agentes diplomáticos. Apenas gozam deste direito as pessoas de direito internacional público, como os estados soberanos e as organizações internacionais. A faculdade de enviar representantes diplomáticos recebe o nome de direito de legação ativo; a de recebê-los, de direito de legação passivo. No que se refere aos estados, o direito de legação decorre da soberania no seu aspecto externo, isto é, o não-reconhecimento de autoridade superior à do próprio Estado. Assim sendo, somente os estados que sejam soberanos gozam do direito de legação - os semis-soberanos só o exercem com autorização do estado ao qual estão vinculados. O direito de legação deriva do princípio da igualdade jurídica dos estados e é regulado pelo princípio do consentimento mútuo.

A imunidade diplomática é uma forma de imunidade legal e uma política entre governos que assegura às missões diplomáticas inviolabilidade, e aos diplomatas salvo-conduto, isenção fiscal e de outras prestações públicas (como serviço militar obrigatório, por exemplo), bem como de jurisdição civil e penal e de execução. Os privilégios e imunidades podem ser classificados em inviolabilidade, imunidade de jurisdição civil e penal e isenção fiscal, além de outros direitos como liberdade de culto e isenção de prestações pessoais. A inviolabilidade abrange a sede da missão e as residências particulares dos diplomatas, bem como os bens ali situados e os meios de locomoção. Aplica-se também à correspondência e às comunicações diplomáticas. Da imunidade de jurisdição decorre que os atos da missão e os de seus diplomatas não podem ser apreciados em juízo pelos tribunais do estado acreditado. Além de imunidade de jurisdição civil e administrativa, os agentes diplomáticos também gozam de imunidade de jurisdição penal. A imunidade de execução é absoluta - eventuais decisões judiciais ou administrativas desfavoráveis à missão ou aos diplomatas não podem ser cumpridas à força pelas autoridades do estado acreditado. A isenção fiscal abrange o estado acreditante, o chefe da missão, a própria missão e os agentes diplomáticos. Esta isenção inclui os impostos nacionais, regionais e municipais, bem como os direitos aduaneiros, mas não se aplica a taxas cobradas por serviços prestados. A imunidade diplomática não confere ao diplomata o direito de se considerar acima da legislação do estado acreditado - é obrigação expressa do agente diplomático cumprir as leis daquele estado.

Toda esta base conceitual sobre DIPLOMACIA se fez necessária porque é realmente incomum as pessoas que não estejam envolvidas em representatividade de nações o reconhecimento do significado desta terminologia. Quando tive a oportunidade de trabalhar no ITAMARATY (atual Ministério das Relações Exteriores do Governo do Brasil que se chamava Palácio do Itamaraty, quando ainda sua sede era no Rio de Janeiro), pude conhecer um pouco mais sobre esta relevante palavra e incluí-la de forma definitiva como uma de nossas LEIS, a LEI DA DIPLOMACIA.

José Maria da Silva Paranhos Junior (1846-1912), o Barão do Rio Branco (como o conhecemos), foi diplomata e historiador. Formado em Direito, foi deputado e jornalista antes de ingressar na carreira diplomática. Atuou como Ministro das Relações Exteriores entre 1902 e 1912, sob quatro Presidentes: Rodrigues Alves, Afonso Pena, Nilo Peçanha e Hermes da Fonseca. Seu maior legado foi a resolução pacífica das disputas de fronteira entre o Brasil e seus países vizinhos. Por isso – e por ter consolidado a tradição de pragmatismo da diplomacia brasileira – é considerado o patrono dos diplomatas do Brasil. Em 2010, o nome de José Maria da Silva Paranhos Junior foi inscrito no Livro dos Heróis da Pátria, que está no Panteão da Pátria e da Liberdade Tancredo Neves, na Praça dos Três Poderes (Brasília). A DIPLOMACIA pressupõe as seguintes funções básicas aqui no Brasil:

- **Diplomata** - é o servidor público aprovado em concursos específicos;
- **Embaixador** - é o título conferido ao Chefe de uma Missão Diplomática (embaixadas e representações junto a organismos internacionais, pertença ele ou não à carreira diplomática). No Brasil é prerrogativa do Presidente da República indicar Embaixadores. E qualquer cidadão pode ser designado;
- **Cônsul-Geral** - é o título conferido ao diplomata que chefia um Consulado-Geral;
- **Chanceler** - é o título conferido ao Ministro das Relações Exteriores, sobretudo na tradição latino-americana;
- **Cônsul Honorário** - não é funcionário do governo brasileiro. Sua nomeação se faz a título honorífico. Trata-se de um cidadão brasileiro ou estrangeiro, com bom perfil local ou regional, que se mostra disposto e capacitado a agir, na sociedade estrangeira em que está inserido, em favor dos interesses do estado brasileiro e de seus nacionais. Não recebe qualquer remuneração ou desembolso de despesas e não dispõe de repartição nos moldes de uma repartição consular brasileira para os auxílios que presta. Trata-se de um serviço voluntário para auxiliar a comunidade brasileira residente e, em casos de emergência, os viajantes brasileiros que ali se encontrem.

Convivendo, mesmo que por pouquíssimo tempo com alguns diplomatas do Itamaraty (como assim ficou apelidado, mesmo na sede em Brasília) uma vez perguntei a um deles o que fazia mesmo um diplomata. E este me respondeu mais ou menos desta forma: *O diplomata sabe contrapor anseios pessoais com paciência e ponderação, que, em síntese, é a arte da diplomacia, onde se aceita perder até algumas peças do jogo (metáfora ao xadrez) para, no final, ganharmos a partida. O Diplomata é, via de regra, um grande estrategista. Quando achamos que conseguimos enganá-lo, ele nos mostra a próxima jo-*

gada e nos desafia a continuar pensando. É realmente um estilo a ser bastante desenvolvido em qualquer tipo de profissional competitivo. A diplomacia é a ciência ou arte de negociar com outras pessoas contando com qualidades do tipo: fineza, circunspecção, apego a regras de conduta, astúcia, ética, responsabilidade social, entre outras.

As pessoas e profissionais aprendem conceitos de negociação, aprendem técnicas de convencimento, aprendem técnicas de fechamento de negócios, aprendem muitas coisas relacionadas aos mais diversos objetivos, mas não aprendem nada (ou quase nada) sobre DIPLOMACIA, que, em síntese, representa como fazer tudo isso que todos nós aprendemos. A LEI DA DIPLOMACIA tem a ousada intenção de cumprir essa lacuna que a grande maioria de nós detém.

Naquela oportunidade que convivi com os profissionais da diplomacia brasileira, aprendi muito mais em uma semaninha de convivência do que em dois anos de bancos acadêmicos. Quando reconheci que as principais funções de um diplomata seriam NEGOCIAR, INFORMAR e REPRESENTAR, simplesmente não os ouvi dizer CONVENCER nem tampouco PERSUADIR, muito menos GANHAR ou VENCER um embate. Diziam eles que os melhores diplomatas que a humanidade já teve, mudaram a história do mundo e não são reconhecidos pelos embates que foram vencidos ou perdidos, como sempre fazem os advogados, por exemplo.

A explicação mais eloquente, embora lacônica, que eu ouvi foi a seguinte: *DIPLOMACIA é a arte de ganhar um embate não tendo razão.*

Eu imediatamente perguntei: *Por que alguém aceitaria PERDER um embate para um diplomata exemplar, sendo o perdedor dotado da razão?* E eles me responderam educativamente: *Porque um dia este DIPLOMATA, por ter exercido a diplomacia, perdeu sendo dotado da razão.* Este patrimônio dos diplomatas exemplares é o que o faz MERECEDOR de ganhar em circunstâncias pontuais onde a razão não seja o fator preponderante.

Estas duas frases marcaram a minha existência e ficaram para sempre em meus novos circuitos sinápticos. Foi tão importante este aprendizado quanto a LEI DO VERBO TENTAR, pois alterava completamente minha maneira de ver o mundo.

A grande maioria das pessoas entende que a RAZÃO seja o principal patrimônio daquele que entra num embate antagônico. Dizem austeramente que, se tens a razão, nada mais pode ser feito contra aquele que o detém. Mais o que seria a RAZÃO?

Excluindo-se os conceitos relativos à matemática e aos pressupostos contábeis, RAZÃO é a faculdade de raciocinar, apreender, compreender, ponderar, julgar a partir de um raciocínio que conduz à indução ou dedução de algo. É a capacidade da mente humana que permite chegar a conclusões a partir de suposições ou premissas já existentes (*mindset*). É, entre outros, um dos meios pelo qual os seres racionais propõem razões ou explicações para causa e efeito. A razão é particularmente associada à natureza humana, ao que é único e definidor do ser humano e permite identificar e operar conceitos em abstração, resolver problemas, encontrar coerência ou contradição entre eles e, assim, descartar ou formar novos conceitos, de uma forma ordenada e, geralmente, orientada para objetivos. Como uma forma de chegar a conclusões, é frequentemente contraposta não só com o modo como os animais não-humanos parecem tomar decisões, mas também com a tomada de decisões baseada na autoridade, na intuição, na emoção, na superstição ou mesmo na fé. A razão é considerada pelos racionalistas a forma mais viável de descobrir o que é verdadeiro ou melhor. A forma exata como a razão difere da emoção, fé e tradição é controversa, dado que as três são consideradas potencialmente racionais e, em simultâneo, potencialmente em conflito com a razão. A principal diferença entre a razão e outras formas de consciência está na explicação: o pensamento é tão mais racional quanto mais conscientemente for pensado, de forma que possa ser expresso numa linguagem.

A razão, como vimos acima, é uma palavra que condensa o parâmetro maior para que a conclusão se estabeleça, entretanto, no exercício da diplomacia há muito mais questões em jogo que poderá fazer a RAZÃO não ser o único parâmetro adotado. Muitas vezes uma necessidade de um país PRECISA lograr êxito, mesmo que à luz da razão do tomador de decisão isso não seja óbvio ou mesmo adequado, mas a única circunstância que fará o diplomata MERECER que aquela solicitação seja atendida, será ter, no passado, o patrimônio de ter estado em situação inversa e mesmo assim ter dado a decisão em favor do solicitante.

Consegue perceber a profundidade desta LEI DA DIPLOMACIA? Ela sinaliza que por vezes o embate deve ser considerado perdido, mesmo que sabidamente seria pertinente a vitória, uma vez que a razão o acompanha, mas já se vai às negociações com a decisão de não brigar pela razão e simplesmente guardar este patrimônio para ser utilizado mais adiante como argumento diplomático. Este patrimônio é a moeda de troca para o exercício da DIPLOMACIA.

Isso nos permite aplicar a LEI DA DIPLOMACIA como meio fundamental de decidir simplesmente não querer ganhar todos os embates apenas porque temos razão. É isso mesmo, ou seja, a razão não deveria ser o único parâmetro para justificar sua vitória ou sua derrota. Por vezes, é necessário perder apenas porque no futuro se saiba (desde já) que ter este patrimônio será vital para MERECER ganhar (vide LEI DO MERECIMENTO).

Este conhecimento foi transformador para minha vida. Trouxe à tona muitas vezes que eu sabia que tinha que vencer uma discussão, apenas porque eu TINHA RAZÃO. Se eu soubesse que a razão nem sempre é o parâmetro para se vencer alguma coisa, se eu soubesse a LEI DA DIPLOMACIA, eu teria guardado mais derrotas, propositalmente, para MERECER mais VITÓRIAS. É muito simples esta LEI, mas se não ensinada às pessoas, podem passar uma vida toda sem nunca perceber sua relevância.

Poderia chamar esta lei como LEI DA TROCA, mas aí não teria argumento para lembrar sempre da diplomacia, então nada mais coerente do que chamá-la com o ator que protagoniza a LEI, a DIPLOMACIA.

20. LEI DA CRIATIVIDADE

Umas das escalas do Teste EQ-MAP (desenvolvido por Roberto Cooper / Ayman Sawaf / Esther M. Orioli / Karen Trocki), para mapeamento e especificação das competências emocionais (disponível gratuitamente em nosso site https://olhodetigre.com.br/eq-map/), descreve o traço comportamental que chamamos de CRIATIVIDADE (escala 7), que nada mais é do que a habilidade de relacionar múltiplos recursos não cognitivos que lhe permitem ter a visão de novas ideias, inventarem soluções alternativas e encontrar formas novas e eficazes de fazer as coisas, independentemente dos recursos intelectuais disponíveis.

Uma pessoa com alto nível de CRIATIVIDADE deseja realizar as tarefas de seu próprio modo, não gosta de métodos passo a passo que lhe tolhem a possibilidade de fazer as coisas de sua própria maneira, pois o CRIATIVO precisa "existir" (ser percebido) no processo de execução de forma a poder considerar que a forma pela qual determinada coisa foi feita dependeu única e exclusivamente de algumas de suas ideias. Gosta que lhe sejam dadas missões globais e genéricas e a metodologia adotada para que sejam realizadas fiquem totalmente por sua conta e risco. Dê a um CRIATIVO os fins e deixe que ele definirá os meios.

O inverso disso poderia ser considerado o METÓDICO, ou seja, a pessoa que precisa sim de uma descrição clara do passo a passo e não deseja inventar as formas pelas quais as coisas precisam ser feitas, apreciando muito mais as definições clássicas do "como fazer" e simplesmente partir para a execução metódica e detalhista. Esse traço de comportamento prima muito pela execução *ipsis litteris* (ou também conhecido como *ipsis verbis*, uma expressão de origem latina que significa: pelas mesmas letras, literalmente, nas mesmas palavras, tal e qual, textualmente) e, por assim, realizar de forma obediente todo e qualquer passo a passo. Defende-se facilmente se algo sai errado com argumento de que o passo a passo é ineficaz e não sua execução. Não aprecia grandes missões genéricas e globais e cobra sempre as etapas claras contendo as ordens explícitas do "como fazer". Dê ao METÓDICO os meios e simplesmente colha o que a execução obediente pode trazer.

Como seria uma relação profissional entre um CRIATIVO e um METÓDICO?

O CRIATIVO tende a passar os objetivos de forma ampla e genérica, sem conter métodos nem tampouco as etapas de execução, fazendo exatamente o que gostaria que fizessem consigo mesmo numa situação inversa. Espera com isso que a pessoa que esteja em sua frente seja também um CRIATIVO como ele próprio fora. Um METÓDICO que recebe essas diretrizes (da forma como um CRIATIVO a emitiria) como um verdadeiro absurdo e não considera digno de credibilidade o CRIATIVO emissor da diretriz, tendo até certo desprezo pelo emissor da diretriz.

Inversamente, o METÓDICO tenderia a passar apenas as etapas, às vezes até omitindo os objetivos maiores (não vale a pena compartilhar essas coisas tão amplas e abstratas), cuidando da clareza das atribuições. Nem se poderia dizer que são diretrizes, uma vez que são tão detalhadas que configuram muitas mais ordens (via tarefas e atividades pontuais) do que qualquer coisa diferente e mais ampla. Da mesma forma que o CRIATIVO, ele assim procede porque é exatamente desta forma que gostaria de receber a atribuição. Um CRIATIVO que receba essas ordens não as faz com respeito nem tampouco com prazer, pois não lhe foi dada nenhuma autonomia para decidir seu próprio meio de fazer aquele percurso que, às vezes, sequer lhe foi dado o direito de conhecer seu objetivo maior.

Não existe certo ou errado, apenas são traços comportamentais diferentes. Entretanto, cabe aqui fazer uma defesa ao criativo, justificando assim a LEI DA CRIATIVIDADE.

Modernamente, a criatividade tem sido uma das principais responsáveis pelo sucesso de pessoas das mais diversas áreas, quando no passado recente era apenas presente aos profissionais ligados à área de publicidade, propaganda e desenvolvimento de produtos e serviços. A maior contribuição é que a criatividade não é uma característica que vem do berço ou de aptidão, apenas relacionada ao talento nato pela inventividade, mas perfeitamente sistematizável e desenvolvível nas pessoas. Suas características típicas são a inventividade, ou seja, a inteligência nata ou adquirida para criar, inventar, inovar, quer no campo artístico, quer no científico, esportivo, etc. No livro de Edward De Bono (Pensamento Lateral), ele defende que atualmente a criatividade é o principal recurso a ser desenvolvido para maximizar os resultados em quaisquer campos.

As necessidades tão amplas de alternativas de soluções para os mais desafiadores problemas da sociedade do Século XXI serão resolvidas muito mais pelo desenvolvimento da CRIATIVIDADE do que pelo desenvolvimento da intelectualidade cognitiva clássica. Eu mesmo me deparei muitas vezes em minha vida profissional com circunstâncias que a simples competência armazenada não seria suficiente para ir adiante. Foi a criatividade que me ajudou de forma incontestável a superar as circunstâncias.

Quem desenvolve a CRIATIVIDADE, ganha capacidade de IMPROVISO, sem que esta palavra signifique a leviandade de somente fazer as coisas sem que se esteja preparado. Prefiro a definição da palavra IMPROVISO de Reinaldo Polito (autor brasileiro na arte de falar em público): *Falar de improviso, diferentemente do que algumas pessoas imaginam, não significa falar sem conhecer o assunto. Se uma pessoa se atreve a falar em público sem ter informações sobre o tema que irá transmitir, o adjetivo mais benevolente que poderíamos lhe atribuir é o de irresponsável. Negligenciar a preparação, passando a refletir sobre o assunto que irá expor apenas no momento em que já estiver frente a frente com os ouvintes, é um erro crasso. Improvisar requer criatividade e muito mais preparação do que se imagina.*

Acredita-se que o potencial criativo humano tenha início na infância. Quando as crianças têm suas iniciativas criativas elogiadas e incentivadas pelos pais (vide LEI DA HERANÇA COMPORTAMENTAL), tendem a ser adultos ousados, propensos a agir de forma inovadora. O inverso também parece ser verdadeiro. Quando as pessoas sabem que suas ações serão valorizadas, tendem a criar mais. O medo do novo, o apego aos paradigmas, são formas de consolidar o *status quo*. Quando sentem que não estão sob ameaça (de perder o emprego ou de cair no ridículo, por exemplo), as pessoas perdem o medo de inovar e revelam suas habilidades criativas. Algumas pessoas acreditam que ver a criatividade como habilidade passível de desenvolvimento é um grande passo para o desenvolvimento humano, enquanto outras têm a visão de que a criatividade é uma habilidade inata, ligada a fatores genético/hereditários e, portanto, determinista.

Numa destas palestras que assisti em minha peregrinação por conhecimentos interdisciplinares, vi uma argumentação interessante acerca de uma sondagem mais interessante ainda. Dividiu-se num grupo diversas pessoas elogiadas por serem consideradas criativas ou esforçadas e noutro grupo pessoas elogiadas por serem inteligentes. A ambos os grupos se ofereceu a escolha de dois problemas, um sabidamente mais fácil e outro mais difícil. O interessante é que 90% das pessoas do grupo de elogiados quanto à inteligência escolheu o problema mais fácil e 90% do grupo de criativos e esforçados escolheu o problema mais difícil.

O que parecia ser, pelo menos para mim, uma escolha típica dos mais inteligentes, assim o foi para os mais criativos e esforçados. Esta evidência empírica demonstra com alguma proficiência a importância de desenvolvermos a CRIATIVIDADE para solucionarmos, de verdade, tanto os nossos problemas pessoais como também os problemas da humanidade.

Os conceitos criatividade e inovação são indissociáveis, no entanto não são sinônimos. Os autores Duaibili & Simonsen Jr. distinguem-nos afirmando que "A criatividade é a faísca, a inovação é a mistura gasosa. A primeira dura um pequeno instante, a segunda perdura e realiza-se no tempo. É a diferença entre inspiração e transpiração, a descoberta e o trabalho". Normalmente, a criatividade é um processo individual, nasce da ideia que surgiu na cabeça de alguém, enquanto a inovação é um processo coletivo, que deve ser trabalhado em grupo e conduz coletivamente a uma mudança de percepção. Por isso se diz que determinada pessoa é criativa e a empresa "xyz" é inovadora. (De Brabandere). Não existe inovação sem criatividade, pois a inovação é a aplicação prática da criatividade, ou seja, uma ideia resultante de um processo criativo só passará a ser considerada uma inovação caso seja realmente aplicada, caso contrário é considerada apenas uma invenção. Citando Larry Hirst (um dos antigos Chairman da IBM), **Invenção é transformar dinheiro em ideias, inovação é transformar ideias em dinheiro.** Inovação tem, pois, este caráter de concretização, que só assim poderá gerar criação de valor. O conceito de criatividade é aplicável fora do contexto empresarial, podendo ser utilizado para caracterizar, por exemplo, os indivíduos na sua esfera não profissional.

Outra associação comum é feita com a expressão "presença de espírito", atribuída de forma recorrente às pessoas dotadas de criatividade. Exercida por repentistas, piadistas e pessoas que desenvolvem a criatividade, esta característica é ilustrada de diversas formas. Vamos a algumas situações que exemplificam bem a "presença de espírito".

O primeiro exemplo fecundo que gostaria de compartilhar foi contado por Natanael Gomes Filho e o encontrei no site **www.artigonal.com**. Em um hospital psiquiátrico decidiram fazer uma pesquisa para testar o nível de sanidade mental dos seus enfermos e, para isso, elaboraram um teste com uma banheira. O teste compreendia em esvaziar a banheira e, daí, conforme o resultado, seriam decididos os critérios de mudança de tratamento, de medicamentos ou até mesmo a baixa por se encontrar em condições de ser reintegrado à sociedade. Durante o teste, o Diretor esclareceu as regras aos participantes e médicos ao mesmo tempo:

— *Nós enchemos uma banheira com água e oferecemos ao enfermo uma colher, um copo, uma panela e um balde e pedimos que a esvazie. De acordo com a forma que ele decida realizar a missão, nós decidimos se alteramos seu medicamento para dosagens mais leves, mudaremos de ala para que seu convívio seja melhor para a sua condição atual de sanidade ou até o hospitalizamos em isolamento para que não influencie negativamente outros pacientes.*

Vários deles fizeram o teste com resultados muito diferentes. Para alguns havia uma pequena melhora quando escolhiam o copo e para outros uma mudança ainda maior quando escolhiam o balde. Ao fim do dia, já reclassificados e sendo relocados para seus novos aposentos, o diretor foi chamado por um dos pacientes que se recusara fazer o teste e por este motivo fora reclassificado na ala de isolamento.

— *Doutor, posso lhe falar um minuto?* — Perguntou ao diretor.

— *Falar o quê? Você nem quis participar do teste e na sua vez decidiu não fazê-lo. As regras estavam estabelecidas: a colher, o copo, a panela e o balde* — *falou exaltado o diretor.*

— *Ah! Entendi* — *disse o paciente. Um paciente curado usaria o balde, que é maior que o copo e a colher. Um paciente em estado intermediário usaria o copo e um paciente que necessitasse maiores cuidados usaria a colher, certo?*

— *Certo!* — *Respondeu o diretor ainda mais nervoso diante do paciente e de todos os médicos que concordavam com o seu posicionamento.*

— *Eu só queria tirar a tampa do ralo da banheira* — *disse o paciente.*

Este texto exemplifica claramente o uso do Pensamento Lateral criado por Edward de Bono e que deve ser entendido como uma ferramenta do pensamento para soluções fora do padrão. É o que chamamos de "pensar fora do quadrado".

Outro exemplo desconcertante:

Uma funcionária da GOL, no aeroporto de Congonhas, São Paulo, deveria ganhar um prêmio por ter sido dotada de tanta "presença de espírito", divertida e ter atingido seu objetivo quando teve que lidar com um passageiro que provavelmente se achava mais importante que todos os demais. Um voo lotado da GOL foi cancelado. Uma única funcionária atendia e tentava resolver o problema de uma longa fila de passageiros. De repente, um passageiro irritado cortou toda a fila até o balcão, atirou o bilhete a ela e disse:

— *Eu tenho que estar neste voo e tem que ser na primeira classe!*

A funcionária calmamente respondeu:

— *O senhor desculpe, terei todo o prazer em ajudar, mas tenho que atender estas pessoas primeiro, já que elas também estão aguardando pacientemente na fila. Quando chegar a sua vez, farei tudo para poder satisfazê-lo.*

O passageiro ficou irredutível e disse, bastante alto para que todos na fila ouvissem:

— *Você faz alguma ideia de quem eu sou?*

Sem hesitar, a funcionária sorriu, pediu um instante e pegou no microfone anunciando para todos do saguão ouvissem:

— *Posso ter um minuto da atenção dos senhores, por favor? Nós temos aqui no balcão um passageiro que não sabe quem é, deve estar perdido. Se alguém é responsável por ele, ou é seu parente, ou então se puder ajudá-lo a descobrir a sua identidade, favor comparecer aqui no balcão da GOL. Obrigada.*

Além das gargalhadas descontroladas de todos, ainda levou uma calorosa salva de palmas. Com as pessoas atrás do cidadão gargalhando histericamente, o homem olhou furiosamente para a funcionária, rangeu os dentes e disse, gritando:

— *Eu vou te foder!*

Sem recuar, ela sorriu e disse:

— *Desculpe meu senhor, mas, mesmo para isso, o senhor vai ter de esperar na fila, tem muita gente querendo o mesmo.*

Sensacional, não é mesmo? É isto que a LEI DA CRIATIVIDADE quer valorizar.

Uma última demonstração de "presença de espírito" e que aconteceu comigo. Estava eu, juntamente com mais colaboradores de minha empresa, em Porto Alegre, aguardando para fazer o *check-in* num voo direto para Congonhas em São Paulo. Infelizmente este voo, juntamente com outro que iria direto para Campinas–Viracopos, foram cancelados e as pessoas de ambos os voos tiveram que ser transferidas para outro que pousaria em Guarulhos. Voamos normalmente e, chegando em Guarulhos, foi-nos dito que os passageiros que tinham seu trecho para Campinas–Viracopos receberiam um *voucher* de táxi para irem até suas residências em Campinas e as pessoas que estavam no trecho para Congonhas deveriam esperar um ônibus da empresa área que nos levaria até o aeroporto de Congonhas. Eu fiquei indignado de saber que as pessoas com trecho até Campinas receberiam táxi até suas residências e nós teríamos que esperar um ônibus e ainda para sermos levados a Congonhas num horário que não teríamos mais táxis à disposição para o trajeto até as nossas respectivas residências. Comecei um embate representando todos que tinham trecho para Congonhas, alegando que desejávamos o mesmo tratamento confortável que o pessoal com trecho para Campinas estava recebendo (táxi até a residência), mas minhas argumentações não estavam logrando êxito, até que aconteceu o seguinte diálogo entre eu e a atendente:

— Desculpe, mas ou o senhor vai para Campinas de táxi ou o senhor vai ter mesmo que esperar o ônibus e ir somente até o aeroporto de Congonhas. Só tenho uma dessas possibilidades para atendê-lo — disse a atendente para encerrar a discussão.
— Então está falado. Pode me dar o voucher para Campinas que nós vamos para lá.

Meus colaboradores da empresa, que estavam comigo, não entenderam absolutamente nada, pois o que faríamos em Campinas? Eu disse a eles para ficarem calados e que confiassem em mim.

— Mas o senhor não mora em Campinas — defendeu-se ela.
— Não interessa onde eu moro. Você não disse que eu tenho somente essas duas alternativas? Então prefiro ir direto para Campinas na casa de parentes do que ter que ir a Congonhas neste horário e não ter táxi para ir até minha residência. Pode me dar um voucher para Campinas, por favor, que nós 3 vamos para lá então.

Sem muita alternativa, a atendente me deu o *voucher* e rapidamente entramos no táxi.

— Sr. taxista, boa noite. Temos um voucher para o senhor que vai daqui de Guarulhos até Campinas, portanto vai ganhar da empresa área este trecho integralmente, entretanto vamos todos ficar bem mais pertinho, aqui na região do ABC. Poderia fazer esta gentileza para nós?

Claro que o taxista, entendendo o que houvera acontecido, aceitou prontamente com um sorriso no canto dos lábios. Se a atendente não apenas cumprisse suas ordens à risca, perfil METÓDICO, e compreendesse o problema, preferiria ser CRIATIVA o suficiente para gastar menos dinheiro para sua empresa área e nos passar o *voucher* para a região do ABC (cerca de 100 Km mais perto). Foi a minha presença de espírito (que fez com que os colegas que estavam comigo vibrassem) que aproveitou a própria argumentação da atendente para fazer o que eu queria que fosse feito.

Para consolidar a abordagem da LEI DA CRIATIVIDADE, quero associar que esta LEI exige também certa capacidade de "se virar", conexão com um quadro de um programa de TV famoso que se chama SE VIRA NOS TRINTA (30 segundos para fazer algo que impressione a plateia).

Uma grande quantidade de pessoas de um país está incluída no conceito de População em Idade Ativa (PIA), uma classificação etária que compreende o conjunto de todas as pessoas de um país teoricamente aptas a exercer uma atividade econômica, um trabalho. No Brasil, consideram-se a PIA todas as pessoas com 10 ou mais anos de idade.

Essas pessoas que compõem a PIA estão subdividas em População Economicamente Ativa (PEA) que consiste na soma das pessoas empregadas (PO – Pessoas Ocupadas) com as pessoas temporariamente desempregadas (PD – Pessoas Desocupadas) e População Economicamente Inativa (PEI), que consiste na soma das pessoas incapacitadas para o trabalho, que desistiram de buscar trabalho ou ainda que não querem mesmo trabalhar (estudantes, aposentados, incapazes, etc.). Resumidamente temos:

$$PO + PD = PEA$$

e

$$PEA + PEI = PIA$$

Tudo isso é o que se aprende introdutoriamente nas primeiras páginas de qualquer livro de macroeconomia, mas o que pretendo grifar aqui é que existe uma parcela da PO que vai se transformar em PD por absoluta falta de capacidade de "se-virança". Fará parte da latente PISV (População Incapacitada de Se-Virar).

Uma pessoa com senso de "se-virança" (aquele que se vira, que dá seus pulos, que improvisa em prol de um resultado efetivo) é aquela que defende ditados como: "quem tem boca vai à Roma", "quem não tem cão, caça com gato", "em terra de cego, quem tem um olho é rei", "mais vale um pássaro na mão do que dois voando".

Você, leitor, faz parte do PISV? Espero que não! Acho que não. Um bom motivo para eu pensar que não é que você está lendo este texto por algum motivo. E se existe algum motivo que seja propulsor de suas atitudes, creio que já seja uma indicação de que você parece "se-virar" mais do que reclamar.

Os membros do PISV geralmente odeiam ler (quanto mais estudar), costumam demorar mais do que o normal para entender aquelas piadas mais inteligentes; preferem ordens claras e detalhadas ao invés de diretrizes amplas e desafios impossíveis, não percebem qualquer frustração por um trabalho que não gerou o resultado esperado, são superficiais e odeiam coisas complexas, não se preocupam com o todo, apenas com uma parte. Em síntese, parece que morreram, mas se esqueceram de deitar.

Desenvolver a LEI DA CRIATIVIDADE requer pensamento lateral, certa dose de apetite para o risco além de certa coragem para continuar com os desafios, mesmo que a competência não lhe seja suficiente.

21. LEI DA ATUALIZAÇÃO

A competência não resiste mais à falta de atualização. Na verdade, nunca resistiu. No entanto, o prazo é que diminuiu sobremaneira. Cada vez vejo com mais frequência que os Paraninfos das sessões solenes de formatura (já observei duas vezes este tipo de discurso) não valorizem a festa de término que a colação de grau representa. Dizem que não há mais o que festejar numa colação de grau, pois não pode haver algum tipo de sessão solene que represente tão pouco no conhecimento que ainda estaria por vir.

Aquela formação que começa e termina (aqui no Brasil representado pelo ensino fundamental, seguido do ensino médio e depois consolidado pelo ensino superior) não tem mais lugar no mundo moderno nem tampouco no Século XXI. Tampouco bastam os bancos acadêmicos posteriores caracterizados pelos cursos de pós-graduação, mestrado e doutorado. A necessidade de atualização supera em muito estas alternativas.

José Davi Furlan (autor de Business Transformation, disponível em e-book pela Amazon), disse recentemente em um de seus vídeos de seu canal no Youtube que não estamos mais numa "Era de Mudanças", mas numa "Mudança de Era".

Cada vez mais as informações estão sendo disponibilizadas numa quantidade e rapidez acima da capacidade de absorção da maioria das pessoas, exigindo, destas, estudo em métodos alternativos de aprendizagem, aprendizagem acelerada, técnicas de memorização mais eficazes, leitura dinâmica, fotoleitura, métodos otimizados de absorção do conhecimento, facilitando o acesso a cada vez mais periódicos e fontes de informações complementares. É fundamental a assinatura de revistas ligadas ao seu campo profissional, ler periódicos, participar de congressos, participar de entidades de classes, ler novos livros de uma forma sistematizada, acessar sites específicos na Internet, frequentar bibliotecas, fazer parte de grupos temáticos nas mídias sociais, etc.

Hoje a tecnologia permite que cursos presenciais de atualização estejam prestes a se tornar obsoletos ou práticas que ficarão expostas em museus. Os recursos de vídeo tão amplamente disponíveis permitem que todos nós assistamos aulas com os melhores professores e profissionais do mundo a custo zero e ainda sob a conveniência de horário e local conforme seus interesses. Permitem ainda que a ordem de seu aprendizado não se submeta aos programas curriculares das escolas feitos de forma questionável por pessoas que sequer sabem o que estão oferecendo. Alternativamente, podemos aprender na velocidade que desejarmos e, conforme a demanda, algo totalmente inusitado ainda para muitas pessoas mais ortodoxas.

Em síntese, a LEI DA ATUALIZAÇÃO quer que você saia da forma tradicional de ver o mundo e amplie as possibilidades. Esta LEI vai lhe apresentar o quanto saber da "história da coisa" simplesmente não adianta mais.

Não dá mais para aceitar parcimoniosamente pessoas que não têm e-mail, nem tampouco pessoas que o têm, mas que respondem apenas em dias específicos da semana ou do mês. Não dá mais para aceitar pessoas que não se comuniquem por meio do *WhatsApp*, nem pessoas que não tenham uma conta no *Facebook* ou *Linkedin* (pelo menos). Que não sabem manipular um computador, um *tablet*, um celular, um caixa eletrônico de banco. Que não tenham um *Smartphone* com os aplicativos de TAXI, de UBER, de GPS, de empresas áreas, de bancos, de armazenagem de arquivos na nuvem, de transferência de dados via *Bluetooth*, de código de barras, de código QR, enfim, de tantos aplicativos disponíveis para se fazer um sem-número de coisas.

Há uma parcela significativa de pessoas que ainda se pergunta se vale a pena se atualizar. Pasmem, mas ainda existem certos pais (e mães) que discutem com seus filhos quando estes manifestam desejo de se atualizar. Eu não quero investir estas linhas com este tipo de disfunção social, seria uma incongruência com tudo que valorizei a vida toda, mas desejo promover uma reflexão sobre o porquê, realmente, que algumas pessoas ainda insistem em não se atualizar.

Vejo ao meu redor, em minhas redes de relacionamento acadêmico e até entre pessoas muito próximas, três tipos de acadêmicos. Na verdade, parece somente haver três tipos de "futuros profissionais", com posturas bem diferentes entre si. São três comportamentos que, de longe, são muito mais agregadores de valor do que aqueles que sequer decidiram (ou não conseguiram) frequentar os bancos acadêmicos, mas mesmo assim são comportamentos que trazem contribuições bastante diferentes entre si. Veja a tabela abaixo:

ALUNO FUTURO "PICARETA"	ALUNO FUTURO "SUPERFICIAL"	ALUNO FUTURO "PROFISSIONAL"
Já terminou sua faculdade e estufa-se desta conquista.	Já terminou sua faculdade e diz que "em breve" (assim que tiver mais tempo e/ou dinheiro) vai continuar seu processo.	Já terminou sua faculdade, imediatamente fez uma pós-graduação (lato ou stricto sensu) e continua estudando sistematicamente.
Faz seus trabalhos acadêmicos com o menor esforço possível.	Faz seus trabalhos acadêmicos com o maior esforço possível.	Faz seus trabalhos acadêmicos como se fossem ser vendidos para alguém.
Estuda para fazer a prova e tirar uma nota razoável. Tirando a nota mínima necessária, nunca mais vai se dedicar àquele assunto.	Estuda para fazer a prova e tirar nota máxima. Tirando a nota máxima, nunca mais vai se dedicar àquele assunto.	Estuda para aplicar o conhecimento e as notas não são tão importantes, desde que sejam suficientes para continuar a autopesquisa sobre aquele assunto.
Lazer é importantíssimo e estudar algum assunto emergencial é somente quando sobrar tempo ocioso.	Lazer é importante, mas é capaz de trocá-lo pelo estudo sobre algum assunto emergencial (Nerd).	Lazer é importantíssimo, mas o estudo é imprescindível, portanto faz as duas coisas com excelência.
Vai à escola para fugir de alguma coisa no ambiente familiar ou para desestressar.	Vai à escola para concorrer a uma vaga de emprego ou uma promoção no atual.	Vai à escola para "gerar" um novo emprego em seu próximo empreendimento.
Sabe ler, mas não lê nem gosta de ler. É como se não soubesse. Simplesmente não precisava ter aprendido.	Sabe ler, mas só lê o que lhe dá prazer. Posterga pegar um livro e, quando pega, acaba dormindo rapidamente.	Sabe ler, mas lê tudo aquilo que poderia ser útil na vida pessoal e profissional. Assina revistas profissionais.
Quer trabalhar o suficiente, quanto menos, melhor.	Quer trabalhar o tempo todo, quanto mais, melhor.	Quer trabalhar sem descanso até que o resultado apareça.

Faça uma análise você mesmo em relação a suas características considerando a tabela anterior. Veja em que perfil você se sente mais representado e reflita sobre seu papel profissional como fruto de sua dedicação com a LEI DA ATUALIZAÇÃO. Tenho vivido e experienciado os três papeis do ambiente educacional, portanto, sou (e serei eternamente) aluno. É preciso parar de ensinar para voltarmos a aprender.

Numa alusão à LEI DA CRIATIVIDADE, onde falamos do PISV (População Incapacitada de Se Virar), percebo que a LEI DA ATUALIZAÇÃO também contribuiria para a sua erradicação. Muitas delas vão perder suas oportunidades de emprego (PO) e vão passar a vida inteira reclamando que foram demitidas (PD), alegando que foram consideradas um mero número na empresa onde trabalhavam. Vão provavelmente reclamar que não foram plenamente preparadas (o que pode ser até uma verdade), mas pouco fizeram para se ATUALIZAR.

A falta de comida faz com que uma pessoa normal morra entre 4 e 7 semanas. A falta de água faz com que uma pessoa morra em, no máximo, uma semana. Similar inanição da capacidade de nutrir-se de contínua ATUALIZAÇÃO fará rapidamente com que um profissional sucumba.

Pessoas que se negam a se atualizar precisam de ajuda emocional e estas LEIS contidas nesta obra têm a missão de iniciar este processo. Infelizmente este livro é apenas o começo. Continue nesta jornada e não pare nunca de ser mais buscador do que encontrador (vide LEI DA CONSILIÊNCIA). Ah, outro detalhe importante: jamais delegue a responsabilidade de se atualizar a uma empresa onde trabalhe ou a quem quer que seja, ou seja, a responsabilidade e o protagonista de se atualizar (e até de se capacitar) é somente sua, portanto não espere alguém bancar financeiramente seu desenvolvimento, faça isto você mesmo e com seus próprios recursos (vide LEIS DO DINHEIRO, para rever suas prioridades).

22. LEI DA IMAGINAÇÃO EXATA

Napoleon Hill, todas as noites antes de adormecer, fechava os olhos e via em imaginação uma longa mesa de reuniões, em torno da qual se reuniam certos homens eminentes, cujas características desejava absorver na sua própria personalidade. Esses homens eram Lincoln, Napoleão, Washington, Emerson e Elbert Hubbard. Todas as noites, durante meses seguidos, esse homem viu as mesmas figuras sentadas em torno da sua mesa imaginária, até que finalmente conseguiu imprimir no seu subconsciente essas qualidades de maneira tão clara que começou a desenvolver-se nele uma personalidade que era um composto de todas as personalidades invocadas. Não há ambiente desagradável que seja bastante forte para deter um homem ou mulher que saiba como aplicar o princípio IMAGINAÇÃO EXATA. A IMAGINAÇÃO, dizia ele, é a oficina do espírito humano, onde as velhas ideias e os fatos estabelecidos podem ser reunidos em novas combinações e empregados de nova maneira.

Os dicionários modernos definem imaginação como sendo a faculdade de representar objetos pelo pensamento, de inventar, criar, ter opinião sem fundamento, absurdo. Uma capacidade mental que permite a representação de objetos segundo aquelas qualidades dos mesmos que são dadas à mente através dos sentidos. Em filosofia, tais qualidades são chamadas de qualidades secundárias quando a ereção do subconsciente pronuncia-se à da consciência.

Através da sua capacidade interpretativa, a imaginação tem uma força que geralmente não lhe é atribuída: o poder de registrar vibrações e ondas de pensamento, postas em movimento por forças exteriores, do mesmo modo que o aparelho de rádio capta as vibrações do som (vide LEI DO MASTER MIND). O princípio por meio do qual funciona esta capacidade interpretativa da imaginação chama-se TELEPATIA, isto é, a comunicação do pensamento de um cérebro a outro, em grandes ou curtas distâncias, sem o auxílio de instrumentos físicos ou mecânicos.

A telepatia é um fator importante para o leitor que se prepara para fazer um uso efetivo da imaginação, porque esta capacidade telepática da imaginação está sempre captando ondas e vibrações de pensamento de toda espécie. Os chamados "estalos" ou "inspirações", que levam o indivíduo a formar uma opinião ou tomar uma decisão no decorrer de um ato que não está em harmonia com a lógica e a razão, são usualmente o resultado de ondas de pensamentos registradas na imaginação.

Compreendemos a importância da imaginação quando refletimos que é ela a única coisa do mundo sobre a qual temos um controle absoluto. Podemos ser privados da riqueza, dos bens materiais, defraudados por todos os meios, mas nenhum homem nos poderá impedir de controlar e usar a nossa imaginação como melhor nos aprouver. Há apenas uma forma de imaginação contra a qual devemos evitar. É essa forma de imaginação que leva alguns à convicção de que podem conseguir alguma coisa em troca de nada (vide LEI DO PROPÓSITO BEM DEFINIDO) ou que podem abrir caminho à força, sem respeitar os direitos alheios.

O trabalho do Dr. Luiz Machado (cientista carioca) nos ensinou sobre o poder da "imaginação emotizada" (EMOTOLOGIA) e do Dr. Celso Charuri, sobre o poder de estar convicto sobre esta imaginação "sem quaisquer tipos de conflitos" (PROVIDA) será imprescindível para compreender esta LEI DA IMAGINAÇÃO EXATA.

Dr. Luiz Machado é Fundador e Diretor da Cidade do Cérebro® com mais de 40 anos dedicados a estudos sobre como mobilizar as potencialidades humanas. Ph.D. e Livre Docente pela Universidade do Estado do Rio de Janeiro (UERJ), na qual foi coordenador do Programa Especial de Desenvolvimento da Inteligência e da Criatividade (PEDIC). Em 1964, foi Visiting Scholar na Universidade de Colúmbia, Nova York, Estados Unidos, na qual deu início, em companhia do Prof. Anísio Teixeira, a pesquisas de assuntos como a Inteligência e a Criatividade. Em 1966, obteve o grau de Doutor em Letras e, na Alemanha, conquistou o Diploma de Professor de Alemão. É autor de vários livros no campo das potencialidades humanas, entre os quais destacamos: "Autoestimulação da Inteligência", "Toda Criança Nasce Gênio", "O Cérebro do Cérebro", "Introdução à Aprendizagem Acelerativa", "O Segredo da Inteligência", "Descubra e Use Sua Inteligência Emocional", "Superinteligência" e "Se Funciona é Obsoleto".

Em 1984, em congresso de cientistas em Estocolmo, Suécia, ele apresentou sua teoria de que a inteligência depende mais do sistema límbico (estruturas do cérebro mais responsáveis pelas emoções) que do intelecto. Seus estudos tiveram grande repercussão internacional e vários autores, de diferentes países, ficaram entusiasmados com as conclusões do professor brasileiro. Essa teoria deu origem ao conceito de inteligência emocional, divulgado mundialmente pelo americano Daniel Goleman, com seu livro "Inteligência Emocional". Em 1994, Luiz Machado ganhou o Prêmio Salt, de Membro Exponencial, nos Estados Unidos.

Colin Rose, um pesquisador inglês, presente no referido congresso, escreveu, em seu livro "Accelerated Learning", de 1985: *Em 1971, Rappoport concluiu que a emoção não está somente envolvida com a memória, mas é realmente a base em que a memória é organizada. Recentemente, Dr. Luiz Machado, da Universidade do Estado do Rio de Janeiro, um dos primeiros impulsionadores do movimento da Aprendizagem Acelerativa, afirmou que se o novo material fosse apresentado de tal modo a produzir excitação emocional, isto é, envolvesse o sistema límbico, ele ativaria poderes mentais normalmente não usados. Novamente em 1997, escreveu: Em Aprendizagem Acelerada nós conscientemente usamos exercícios de relaxamento antes de uma sessão para reduzir o estresse e aumentar os níveis de energia. Luiz Machado de Andrade, um pesquisador da área educacional de classe mundial da Universidade do Estado do Rio de Janeiro, trouxe a lume já em 1984 que o sistema límbico efetivamente controla os mecanismos de nossa autopreservação – as forças mais poderosas dentro de nós. Quando se envolve o sistema límbico na aprendizagem e ensino, isto é, deliberadamente se envolvem as emoções, mobilizam-se forças poderosas que tornam o aprendizado muito mais eficaz. Em seu livro "O Cérebro do Cérebro", ele caracteriza o sistema límbico como o controlador central do cérebro todo, isto é, a forma primária de inteligência. Ele antecipou todo o debate convocando educadores para envolver emoções na sala de aula a fim de capacitar os alunos a usarem mais de seu potencial.*

Win Wenger, Ph.D., pesquisador americano, também presente ao referido congresso, autor do livro "How to Increase your Intelligence" (Como Aumentar sua Inteligência) e "Beyond Teaching and Learning" (Para lá de Ensinar e Aprender), escreveu, em 1986: *A tese do papel predominante do cérebro límbico no desempenho intelectual parece encontrar sua origem nos estudos do Prof. Machado, ainda que se possa encontrar alguns antecedentes como a "pausa córtico-talâmica" de Programa de Semântica Geral, de Alfred Korzybski e a tradição psicanalítica que tende a encarar o processo racional humano como uma leve espuma no topo de fortes ondas de racionalização emocionalmente condicionadas.*

O próprio Daniel Goleman, autor do livro "Inteligência Emocional", 12 anos depois da publicação do livro do Prof. Luiz Machado "O Cérebro do Cérebro", enviou o seguinte texto por correio eletrônico: *Sua teoria de uma "inteligência límbica" corresponde em quase todos os aspectos à minha própria concepção de inteligência emocional. Enquanto a teoria de Salovey e Mayer, que eu usei em meu livro, trata mais detidamente das competências envolvidas em tal Inteligência, sua obra muito contribui para descrever a base neural subjacente dessa Inteligência.*

Peter Salovey, Professor de Psicologia e Epidemiologia e Saúde Pública e Diretor de Estudos de Pós-graduação em Psicologia, da Universidade de Yale, que foi apresentado por Daniel Goleman como o criador do conceito de inteligência emocional, escreveu a Luiz Machado, em carta de 14 de julho de 1997: *O artigo de 1990 com D. Mayer, chamado "Inteligência Emocional", foi nosso primeiro artigo sobre o assunto. Entretanto, nós nunca alegamos que ele era a primeira coisa já escrita sobre inteligência emocional. Ele certamente influenciou Daniel Goleman em seu livro popular, mas eu sei que outros, como você mesmo, escreveram sobre inteligência emocional e conceitos similares também.*

Tudo isso apenas para demonstrar a importância deste nobre cientista brasileiro na infraestrutura desta LEI DA IMAGINAÇÃO EXATA. Os estudos de Luiz Machado sobre as estruturas cerebrais mais responsáveis pela autopreservação e preservação da espécie levaram-no a um aprofundamento na área da psicolinguística e conduziram-no a importantes conclusões a respeito da inteligência e da criatividade, dentro do âmbito de estudos do que ele denominou de Emotologia, que definiu como sendo o estudo do desenvolvimento das capacidades humanas como elemento de autorrealização.

Em 1984, em um congresso em Estocolmo, Suécia, o Prof. Luiz Machado apresentou a seus pares a tese de que a inteligência depende mais do sistema límbico que do intelecto, pois até então era admitido nos meios científicos que a inteligência era explicada unicamente pelo intelecto. Essa conclusão foi apresentada somente em 1984, depois do trabalho com mais de 20.000 alunos nos laboratórios de idiomas já mencionados, em cursos de idiomas por um sistema de aprendizagem acelerativa. A tese considerou a inteligência como função do organismo para a preservação da espécie e estabeleceu o silogismo: como o sistema límbico é o mais responsável pela preservação da espécie e a inteligência é uma função do organismo com esse objetivo, logo, as estruturas que o compõem são as mais responsáveis pela inteligência. O sistema límbico funciona em íntima conexão com a usina química do organismo, em especial com o sistema glandular endócrino.

Com os estudos do sistema límbico produziu-se uma verdadeira revolução na compreensão dos processos cerebrais: foram descobertos novos fatores intracerebrais que parecem controlar não somente a função da hipófise e do sistema endócrino, mas também a atividade do próprio cérebro. Tendo identificado o sistema límbico, funcionando em íntima conexão com o sistema glandular endócrino, o Prof. Luiz Machado cunhou, desde 1964, o acrônimo SAPE com a primeira letra de cada palavra de "Sistema de Autopreservação e Preservação da Espécie". Somente as informações que penetram ali são capazes de provocar mudanças de comportamento e os comportamentos adaptativos representam os atos de inteligência.

Muitos treinamentos para mudança de comportamento partem logo de comportamentos, mas, de acordo com a teoria do Dr. Luiz Machado, é preciso penetrar nas estruturas do sistema límbico para gerar mudança de comportamento. Sistemas existem para atingir resultados. Desenvolveu então o seguinte raciocínio: se o SAPE existe para atingir o objetivo maior da Natureza, que é preservar as espécies, se nós tornarmos comum ao SAPE os nossos próprios objetivos, de tal modo que ele os interprete como sendo os que deve atingir, na mesma categoria daqueles da Natureza, ele usará todas as energias para atingir nossos objetivos, como faz para garantir a preservação da espécie, pela preservação do indivíduo.

A pesquisa evoluiu então para quando o Homo Sapiens ainda não fazia uso da linguagem conceitual. Sua comunicação, quer do indivíduo com seu SAPE, quer entre os membros do grupo, era realizada por IMAGENS, símbolos, como atestam, por exemplo, as figuras rupestres, pois fixavam objetivos, principalmente os de caça, que representam alimentação e sobrevivência nas paredes de rochedos. Evidentemente, não havia ali nenhuma preocupação artística, mas sim o de reforçar as IMAGENS MENTAIS dos resultados que queria conseguir. A linguagem conceitual é posterior às imagens mentais. No processo de evolução, a Natureza de nada se desfaz. Embora o ser humano use hoje a linguagem com palavras, somente as IMAGENS mentais penetram o SAPE. Mas não são todas IMAGENS MENTAIS que chegam até lá, é preciso que elas mobilizem energias e isso só ocorre se forem capazes de acionar a usina química do organismo.

A partir dessas constatações, Dr. Luiz Machado defende que a capacidade imaginativa é mais poderosa do que a capacidade intelectual. Diz ele: **Onde houver conflito entre PENSAMENTO (símbolos semióticos) e IMAGINAÇÃO (imagens), a segunda vencerá sempre.**

Sentiu então a necessidade da existência de um verbo para isso. Criou então EMOTIZAR (de e(x), "para fora"; motus, "movimento" e o sufixo –izar, que indica "ação demorada") pois forma verbos frequentativos, de ação repetida. Durante 20 anos, o pesquisador brasileiro trabalhou nos testes e comprovações de suas observações e só depois desse tempo considerou que poderia apresentar ao mundo científico o corpo de conhecimentos sistematizados com base nas neurociências e na física quântica. Ao conjunto desses conhecimentos deu o nome de EMOTOLOGIA, palavra híbrida formada do latim e(x) "para fora", motus, "movimento" e o grego lógos, "tratado", "descrição".

A Emotologia veio preencher uma lacuna no universo dos conhecimentos. As ciências que mais se aproximam dessa condição, como a medicina e a psicologia, por exemplo, ocupam-se de patologias, de terapias, pertencem à área da saúde. A psicolinguística, ramo da linguística que trata dos processos psicológicos envolvidos na linguagem conceitual, também não tem como objeto o estudo e aplicação de conhecimentos para promover o desenvolvimento das potencialidades humanas como elemento de autorrealização.

O verbo EMOTIZAR significa, então, num estado psicológico de distensão (ou de mindfullnes, como vimos anteriormente, em que os sentidos ficam em repouso e a atenção espontânea, sem qualquer esforço, se concentra numa imagem, numa representação mental, que se confunde com a própria pessoa, formando um único todo), fazer voluntariamente a representação mental, sem verbalizar, portanto, por meio de IMAGENS, do resultado que se deseja, ou o fundo para o que se deseja conseguir, com ENTUSIASMO, com FERVOR EMOCIONAL (uma espécie de raiva), sem qualquer VACILAÇÃO (portanto, com conflito zero, como também prega Dr. Celso Charuri), mobilizando o sistema límbico, com o qual nós nos comunicamos com os recursos da representação mental e agir como já tendo conseguido o resultado desejado. Em suma, EMOTIZAR é não só mobilizar o sistema límbico (cérebro paleomamífero), mas também o cérebro reptiliano e o neomamífero (neocórtex), para falar em termos do modelo do cérebro triuno de Paul MacLean.

Não seria didático denominar esta lei de LEI DA EMOTIZAÇÃO, mas em realidade é assim que o Prof. Luiz Machado a chamaria. Brinca ele, durante a formação que com ele fiz em Emotologia no RJ, que tem medo das orações que as pessoas possam fazer por ele, uma vez que, como não sabem IMAGINAR EXATAMENTE (com imagens) seus pedidos e intenções, é bem provável que o mero PENSAMENTO seja seguido de uma imagem antagônica (por exemplo, quando se ora para que um avião não caia, seja exatamente a imagem deste avião caindo que lhe vem à mente) fazendo da oração um efeito absolutamente contraditório. Saber, portanto, IMAGINAR é cientificamente mais importante do que PENSAR ou QUERER. Aliás, ele defende (vide LEI DO MERECIMENTO) que: ***Querer não é poder, poder é saber querer por meio de imagens.***

Não se trata aqui de apenas exercitar o poder do pensamento positivo como preconiza Rhonda Byrne em seu livro O SEGREDO (que já criticamos anteriormente quando falamos da LEI DA VAGA LIMITADA), mas de embasar seus PROPÓSITOS a partir dessa fundamentação científica que o Prof. Luiz Machado nos oportuniza e que eu transcrevo aqui para todos os leitores desta obra com todos os créditos a ele a quem respeito, principalmente por ser um brasileiro.

Outra evidência da relevância do poder na IMAGINAÇÃO EXATA é o trabalho do também brasileiro (e palmeirense fanático, não poderia esquecer de denunciar), Dr. Miguel Angelo Laporta Nicolelis, que conseguiu fazer do poder desta LEI a possibilidade de recuperar movimentos de pessoas com lesão medular nível 4 e de até reconquistarem sensibilidade em áreas consideradas "mortas". Dr. Miguel Nicolelis conseguiu decodificar pensamentos com IMAGENS (que originam ondas que foram capturadas por um sofisticado *chip*, conectando o cérebro da pessoa lesionada a computadores) e, a partir disso, desenvolver seu exoesqueleto que permite ser movimentado totalmente pelo cérebro da pessoa. De certa forma, ele captura as IMAGENS do paciente (que faz esforço para se imaginar movendo as pernas ou até andando normalmente) e decodifica isso em mensagens ao exoesqueleto, que fazem então o corpo se movimentar de fato. Simplesmente inacreditável o trabalho do Prof. Nicolelis, que em 2016 foi considerado um dos 10 neurocientistas mais proeminentes do planeta. Seu trabalho merece ser muito mais conhecido pelos Brasileiros, porque o mundo já o reverencia.

Mais uma evidência do poder da LEI DA IMAGINAÇÃO EXATA é o trabalho de Louise L. Hay, uma autora motivacional e fundadora da Casa Hay, uma casa de publicações literárias que propõe que enfermidades físicas geralmente são psicossomáticas. Ela própria conviveu com o câncer (doença que curou sem a ajuda da medicina convencional),e então descobriu definitivamente sua vocação para ensinar às pessoas que esse tipo de enfermidade é um reflexo do padrão de comportamento que o indivíduo emana para o mundo. Então desenvolveu padrões positivos de pensamentos (por meio de imaginação e visualização) para reverter o avanço das diversas doenças. Seu trabalho é conhecido como "Orações Científicas em para Autoestima" e corrobora totalmente com tudo que aqui foi explanado.

Estudar esta lei vai fazê-lo compreender e como colocar este inimaginável poder a seu favor.

23. LEI DA BUSCA PELA PERFEIÇÃO

A simples intenção de buscar a PERFEIÇÃO, para muitos, já configura arrogância ou coisa do tipo uma vez que este termo é comumente associado à divindade religiosa e não a seres humanos mortais. Entretanto, coloquei este conceito como uma LEI não porque quero incomodar aqueles que entendem que estas circunstâncias são de fato uma utopia, mas porque quero fazer uma alusão em prol de que BUSCAR a excelência representa a trajetória em direção à perfeição no âmbito de limite máximo de cada um.

A SUA PERFEIÇÃO é diferente da MINHA PERFEIÇÃO, mas ninguém pode aceitar passivamente que exista a ZONA DA MEDIOCRIDADE e é a BUSCA por esta PERFEIÇÃO individual que precisa ser considerada uma LEI a ser obedecida.

Não obstante, a LEI DA CORAGEM tenha dito que a ZONA DA MEDIOCRIDADE seja a diferença entre a LIMITAÇÃO e o LIMITE, queremos abordar aqui que o LIMITE é diferente de pessoa para pessoa e viver sem BUSCAR que este seu LIMITE pessoal seja alcançado, ou seja, que a limitação seja igual ao limite, não seria coerente. Conviver com uma determinada ZONA DE MEDIOCRIDADE, seja ela pequena ou grande, é que não pode ser esquecido de condenar.

Enfatizamos mais a BUSCA do que a ENCONTRABILIDADE (vide LEI DA CONSILIÊNCIA) e sabemos que aquele que pensar ter atingido a PERFEIÇÃO, exatamente por esta conclusão, já estará distante dela novamente.

Saber diferenciar Eficiência & Eficácia & Efetividade configura o primeiro passo. EFICIÊNCIA é a arte de fazer certo uma determinada coisa, mesmo que esta coisa nem precise ser feita sob o ponto de vista de agregação de valor. EFICÁCIA é a capacidade de identificar e realizar a coisa certa, mesmo que feita sem eficiência. EFETIVIDADE é o asseguramento de que tanto a EFICIÊNCIA como EFICÁCIA foram conquistadas por um determinado tempo sistematicamente. Para que a PERFEIÇÃO seja um patrimônio, primeiramente é fundamental que se conquiste a EFICÁCIA, para depois conquistar a EFICIÊNCIA e, assim, ambas sendo mantidas, conquistar-se-á a EFETIVIDADE.

Normalmente o que se consegue é exatamente o contrário, ou seja, primeiramente conquista-se a EFICIÊNCIA e isso já causa euforia frívola, mas essa conquista pode até se caracterizar como um desperdício puro. Imagine o exemplo clássico de enxugar gelo com eficiência. Esse tipo de eficiência não vale de nada, uma vez que o gelo está derretendo e simplesmente não adianta secá-lo a cada minuto. Conseguir a EFICIÊNCIA solitariamente, embora isso aconteça recorrentemente no mundo corporativo, realmente não pode ser comemorado.

Já se conquistando somente a EFICÁCIA, mesmo com EFICIÊNCIA duvidosa ou até inexistente, merece certa euforia, pois algum resultado já foi capitalizado. Claro que a ausência de EFICIÊNCIA deve trazer desperdício também, mas por uma boa causa, o que não acontece quando existe apenas a EFICIÊNCIA.

Vamos dar um exemplo: considere que uma pessoa que esteja acompanhada por você tenha sido picada por uma cobra peçonhenta cuja toxina (veneno) seja capaz de matar em apenas 15 minutos. Considere que realmente passados os 15 minutos a pessoa entra em óbito. O que você prefere:

- Fazer certo a coisa errada (valorizando somente a eficiência) – procurar a cobra para sabermos qual o antídoto mais adequado;
- Fazer errado a coisa certa (valorizando somente a eficácia) – pegar um machado e cortar a perna acima da picada sem pestanejar.

Claro que perder uma parte da perna não é tão bacana ou ainda a melhor das alternativas, mas prefere-se isto a perder a vida. O ideal mesmo seria fazer certo a coisa certa (valorizando a efetividade), ou seja, cortar imediatamente apenas a carne em volta da picada de forma a assegurar que a parte infectada com a toxina fosse totalmente removida. Se isto não fosse possível, é melhor ser eficaz do que eficiente. Ainda bem que esta cobra com toxina que mata após 15 minutos não existe.

Um detalhe relevante a ser considerado no exercício desta LEI, e que está alinhado com a premissa da eficácia ter que vir antes da eficiência, é a compreensão de que o FEITO vem sempre muito antes do PERFEITO, ou seja, primar pela excelência já da primeira oportunidade é exigir o inexequível e normalmente isso configura uma utopia que demanda um cuidado por si só. Inverter o sentido de prioridade é um erro comum e quase 100% das vezes em que isso ocorre, amarga grande sentimento de frustração. Muitas pessoas ficam ensaiando a vida inteira (ou tempo demais) para serem PERFEITAS logo na primeira vez e esquecem que é o ato de desafiar-se e eventualmente fracassar (vide LEI DA VAGA ÚNICA e LEI DO FRACASSO) são componentes que não podem ser ultrapassados. Configura, portanto, uma infração à LEI DA BUSCA PELA PERFEIÇÃO esse perfeccionismo exacerbado.

Parece um contrassenso ser o PERFECCIONISMO um obstáculo a BUSCA PELA PERFEIÇÃO, mas realmente o é. O perfeccionismo é um traço comportamental de pessoas obstinadas por impressionar os outros e não buscam a perfeição senão para satisfazer a seu próprio ego ou ainda serem elogiadas explicitamente.

Esta LEI valoriza a BUSCA e não a ENCONTRABILIDADE da PERFEIÇÃO e ainda submisso ao LIMITE de cada pessoa (que são diferentes de pessoa para pessoa). O PERFECCIONISTA quer ser igual ou melhor que o outro, mesmo que o outro tenha LIMITES diferentes dos dele (o que, por si só, já seria um contrassenso). O que vale para as empresas (que são organizações que podem fazer *benchmarking* para buscar evoluir) não necessariamente vale para os seres humanos. Aquele que olha para o lado para inspirar-se não é um PERFECCIONISTA, mas alguém que busca no outro a motivação (motivos) para evoluir e não se frustra quando não conquista o desempenho superior ao ser observado. O PERFECCIONISTA é alavancado pela INVEJA, enquanto que o BUSCADOR de igualar suas LIMITAÇÕES aos seus LIMITES é alavancado pela ADMIRAÇÃO e pela INSPIRAÇÃO.

Outro fator que desejo abordar é que existe aquela célebre frase que é proferida recorrentemente, principalmente quando alguém falha em alguma atribuição, seja ela complexa ou não, é de que "ERRAR É HUMANO".

Precisamos, para obedecer a LEI DA BUSCA PELA PERFEIÇÃO, eliminar este modelo mental, (*mindset*) porque ele é limitante, ou seja, "ERRAR NÃO É MAIS HUMANO QUE ACERTAR". ACERTAR é tão (ou mais) humano que ERRAR.

Senão vejamos: Imagine se existisse a inscrição ERRAR É HUMANO na entrada de uma sala de cirurgia? Um absurdo, não é? Ou seja, temos que considerar o ERRO uma forma de aprendizado e não uma circunstância natural da qual devemos nos acostumar e nos conformar. ERRAR coisas diferentes entre si é algo louvável e extremamente didático, mas ERRAR sistematicamente a mesma coisa é uma disfunção que precisa ser corrigida. Há uma frase que gosto bastante que diz assim: **Se a sua borracha acaba primeiro que seu lápis, existe algo muito errado em sua vida.**

A BUSCA pressupõe um aprendizado que se consegue também através do ERRO não repetitivo. O risco de errar faz parte e quem não nutre algum apetite por correr este risco, infringe não somente esta, mas diversas outras LEIS DO OLHO DE TIGRE.

24. LEI DO FRACASSO

Como já reforçamos na LEI DA BUSCA PELA PERFEIÇÃO, errar é um componente importante do êxito e sem ele simplesmente o êxito não acontece ou não é merecido (vide LEI DO MERECIMENTO).

ERRAR é uma forma de aprendizado insubstituível e é exatamente o acúmulo de ERROS diferentes entre si que torna uma pessoa EXPERIENTE.

Entretanto, é importante discernir ERRO de FRACASSO.

ERRO é um componente importantíssimo na jornada pela PERFEIÇÃO e o problema reside apenas na repetição de erros iguais de forma sistemática. Agora, FRACASSO não necessariamente incorre em ERRO, mas é quando sem cometer ERROS ainda não logramos êxito. A LEI DA VAGA LIMITADA aborda um pouco esta possibilidade de não conseguir lograr êxito num determinado propósito, mas por conta daqueles pressupostos lá explicitados. Naquela LEI podemos distinguir FRACASSO por DERROTA TEMPORÁRIA.

O FRACASSO abordado nesta LEI é um aprofundamento daquele fracasso que tratamos na LEI DA VAGA LIMITADA. Aqui nosso objetivo é colocar uma lente de aumento naquele último detalhe da LEI DA VAGA LIMITADA e fazer referência à postura do indivíduo quando fracassa numa determinada chance de lograr êxito (lembre-se que a vaga é limitada apenas por vez que nos desafiamos, mas temos quantas vezes estivermos dispostos a nos desafiarmos novamente).

É a postura de fracassado que precisamos tratar agora. Uma postura muito frequente e que delata baixa autoestima, nos transformando em vítimas da humanidade. Esta postura acaba trazendo repercussões de cunho patológico e incorre em depressão, síndrome de *Burnout*, síndrome do pânico, entre outras disfunções comportamentais que exigem determinadas medicações e até intervenção médica.

Primeiramente é preciso dizer que muitos FRACASSOS reais nem sempre são CULPA de alguém. Ou principalmente sua. Há pessoas que acabam, por ter baixa autoestima, assumindo a culpa de eventos que não têm nenhuma relação com suas atitudes. Sentem-se culpadas pela infelicidade do outro, sentem-se culpadas pela morte de alguém, sentem-se culpadas pela não evolução profissional do colega, enfim sentem-se culpadas. Trata-se de assumir para si tudo que de errado possa ter acontecido ou estar acontecendo. Representa um contrassenso óbvio, mas invisível para pessoas que não desenvolvem corretamente a LEI DO FRACASSO. Por exemplo: Uma pessoa CULPADA por excelência vai assumir para si a culpa da morte de alguém que foi baleado num eventual assalto e ela, que estava ao lado, não conseguiu êxito nos primeiros atendimentos que fora executado por ela, mesmo ela sabidamente não estar preparada para fazer aqueles primeiros socorros. Ela se culpa por não ter sabido lidar com a situação, ela se culpa por nunca ter feito um curso de primeiros socorros, ela se culpa por não ter visto o incidente mais rapidamente, enfim, ela se culpa por absolutamente tudo ao seu redor.

Uma postura totalmente antagônica a esta, e também disfuncional, é simplesmente recusar toda e qualquer culpa como sendo sua, esforçando-se o tempo todo para recolher evidências que possam justificar que a CULPA não fora dela. Este perfil nunca assume a culpa por nada, mesmo tendo sido nitidamente culpado pelo evento.

O grande problema que pode justificar esta interpretação errônea, ou omissa ou super dimensionada da culpa é que nem sempre as pessoas distinguem CULPA de DOLO. CULPA é a conduta voluntária, porém descuidada de um agente, que causa um dano involuntário, previsível ou previsto, a outrem. DOLO é a conduta voluntária e intencional de alguém que, praticando ou deixando de praticar uma ação, objetiva um resultado ilícito ou causar dano a outrem (vale destacar que, para a caracterização do dolo, é necessário tanto a intenção de praticar o ato, como este objetivar o resultado danoso). Na CULPA, o agente tem a vontade de praticar o ato lícito, de acordo com as normas, mas não toma os cuidados adequados e, por imprudência, negligência, imperícia, iligendo ou invigilando provoca um dano, que, apesar de ser previsível, não era o seu desejo. Como visto, tanto o DOLO como a CULPA partem de uma conduta voluntária, da vontade do agente. Contudo, o DOLO desde o início tem caráter ilícito, pois o seu objetivo é causar um resultado contrário às normas, um dano. Ao passo que a CULPA inicia-se com uma conduta lícita e atinge um resultado ilícito sem a intenção do agente. No DOLO, o agente quer a ação e o resultado ilícito e na CULPA ele quer a ação, porém, por descuido, atinge o resultado danoso. Ilustrativamente, imagine as seguintes situações: Fulano chuta uma bola com a intenção de quebrar um vidro, que se despedaça quando a bola o atinge. Ciclano quer chutar a bola para Beltrano, mas, por descuido, acerta outro vidro e o quebra. Nessas situações, Fulano agiu dolosamente e Ciclano praticou uma conduta culposa. Na esfera cível, tal diferenciação é importante para definir punições maiores ao DOLOSO e punições mais amenas ao CULPADO.

Tanto a culpa como o dolo são importantes, mas muitas pessoas não assumem a responsabilidade por entender que tudo representa dolo e desconhecem as diferenças. Nem todo culpado teve a intenção de fazer determinada ação que gerou impactos nocivos. Assumir a culpa é muito importante, pois traz maturidade e coragem para enfrentar a necessidade de corrigir os aspectos abaixo:

- **Negligência** – Alguém deixa de tomar uma atitude ou apresentar conduta que era esperada para a situação. Age com descuido, indiferença ou desatenção, não tomando as devidas precauções;
- **Imprudência** – Pressupõe uma ação precipitada e sem cautela. A pessoa não deixa de fazer algo, não é uma conduta omissiva como a negligência. Na imprudência, ela age, mas toma uma atitude diversa da esperada;
- **Imperícia** – Para que seja configurada a imperícia é necessário constatar a inaptidão, ignorância, falta de qualificação técnica, teórica ou prática, ou ausência de conhecimentos elementares e básicos da profissão. Um médico sem habilitação em cirurgia plástica que realize uma operação e cause deformidade em alguém pode ser acusado de imperícia;
- **Iligendo** – Quando uma empresa contrata um funcionário e esse funcionário age em seu nome, sua empresa se torna res-

ponsável pelas ações desse funcionário. Se ele errar, a empresa é responsável pelo erro dele ou culpa por ter escolhido a pessoa (funcionário) errada;

- **Invigilando** – Aqueles que têm obrigação de vigiar tornam-se civilmente responsáveis pelos atos daqueles que deixam de vigiar adequadamente. Se as filhas causam o dano, os pais pagam pelo dano.

É recorrente eu dizer às pessoas que trabalham ao meu redor, aos meus colegas de trabalho, aos professores, aos meus alunos e também às pessoas da audiência de minhas palestras a seguinte frase: *O mundo corporativo precisa de mais pessoas que estejam dispostas a pedir "desculpas" do que de pessoas pedindo "licença" o tempo todo.*

Dá para perceber a diferença entre as palavras LICENÇA E DESCULPAS? É sutil, mas muito importante abordar estes conceitos nesta LEI.

Uma das diferenças básicas é que aquele que pede LICENÇA está antes do ato e aquele que pede DESCULPAS já realizou o ato. Um ERRO que demanda um pedido de DESCULPAS sinaliza alguém que tomou iniciativa e eventualmente ERROU (com culpa e sem dolo). Aquele que pede LICENÇA provavelmente teme por realizar o ato e precisa constantemente da autorização de alguém para fazer alguma coisa.

A pessoa que admite pedir DESCULPAS (com culpa, sem dolo e sem autopiedade), admite que cada erro é uma oportunidade de aprendizado, que faz com que o erro reincidente seja muito pouco provável. A pessoa acostumada a pedir LICENÇA para tudo depende de alguém para existir, precisa da ordem para dar o próximo passo e raramente se antecipa aos fatos ou pesquisa soluções de forma proativa (VIDE LEI DA INICIATIVA).

Como conviver com os erros parece ser inevitável, não com os mesmos erros o tempo todo, mas com erros diferentes a cada circunstância, tenho a impressão de que algo precisaria ser feito para motivar as pessoas a pedirem mais DESCULPAS do que LICENÇA. O mercado precisa de mais gente disposta a assumir a culpa (sem dolo) de algo que ERROU e não de gente que não admite pagar o mico de ERRAR.

Definitivamente, a LEI DO FRACASSO prefere pessoas dispostas a pedirem DESCULPAS que a pedirem LICENÇA.

25. LEI DA PERSONALIDADE ATRAENTE

Numa das Leis do Triunfo de Napoleon Hill, ele defende que desenvolver CARISMA, com conotação laica e não religiosa (típica do Movimento Carismático, por exemplo), é um esforço que precisa ser aprendido no sentido da pessoa desejar ser uma PERSONALIDADE ATRAENTE e com quem se deseja conviver mesmo que por algum tempo. Compreender esta LEI vai contribuir para tornar-se uma pessoa cujo convívio será objeto de desejo.

Mas o que é personalidade atraente? Naturalmente a resposta a isso será: **Uma personalidade que atrai.** Mas o que é que faz com que uma personalidade atraia?

Nossa personalidade é a soma total das características e sinais peculiares que nos distinguem de todas as outras pessoas. As roupas que vestimos, os traços do nosso rosto, o tom da nossa voz, os nossos pensamentos, o caráter que desenvolvemos com esses pensamentos, tudo isso faz parte da nossa personalidade. Se a nossa personalidade é atraente ou não, isso é coisa diferente.

A parte mais importante da personalidade é a que é representada pelo CARÁTER, sendo, assim, a parte que não é visível. O estilo das roupas, a sua propriedade, desempenham uma parte importante nessa questão de personalidade, pois são uma verdade que todos formarão a primeira impressão sobre uma pessoa pelo que observarem da sua aparência externa (vide LEI DO PARECER).

Até mesmo a maneira de apertar a mão forma uma parte importante da nossa personalidade, há muita importância quanto a atrair ou repelir as pessoas. A expressão dos olhos também desempenha uma parte importante quanto à personalidade, pois há pessoas, muito mais numerosas do que se pode imaginar, que podem ver através dos olhos, nos corações, e desvendar o que neles está escrito, pela natureza dos nossos mais recônditos pensamentos. A vitalidade do corpo, algumas vezes chamado de magnetismo pessoal, também constitui uma importante parte da personalidade.

Napoleon Hill defende que todos os anteriores são relevantes, mas há um meio muito mais importante de expressar o conjunto da personalidade, de maneira que ela sempre atraia os outros, por mais desgraciosa que seja a pessoa. Esse meio é o seguinte: **Tomar um interesse profundo pelo que os outros fazem e/ou dizem.**

É relativamente comum encontrar pessoas que teriam todas as características para desenvolver uma personalidade atraente, mas simplesmente negligenciam este simples poder de PRESTAR ATENÇÃO sincera naquilo que os outros fazem e naquilo que os outros dizem, demonstrando 100% presente nessas experiências. Incrível como apenas isso tem uma eficácia comprovada.

Como dissemos, outra condição essencial para desenvolver CARISMA é o CARÁTER, pois ninguém poderá ter uma personalidade atraente se não possuir a base de um caráter íntegro e verdadeiro. E você já deve ter encontrado pessoas que simplesmente não nos merecem a confiança. Podemos nos adornar com roupas à última moda, conduzirnos de uma maneira agradável no que se refere às aparências externas, mas, se houver cobiça, inveja, ódio, avareza e egoísmo no nosso coração, jamais atrairemos alguém, com exceção dos caracteres que se harmonizam com o nosso. As coisas iguais se atraem e podemos estar certos de que os que são atraídos por nós são aqueles cuja natureza é igual à nossa (vide a LEI DO GANCHO).

Como poderá alguém construir então um caráter elevado? O desenvolvimento de tal personalidade está inteiramente dentro do seu controle e esse processo tem dois efeitos desejáveis, a saber:

1. Põe em movimento a vibração por meio da qual o pensamento imaginativo, que apoia as palavras, chega a se fixar no subconsciente, onde se enraíza e cresce até se tornar uma grande força motora nas atividades externas, físicas, conduzindo à transformação do pensamento em realidade (vide LEI DA IMAGINAÇÃO EXATA);

2. Desenvolve a capacidade para falar com firmeza e convicção que levará finalmente a pessoa a tornar-se um bom orador. Seja qual for a nossa ocupação na vida, podemos desenvolver capacidade para ficar de pé, firmes, e falar de modo convincente. É este um dos meios mais eficientes para desenvolver uma personalidade atraente. Ponha sentimento e emoção nas suas palavras, desenvolva um tom de voz rico, profundo. Se a sua voz tem tendência para ser áspera, eduque-a até que adquira um tom agradável e brando. Com voz desagradável ninguém poderá expressar ao máximo uma personalidade atraente. É possível cultivar a voz, torná-la ritmada e agradável ao ouvido dos outros. Pensemos que a palavra é o meio principal de expressar a personalidade e por esta razão há toda vantagem em cultivar um estilo ao mesmo tempo forte e agradável.

Umas das escalas do Teste EQ-MAP (desenvolvido por Roberto Cooper / Ayman Sawaf / Esther M. Orioli / Karen Trocki), para mapeamento e especificação das competências emocionais (disponível gratuitamente em nosso site https://olhodetigre.com.br/eq-map/) descreve o traço comportamental que chamamos de CARISMA (escala 15) que nada mais é do que desenvolver o PODER PESSOAL, ou seja, capacidade de fazer com que os outros encarem os desafios tanto quanto você acredita que pode encarar os próprios desafios e viver a vida que você escolheu viver. Por algum motivo, desenvolver CARISMA.

26. LEI DA TOLERÂNCIA

Napoleon Hill adota o termo TOLERÂNCIA, mas outros autores adotam "o poder da paciência". Esta lei invoca a máxima: "mente quieta, espinha ereta e coração tranquilo". Quero chamar a atenção do leitor para duas características significativas da intolerância.

A intolerância é uma forma de ignorância que precisa ser vencida, antes de se poder conseguir qualquer forma de triunfo duradouro. É a causa principal de todas as guerras. Fabrica inimigos nos negócios e nas profissões e em todos os outros setores das relações humanas. Desintegra as forças organizadas da sociedade de milhares de formas e é uma barreira gigantesca que se opõe à abolição da guerra. Destrona a razão e coloca no seu lugar a psicologia das massas. A intolerância é a principal força desintegrante das religiões organizadas, onde opera a destruição com a maior força do bem que existe na Terra, quebrando essa força em pequenas seitas e denominações que despendem tanto esforço em se oporem umas às outras como em destruir os males do mundo. A intolerância é tratada profundamente na própria LEI DA ELASTICIDADE com o nome de INELASTICIDADE.

Napoleon Hill realizou em sua época um trabalho de pesquisa sobre religiões. Estudou o catolicismo e o protestantismo até que remontou à origem de ambos e encontrou uma linha de procedimento que deu-lhe, dos problemas da vida, uma compreensão melhor do que todos os conhecimentos adquiridos anteriormente. Uma das coisas que descobriu foi que catolicismo e protestantismo diferem mais em forma do que em efeito, que ambos são fundados exatamente na mesma causa, que é o cristianismo. Mas não foi essa a principal descoberta que ele fez (que nós tratamos na LEI DA ELASTICIDADE), porque as suas pesquisas conduziram-no necessariamente em várias direções e levaram-no ao campo da biologia, onde aprendeu muito do que precisava saber sobre a vida em geral e sobre os seres humanos em particular. As suas pesquisas conduziram-no também ao estudo da hipótese de Darwin, sobre a evolução, tal como foi esboçada na Origem das Espécies, e isso, por sua vez, conduziu-o a uma análise muito mais ampla do que fizera anteriormente, nas questões de psicologia.

Quando começou a trilhar essa direção, compreendeu que a sua mente começava a expandir-se com uma rapidez tão alarmante que julgou necessário, imediatamente, pôr de lado o que julgava ser o conhecimento adquirido anteriormente e desaprender o que pensara conduzir à verdade. Imagine-se o leitor descobrindo de repente que quase toda a sua filosofia da vida tem sido construída com unilateralidades e preconceitos, tornando-lhe necessário reconhecer que longe de ter terminado a sua instrução, está apenas qualificado para ser um estudante inteligente. Tal foi a situação em que encontrei, em relação, a uma grande parte do que julgava ser a verdadeira base da vida. Mas de todas as descobertas a que chegou com esse trabalho de pesquisa, nenhuma foi mais importante do que a da importância da hereditariedade social e física, pois foi essa descoberta que me revelou a causa da sua ação, quando voltou as costas a um rapaz que me era inteiramente desconhecido.

Foi nessa descoberta que lhe foi revelado de que maneira e onde adquiriu os seus pontos de vista religiosos, políticos, econômicos e sobre muitos outros assuntos importantes. Sentiu-se ao mesmo tempo alegre e triste, declarando ter verificado que a maioria das suas opiniões nessas questões era inteiramente sem base, não tendo nem mesmo o apoio de uma hipótese razoável e muito menos de fatos reais. As dimensões e a forma do corpo, a cor da pele e dos olhos, o funcionamento dos órgãos vitais são o resultado da hereditariedade física. São estáticos, fixos, não podem ser transformados (descobrimos muito tempo depois que podem ser transformados sim, via ressinapses neurobiológicas, vide LEI DO SER), pois que são o resultado de um milhão de anos de evolução. Mas a parte mais importante do que somos é o resultado da hereditariedade social e é adquirida do ambiente em que vivemos e da educação recebida na infância (vide LEI DA HERANÇA COMPORTAMENTAL).

Descobriu Napoleon Hill, em meados de 1920, que sua concepção de religião, política, economia, filosofia e outras questões de natureza semelhante, inclusive a guerra, era inteiramente o resultado das forças dominadoras da sua educação e do ambiente em que viveu. O católico é católico em virtude da primeira educação que recebeu. E o protestante é protestante pelo mesmo motivo. Com muito poucas exceções, a religião que um indivíduo professa é o resultado da educação religiosa recebida no período que vai dos quatro aos quatorze anos de idade (descobrimos mais adiante que é desde os 3 meses intrauterinos até os 8 anos aproximadamente), período em que a religião lhe é imposta pelos pais ou pelos que dirigiram a sua educação.

Napoleon Hill apenas constatava o que relatamos aqui na LEI DA ELASTICIDADE. Então, por que uma nova LEI que rediscute estes aspectos redundantemente, pois na LEI DA ELASTICIDADE falamos preponderantemente da escala 8 do Teste EQ-MAP e até tratamos a escala 16 que chamamos de INTEGRIDADE, mas o fato é que, para desenvolver mais ELASTICIDADE, não apenas precisamos subir a escala 8, acessando mais contraditoriedades como prática sistemática, mas também baixando de forma substancial a escala 16 que significava ser menos coerente. Ser menos coerente com seus próprios valores, princípios e crenças nada mais é do que desenvolver a LEI DA TOLERÂNCIA.

A LEI DA TOLERÂNCIA é prima/irmã da LEI DA ELASTICIDADE e ambas devem ser tratadas e interpretadas de forma conjunta, da mesma forma que as escalas 8 e 16 do Teste EQ-MAP são assim consideradas também (disponível gratuitamente em nosso site https://olhodetigre.com.br/eq-map/).

Para consolidar esta curta LEI que mais reforça a LEI DA ELASTICIDADE com o complemento vital da necessidade de TOLERÂNCIA, gostaria de fazer uma última provocação para tirá-lo da ZONA DE CONFORTO. Uma ocasião, quando manifestei este conceito a um de meus cursandos, ele não aguentou o conflito interior e simplesmente foi obrigado a desistir do curso, pois não estava preparado para absorver tantas coisas que contrapõem tudo que acreditara até então.

O que significa CRENÇA? Será que de fato é aquilo que representa em mais alto grau seus valores e princípios mais sublimes?

CRER é um conceito próprio dos que não têm certeza. Pelo dicionário formal, alinha-se a termos como fé, confiança naquilo que não se pode provar ou que não se pode ver, supor como verdadeiro, acreditar, imaginar, prever, considerar como real. Se existe um termo mais adequado para representar aquilo que realmente se tenha certeza este termo não é CRENÇA e sim CONVICÇÃO.

Dessa forma, seria mais correto dizer: **tenho CONVICÇÃO em...** do que dizer **CREIO em...**

Procure fazer este teste e, se parecer estranho dizer a expressão ESTOU CONVICTO para coisas que você apenas CRÊ, então assuma que existe algum tipo de conflito interno que faz com que você realmente precise admitir que não tem CERTEZA e que, portanto, a LEI DA TOLERÂNCIA possa ser capturada como o próximo passo. Nessa perspectiva é mais coerente dizer que a CRENÇA é a proprietária e que nós somos propriedade dela, quando o correto deveria ser o inverso!

27. LEI DO CABRESTO

Muitas pessoas constatam que, para que consigam realizar seus objetivos, há que haver alguém lhe cobrando o tempo todo. Estudar a distância ou praticar o autodidatismo não funciona porque não existe alguém para com quem interagir e com quem compromissos a cumprir. Fazer exercícios físicos sozinho é quase impossível quando não existe alguém para me acompanhar e me cobrar.

Já deu para supor por que esta lei faz menção ao CABRESTO? Este termo significa algo que controla, subjuga, reprime, penaliza sob certos critérios quando são desobedecidos.

Todo esporte tem seus CABRESTOS que servem para coibir excessos. São chamados também de REGRAS que estabelecem um sistema de consequências negativas quando alguma desobediência se observa.

É um CABRESTO a cobrança de falta, o pênalti, o escanteio, o impedimento, a expulsão, num jogo de futebol, pois caracteriza algum tipo de punição por algo que não aconteceu como seria o mais adequado. A presença do JUIZ numa partida de futebol representa o CABRESTO e sem ele ninguém arrisca começar uma partida de futebol. Parece que a presença deste CABRESTO é uma necessidade que nos impede de fazer o errado e nos impinge a fazer o certo.

Não gostaria aqui de valorizar o CABRESTO externo, a muleta, mas de forçá-lo a criar seu próprio CABRESTO INTERIOR capaz de fazer consigo mesmo tudo que alguém externo poderia lhe fazer. Aquela cobrança interior que deveria ser muito mais potente que qualquer cobrança exterior.

Para alicerçar este fundamento, é importante que compreendamos que esta LEI vai exigir que nos familiarizemos com algumas palavras.

A primeira delas é a palavra AVALIAÇÃO, que constitui um termo utilizado quando se pretende atribuir um valor ou opinião de algo. Subentende algum tipo de *feedback* ao avaliado para que este, por decorrência, reconheça este valor ou opinião como parâmetro de iniciação de algum processo decisório pessoal.

A segunda delas é a palavra ANÁLISE, que constitui um termo utilizado para referir-se ao processo de observação e interpretação individual de algo, sem necessitar de qualquer *feedback*. Como consequência, esta interpretação é realizada sem compartilhamento com o analisado, objetivando também alicerçar algum processo decisório posterior.

Num processo AVALIATIVO, quem reflete e decide, como decorrência da avaliação, é o AVALIADO. Mas, num processo ANALÍTICO, quem reflete e decide, como decorrência da análise, é o ANALISTA.

A terceira delas é a palavra DESEMPENHO, que consiste na comparação entre o resultado desejado e o resultado legitimado. Pressupõe a consolidação de conceitos de eficiência e de eficácia (vide LEI DA BUSCA DA PERFEIÇÃO), sendo sua aplicação eminentemente estática, portanto, compreende um determinado espaço de tempo, normalmente com relação ao passado.

A quarta e última palavra é PERFORMANCE que, semelhantemente ao DESEMPENHO, também é a comparação entre o resultado desejado com o resultado legitimado de alguém, porém, diferentemente, pressupõe a consolidação do conceito de efetividade, sendo sua aplicação mais dinâmica. Isso permite uma percepção de tempo que contempla o agora e o futuro por meio da observação de tendências ao longo do tempo.

Quando falamos de AVALIAÇÃO, nos referimos ao DESEMPENHO de alguém. Em essência, a AVALIAÇÃO DE DESEMPENHO fornece um *feedback* ao avaliado com relação às comparações que foram feitas entre a sua conduta real com a ideal, pelo menos sob o ponto de vista e julgamento do CABRESTO eleito. Neste tipo de abordagem, não se espera punir o avaliado, tampouco recompensá-lo. O único objetivo é oportunizar ao elemento avaliado uma chance de reconhecer suas falhas e, se concordar com elas, melhorar sua conduta. Mas também, se não concordar, motiva-o a procurar alternativas onde possa ser melhor reconhecido.

Em contrapartida, quando falamos em ANÁLISE, estamos nos referindo a PERFORMANCE de alguém. Aqui se pretende, como resultado da análise, uma observação (a partir de um determinado momento) que possa viabilizar algum tipo de tomada de decisão por parte do analisador. Não se imagina aqui dar algum tipo de oportunidade ao elemento analisado para refletir e ponderar mudanças pessoais. O objetivo é apenas conseguir algum tipo de subsídio para poder punir/corrigir ou recompensar o elemento analisado. Em essência, a ANÁLISE DE PERFORMANCE, configura um monitoramento periódico para premiar a boa performance e punir/corrigir a ruim.

O correto seria utilizar ambas as abordagens, mas em momentos distintos. Devemos fazer primeiramente a AVALIAÇÃO DE DESEMPENHO do profissional, num determinado momento (utilizando a perspectiva do seu passado recente como meio preponderante) para DEPOIS, e somente depois, realizar as ANÁLISES DE PERFORMANCE do mesmo profissional, dali em diante, como meio de diferenciação e decorrente punição ou premiação.

Perceba que o CABRESTO precisa existir para que as coisas que almejamos realmente aconteçam, caso contrário o autoperdão é complacente com os esquecimentos de todas as LEIS que defendemos até agora. Se não formos capazes de nos autopremiarmos (por termos feito o que precisávamos fazer) e também de nos autopunirmos (por não termos feito o que precisávamos fazer), não haverá aprendizado efetivo.

Parece ilógico, mas é realmente assim que a banda toca. Não estou me referindo a sessões de autoflagelação (ato de se castigar e de gerar dor em si próprio por consequência do remorso) que na Idade Média eram frequentes, mas de existir um sistema de consequências que seja capaz de reconhecer positivamente e negativamente seus atos. Se existe um sistema que assim funciona na vida comum (representado pela justiça), nos esportes (representados pelas regras e pelos árbitros), nas empresas (representados pelas metas e pelos chefes), por que não existir para você também (representados pelos seus objetivos e pela sua consciência do que deve e não deve fazer).

Uma vez me lembro que, quando muito pequenino, eu começava a lograr êxito em diversas ações de furto de moedas nas casas de parentes que frequentava com meus pais. Logo este comportamento foi testado em supermercados quando minha mãe percebeu e se tornou meu ALGOZ (meu CABRESTO).

A atitude dela foi exemplar (hoje compreendo). Funcionou realmente como um CABRESTO me fazendo ir devolver o que houvera furtado de todos os familiares, dizendo a seguinte expressão (que nunca mais esqueci): ***Estou devolvendo agora o que furtei de sua casa porque fui desonesto com as pessoas que mais me amam nesta vida. Perdão pelo ato desprezível que cometi.***

Lembro-me destes eventos e desta frase com lágrimas nos olhos, mas posso lhe assegurar que foi este **"tapa na mão"** (metaforicamente falando) que minha mãe me deu, exigindo que eu fizesse aquilo como que um ritual que me flagelava emocionalmente, funcionou como a LEI DO CABRESTO sugere que funcione. Esta circunstância corrigiu minha alma e, com certeza, corrigiu meu caráter pela raiz.

Se houvesse apenas a compreensão amorosa de mamãe, talvez eu não tivesse aprendido a grande lição que aprendi. Enfim, passaria uma semana contando para o leitor todas as vezes que um CABRESTO foi capaz de corrigir coisas realmente que fizeram a diferença em minha existência.

Portanto, desenvolva seu próprio CABRESTO e estabeleça um sistema de consequências para seus atos. Entretanto, se não conseguir ser seu próprio CABRESTO, o que seria o mais adequado, eleja um que respeite, porque a ausência do CABRESTO lhe seria mais prejudicial do que imagina.

28. LEI DA COMPETÊNCIA APLICADA

Não existe diferença qualquer entre uma pessoa que não sabe ler da pessoa que sabe ler, mas que não lê. Uma COMPETÊNCIA só é realmente útil quando o seu invólucro está comprometido em colocá-la em prática.

Mas será que somos competentes mesmo? Quando pergunto isto às pessoas e às plateias de minhas palestras, a grande maioria diz que SIM, no entanto prefiro perguntar se é competente com relação a alguns assuntos especificamente. Veja como faço:

- Pergunto a alguém: **Você é unicófago?**
- Pergunto a outro alguém: **Você já foi defenestrado?**
- Falo a frase: **Encontro-me circunscisfláutico pela escassez de seus ósculos e de seus amplexos. Se não nos fizemos entender, então consultem um calepino e verás que esta frase não passou de mera questão epistemológica!**
- Pergunto a outro alguém: **Você já cavalgou de lhamas?**
- Pergunto a qualquer um: **Alguém poderia me dar algum específico sobre sexo dos dinossauros?**

As gargalhadas são inevitáveis, pois as pessoas se apercebem incompetentes para com estas palavras. Senão, vejamos os estágios da COMPETÊNCIA.

Quando somos INCONSCIENTEMENTE INCOMPETENTES, isto é, desconhecemos totalmente aquilo que não sabemos. Ignoramos na totalidade aqueles assuntos e nunca havíamos nos apercebido disto. "Não sabíamos que não sabíamos". Esta é a primeira etapa do exercício de adquirir competência e, pelo simples fato de ouvir (temos dois ouvidos e apenas uma boca exatamente para ouvir mais e falar menos) aquelas perguntas, já nos permitimos evoluir para a segunda etapa da competência.

Depois somos CONSCIENTEMENTE INCOMPETENTES, ou seja, o simples fato de permitir-se ouvir as coisas já lhe promove sair do estágio anterior para adentrar imediatamente neste estágio, com relação a inúmeros temas por nós ignorados. O hábito de ler algo que não nos chame a atenção também é um ato disciplinado para migrar para este estágio. E quais as vantagens de estar neste estágio da competência? A vantagem é apenas uma, a de não conseguir manter-se nela durante muito tempo, instalando em nós uma espécie de "comichão" que nos estimula a procurar conhecimento sobre aquilo que ignorávamos completamente. Este estágio nos impulsiona ao estudo e nos leva ao próximo estágio.

Em seguida nos transformamos em CONSCIENTEMENTE COMPETENTES, como fruto de nosso estudo oriundo da impossibilidade de conviver apenas no estágio anterior, aprendem-se efetivamente mais detalhes sobre aquilo que ignorávamos completamente. É assim que os alunos se encontram quando fazem as provas. No entanto, é a única fase onde se encontra algum obstáculo para continuar evoluindo para o próximo e último estágio da competência. Só neste estágio é que aparece, pela primeira vez, a sensação de DÚVIDA ou de CONFUSÃO, própria de quem está catalisando aquilo que está aprendendo.

É aqui que neste estágio que o professor poderia auxiliar ou conversar com pessoas mais experientes sobre o assunto específico ou, ainda, ler determinadas literaturas mais completas e detalhadas sobre o que se estuda. No entanto, o que temos percebido ao longo dos anos é que nesta fase as pessoas se desmotivam à continuidade do esforço em adquirir mais competências. De alguma forma são desmotivadas a continuar e extrair todas as suas dúvidas e confusões. É aqui que guarda morada a LEI DO CABRESTO.

Por último, resta a etapa em que nos descobrimos INCONSCIENTEMENTE COMPETENTES. Esta é a fase mais magnífica, pois não temos a consciência do quanto sabemos daquele assunto específico. Somos surpreendidos durante as madrugadas para acordar, pegar uma caneta e registrar algum "*insight*", pois não controlamos o que pode "pular" de nossa intelectualidade. A maioria de nós atinge este estágio de forma autônoma pelo funcionamento de nosso sistema nervoso simpático e parassimpático (exemplo: competência de respirar, piscar os olhos, andar, respirar, dirigir, comer, se vestir, etc.). Num exemplo menos autônomo sobre esta etapa, você poderia imaginar duas situações distintas:

- Numa primeira hipótese, um homem pega uma bala de hortelã, a desembala, coloca-a em sua boca e o papel é amassado para ser jogado fora de seu automóvel (ou seja, na rua). Já com o braço de fora do carro, este homem lembra-se que é errado jogar coisas na rua e retorna, portanto, o braço para dentro de seu automóvel, jogando o papel na lixeira de seu carro;
- Numa segunda hipótese, outro homem pega uma bala de hortelã, a desembala, coloca-a em sua boca e o papel amassado é imediatamente depositado na lixeira de seu carro.

Ambas as situações hipotéticas desembocam numa atitude correta, isto é, a de jogar o papel da bala na lixeira de seu automóvel, no entanto, a atitude do homem da segunda hipótese é mais nobre, pois sequer lhe passou pela cabeça a oportunidade de jogar o papel na rua. Quanto ao homem da primeira hipótese, embora tivesse jogado o papel na lixeira, correu-lhe o risco de esquecer o que tinha aprendido ou de lembrar-se imediatamente após ter aberto sua mão, sem conseguir evitar o ato de jogar fora o papel na rua, nada exemplar.

Antes de terminar a abordagem deste último estágio da competência, é preciso dizer que, quando o atingimos, adquirimos também uma maturidade para com o semelhante, onde não mais precisamos ficar dando broncas às pessoas, insistindo desta forma para que elas não cometam atos desaprováveis.

Por exemplo, se uma pessoa no estágio de CONSCIÊNCIA DA COMPETÊNCIA visualizasse uma pessoa jogando papel na rua, seria muito comum ela manifestar-se assim: ***Ei, seu porco! Você viu onde você jogou o papel? Largue mão de ser sujo e jogue este papel no lixo! Se sua casa é uma bagunça, esta rua não deve ser.***

Já uma pessoa no estágio de INCONSCIÊNCIA DA COMPETÊNCIA, observando a mesma circunstância, não adotaria o "bate-boca", ela simplesmente pegaria o papel com suas próprias mãos e o jogaria no cesto de lixo mais próximo, não necessitando dar o "esculacho" no cidadão, bastando para ele a simples e eficaz prática do bom exemplo e não da repreensão formal e desgastante.

Penso ser esta, a PRÁTICA DO EXEMPLO, muito mais eficaz, pois duvido que este cidadão jogue novamente algum papel na rua, principalmente se esta pessoa estiver por perto. E aquele que pegou o papel também não precisa ter a certeza de que corrigiu o outro cidadão, apenas foi automático em fazer aquilo que, ele sabe, seria o mais correto.

É isto que valorizo com a LEI DA COMPETÊNCIA APLICADA.

Outra vertente complementar é que todos somos orientados para desenvolver COMPETÊNCIA e, por conta deste patrimônio adquirido, sugere-se que se perceba remunerações maiores de forma proporcional a quanto maior for nosso grau de competência. Mas tão vital quanto a COMPETÊNCIA é desenvolvermos também a COMPETITIVIDADE.

Será que você também é COMPETITIVO (não é COOPETITIVO como abordamos na LEI DA CORDIALIDADE)?

Se realmente for, então deveria aceitar ganhar menor salário e continuar trabalhando no mesmo nível de intensidade ou até aumentá-lo, quando pertinente. Não compreendeu minha argumentação? Então acompanhe o raciocínio.

Imagine se aparecesse alguém para concorrer ao seu cargo dentro de sua empresa (não precisa que você tenha sido demitido) e consiga comprovar que seria tão bom quanto você (não melhor que você, apenas tão bom quanto), no entanto pedindo 90% de seu salário atual.

Você acha que ele é mais competitivo que você? Como seu patrão se comportaria diante desta situação? Será que ele poderia demitir você e contratar este outro profissional de igual desempenho e ainda mais barato? Sei que é difícil admitir alguém igualzinho a você (faça um esforço, servirá apenas para fortalecer nosso exemplo), mas se este alguém existisse, ele lhe traria problemas cobrando menos de valor atualmente pago a você? Se admitir que sim, então temos um problema de COMPETITIVIDADE e não de COMPETÊNCIA.

De forma análoga, nos comportamos da mesma forma quando o assunto não são pessoas, mas produtos ou serviços. Admita que vai comprar um produto igualzinho a outro de outra loja (vamos admitir, novamente como pressuposto, que os produtos são idênticos, de qualidade igual, de marcas iguais, com atendimento igualzinho, tudo o mais exatamente igual). Sempre preferirá a loja onde o preço praticado for mais barato. Se é assim que funciona no mundo dos produtos e serviços, é assim que funcionaria também no mundo dos profissionais, ou seja, alguém IGUAL sob o ponto de vista da COMPETÊNCIA for mais barato que o outro, este será mais COMPETITIVO.

Uma mola tem uma enorme energia potencial armazenada em sua estrutura helicoidal, mas se estiver jogada num canto qualquer, não serve para absolutamente nada. Da mesma forma, uma pessoa COMPETENTE em seu último estágio é conquista importante, mas não basta, pois se não for orientada para APLICAÇÃO de tudo aquilo que sabe, então pode morrer que não fará nenhuma falta ao mundo.

É necessário que saibamos APLICAR toda a nossa competência com eficiência (de maneira certa), eficácia (com resultados) e efetividade (durante muito tempo). Você, quando opta pelo mais barato, no caso de um produto ou serviço serem absolutamente idênticos, nem sequer pensa que a loja que vende o produto mais caro vai deixar de faturar e, por decorrência disto, poderá causar a demissão daquela atendente. Pois é, ser COMPETITIVO, dentre outras coisas, é ser MAIS COMPETENTE por valores menores. E isso não se aplica só a produtos, mas às pessoas também, principalmente se formos observar as tendências do Século XXI.

As pessoas, por razões que nos escapam, acreditam que merecem mais dinheiro só por que são mais COMPETENTES ou por que fizeram suas pós-graduações, seus mestrados, seus doutorados, armazenando suas experiências internacionais e/ou tantas outras qualificações. Não tem nada a ver a percepção de dinheiro com a mera COMPETÊNCIA, mas sim e preponderantemente com a capacidade de colocá-la em PRÁTICA.

Quer ver? Diga-me: qual é a sua PROFISSÃO?

Se você falou algo como encarregado, chefe, gerente, auxiliar, coordenador, etc., então errou, pois estas coisas são cargos e não profissão. Se você quis corrigir e falou contador, pedagogo, assistente social, físico, etc., então errou novamente, pois estas coisas são formações acadêmicas e também não são profissões.

PROFISSIONAL é aquele que escolhe uma de suas diversas competências básicas, preponderantemente aquela onde ele é mais eficaz, eficiente e efetivo, e a elege como aquela que ele comercializará às organizações onde esta competência for relevante para alavancagem de sua performance.

Todo o restante de suas competências são brindes, entregues no instante de sua contratação (compra da competência eleita para comercialização). Um motorista (isto é profissão, não é formação acadêmica nem cargo) quando é contratado, doa diversas outras competências: a de ser cordial, vaidoso, etc. Um jogador de futebol (também uma profissão, pois não é a formação acadêmica nem tampouco cargo, este seria centroavante, lateral direito, quarto zagueiro, etc.), quando é contratado, doa outras competências: sua disciplina, sua dedicação, seu hábito em ser pontual, etc. Até uma prostituta (uma das mais antigas profissões da humanidade) também, quando contratada, doa uma série de outras características que a transforma em competitiva quando comparada com às demais e é por isso que ganha mais dinheiro, porque doa mais, embora nunca tenha deixado de comercializar a mesma competência eleita. Aliás, a característica que leva um profissional a ser bem-sucedido, de uma forma mais ampla, é a sua competitividade, da qual a competência é apenas um dos fatores.

Em suma, ser COMPETENTE não basta, é importante APLICAR a COMPETÊNCIA que foi capaz de conquistar ao longo de sua vida e COLHER resultados. Ficar bradando todos os cursos que fez, os livros que leu, os conhecimentos que adquiriu sem poder exemplificar onde os aplicou e os resultados que colheu, estará lacunar em relação à LEI DA COMPETÊNCIA APLICADA.

29. LEI DA REGRA DE OURO/ÉTICA

Por mais de vinte anos Napoleon Hill observou a maneira pela qual os homens se comportam, quando atingem o poder, e chegou à conclusão convicta de que os que conseguem poder de outra maneira que não seja por um processo vagaroso, passo a passo, estão constantemente em perigo de destruir-se e destruir também todos aqueles sobre os quais exercem influência.

Por dezenas de vezes, ele ouvira falar da REGRA DE OURO, mas não se lembrava de ter ouvido uma só explicação da lei em que se baseia. Somente no final de sua obra compreendeu esta lei e a incorporou em seu livro. A REGRA DE OURO significa para ele substancialmente:

FAZER AOS OUTROS APENAS AQUILO QUE DESEJARÍAMOS QUE OS OUTROS NOS FIZESSEM, SE ESTIVESSEM EM NOSSA SITUAÇÃO.

Há uma lei eterna por meio da qual colhemos sempre o que semeamos. A lei da ação e reação. Escolhendo a REGRA DE OURO para guiar as nossas ações e transações com os outros tanto quanto possível, se soubermos que estamos pondo em ação, com esta escolha, um poder que seguirá o seu curso, influenciando a vida dos outros, volvendo finalmente a nos prejudicar ou a nos ajudar, de acordo com a sua natureza. Assim sendo, não é aconselhável fazer aos outros aquilo que não queremos que os outros nos façam, e assim garantir para nós mesmos todos os benefícios de: **Pensar apenas o que desejamos que os outros pensem de nós.**

Esta REGRA DE OURO de Napoleon Hill é hoje aqui considerada como a LEI DA ÉTICA, pois é a palavra que traduz de forma mais completa a intenção final que ele resumiu de forma exemplar. ÉTICA é a palavra que escolhemos para compor nossa penúltima LEI DO OLHO DE TIGRE.

Atualmente eu sempre digo que ÉTICO é aquilo que a gente faz de correto sem ninguém precisar estar observando. Definir ÉTICA é tarefa para mais um livro inteiro, entretanto, é o nome dado ao ramo da filosofia dedicado aos assuntos morais. A palavra ÉTICA é derivada do grego e significa aquilo que pertence ao caráter.

A ÉTICA se preocupa com as formas humanas de resolver as contradições entre necessidade e possibilidade, entre tempo e eternidade, entre o individual e o social, entre o econômico e o moral, entre o corporal e o psíquico, entre a inteligência e a vontade, entre o natural e o cultural. Essas contradições não são todas do mesmo tipo, pois o homem não é apenas o que é, mas ele precisa tornar-se um homem realizando em sua vida a síntese das contradições que o constituem inicialmente.

Um problema ÉTICO é, em essência, um problema apenas teórico. Uma coisa importante para o homem seria CONHECER O BEM, porque daí se seguiria necessariamente somente o FAZER O BEM. Não se compreende alguém que possa FAZER O MAL sendo alguém que CONHEÇA O BEM. Um homem MAU é sempre um IGNORANTE que deveria ser curado pelo aprendizado. O aprendizado sempre desemboca num dilema ÉTICO.

Atitude ANTIÉTICA não existe e somente aconteceria quando houvesse sensação de angústia ou peso na consciência (aquela voz interior que nos dá mensagens de remorso). Sem que esta sensação realmente esteja presente, não se estará cometendo nenhuma infração ética.

Mas o que dizer do deputado que frauda, do ladrão que rouba, do professor que engana, do fiscal de aceito suborno? Eles não estarão cometendo infração ética se não sentirem o senso de angústia ou peso na consciência por fazer o que fazem. Eles simplesmente têm uma ÉTICA diferente, mas não se pode dizer que se trata de alguém sem ÉTICA. Podem até desconhecer os preceitos básicos, o que lhes transforma num IGNORANTE e numa pessoa ANTIÉTICA.

A liberdade de consistir, antes, na opção VOLUNTÁRIA pelo BEM, consciente da possibilidade de preferir o MAL, é a ÉTICA. Mas qual a distinção entre o BEM e o MAL? O dilema não significa que se ESCOLHA entre o BEM e o MAL, mas a escolha pela qual se EXCLUI ou que se ESCOLHE o BEM e o MAL.

ÉTICA, segundo Mário Sérgio Cortella, é o conjunto de valores e princípios que todos utilizamos para decidir entre as três grandes questões da vida: QUERO, DEVO e POSSO. Tem coisa que eu QUERO, mas não DEVO; tem coisa que eu DEVO, mas não POSSO; e tem coisa que eu POSSO, mas não QUERO.

Quando uma decisão equilibra estas três questões, você estará exercitando a ÉTICA. Pensar nesta LEI é um pressuposto MORAL, que deve parametrizar todas as demais LEIS.

30. LEI DA CONSILIÊNCIA

Recentemente tem-se falado muito sobre PENSAMENTO SISTÊMICO, que configura o entendimento das relações de interdependência entre os diversos componentes de uma organização e o ambiente externo. É muito mais do que PENSAMENTO INTEGRADO, que não inclui em sua abordagem Teoria Geral dos Sistemas de Karl Ludwig von Bertalanffy, publicados entre 1950 e 1968.

Recentemente tenho incluído na baila acadêmica uma terminologia nova que decidi utilizar para fechar as 30 LEIS DO OLHO DE TIGRE. Trata-se do PENSAMENTO CONSILIENTE.

Não desejo me alongar nesta última LEI, mas a considero extremamente importante. Tomei contato com esta terminologia desde 1999, quando adquiri um dos livros de maior complexidade para ler dos que já tive em minhas mãos. Até então, o livro de mais difícil leitura foi de Jean-Paul Charles Aymard Sartre em sua obra O SER E O NADA. Entretanto, o livro A UNIDADE DO CONHECIMENTO – CONSILIÊNCIA – SERIA A CIÊNCIA CAPAZ DE EXPLICAR TUDO? (Edward O. Wilson – Ed. Campus) foi realmente o que me exigiu um desafio acima de minhas capacidades, o que, com certeza, reduziu de forma significativa minha Zona da Mediocridade (vide LEI DA CORAGEM). Este livro esteve na lista dos *bestsellers* do New York Times e da Amazon. Edward O. Wilson é um biólogo americano que defende a unidade fundamental de todo o conhecimento e a necessidade de uma busca da Consiliência única, a prova de que tudo no mundo está organizado segundo um pequeno número de leis naturais fundamentais que compreendem os princípios subjacentes a todos os ramos do saber.

Faz reconhecer o ENCANTAMENTO JÔNICO (expressão do físico e historiador Geral Holton), que considera a unidade das ciências, uma convicção de que o mundo é ordenado e pode ser explicado por um pequeno número de leis naturais. Foi a palavra CONSILIÊNCIA a chave para tal unificação. Willian Whewell, em sua síntese de 1804 (The philosophy of the inductive sciences), foi o primeiro a utilizar esta terminologia, literalmente um salto conjunto de conhecimentos, pela ligação de fatos com a teoria baseada em fatos, em todas as disciplinas, para criar uma base comum de explicação.

Como eu disse, o livro é muito, muito complexo de ler e de compreender, portanto preciso reduzi-lo quase que irresponsavelmente para que possamos passar a ideia básica que fará dele uma das leis mais importantes desta obra. Não que as demais 29 LEIS não sejam importantes, elas são e disse reiteradamente isso ao longo de todo o livro, mas esta última encaixota tudo e nos permite ir adiante.

A síntese da síntese da síntese é que a ordem do aprendizado deveria ser:

> 1. Primeiro reconheça "alguma coisa" sobre "quase tudo".
> 2. Depois aprenda "quase tudo" sobre "alguma coisa".

Sendo assim, toda vez que chegar a uma conclusão confortável sobre alguma coisa, compreenda que parou de percorrer a jornada e está fazendo o item 2 sem ter passado pelo item 1. Toda vez que resolver se especializar em alguma coisa para chegar a qualquer tipo de conclusão, está fazendo o item 2 sem ter passado pelo item 1. Toda vez que procurar o encontramento, está fazendo o item 2 sem ter passado pelo item 1. Enfim, toda vez que estiver fazendo o item 2, estará contrariando o item 1 e estará, portanto, contrariando a LEI DA CONSILIÊNCIA.

A abordagem CONSILIENTE da vida é por demais complexa de explicar, quanto mais para aplicar, por isto um capítulo relativamente curto, mas requer a compreensão filosófica dos 6 Caminhos do Amor abordado no livro de mesmo título de Alexey Dodsworth que explica que o AMOR é diferente do AMAR e que o AMAR passa por diferenças significativas que os gregos chamam de PATHOS, PRAGMA, ÁGAPE, EROS, PHILIA e LUDUS. Seria ineficaz explicar aqui os conceitos que

Alexey compartilha, pois trata-se de um dos poucos livros que estudei que seria impossível sumarizar, pois nada poderia ser retirado sem comprometer a compreensão total do mesmo, portanto a leitura de seu livro é condição *sine-qua-non* para complementar a compreensão desta LEI, a última de nosso livro, mas a mais instigante e diferenciada de tudo que eu já estudei em minha vida.

Seu desenvolvimento pessoal acaba de começar. Nada terminou com o término fictício de alguma coisa. Costumamos dizer sempre que SEU TREINAMENTO ACABA DE COMEÇAR, pois esta é a frase mais capaz de expressar a essência da CONSILIÊNCIA.

Continue na jornada. Faça nossa TFIC – Trilha de Formação em Inteligência Comportamental, assista o CAC, assista o CDC, viva intensamente nosso PIC, construa seu Plano de Vida (OLP) e receba sua certificação DHBI, mas não pare por aí, continue seu aprofundamento, pois a jornada é mais importante que o destino!

Busque eternamente, sem jamais parar, e curta a beleza de simplesmente VIAJAR PARA DENTRO DE SI MESMO.